风云人物

汉卷

阎崇年/主编

许文君　周长迎/编著

知識出版社
Knowledge Publishing House

图书在版编目（CIP）数据

历史风云人物. 秦汉卷/许文君，周长迎编著. —北京：知识出版社，2018.1

ISBN 978-7-5015-9323-1

Ⅰ.①历…　Ⅱ.①许…　②周…　Ⅲ.历史人物—生平事迹—中国—秦汉时代　Ⅳ.①K820.2

中国版本图书馆CIP数据核字（2016）第240636号

丛书编辑：王　宇　鞠慧卿

本书责任编辑：于淑敏　赵　焱

责任印制：魏　婷

知识出版社 出版发行

（北京阜成门北大街17号　邮政编码：100037　电话：010-68315606）

网址 http://www.ecph.com.cn

新华书店经销

三河市双升印务有限公司

开本：710毫米×1000毫米 1/16　印张：14.75　字数：170千字

2018年1月第1版　2023年8月第3次印刷

ISBN 978-7-5015-9323-1

定价：39.00元

引　言

秦朝在中国历史上有着特殊的地位，它结束了自春秋起500多年来分裂割据的局面，成为我国历史上第一个统一的多民族中央集权的封建王朝。

秦朝首创中央集权制度，确定了皇帝崇高的地位。中央有丞相、太尉、御史大夫等分掌政务、军务及监察；地方上实行郡县制，分天下为36郡（后来增至41郡），郡下设县，县下又有乡、里、亭等基层组织。这样，全国由上到下均置于皇帝和中央的紧密统治之下。

秦朝还采取了一系列巩固统一的措施：兴修水利，开凿灵渠；销毁兵器；大规模迁移富民集中于咸阳；迁万姓充屯边地，谪判罪犯戍守边防；统一货币，通行全国，促进了各民族各地区的经济交流；统一文字，把简化了的字体小篆作为标准字体，通令全国使用，后又出现了一种比小篆书写更简便的字体隶书，促进了文化交流；统一车轨和度量衡，使长度、容量、重量都有统一的标准，便利了经济的发展；在农业方面，实行“强本抑末”，允许土地私有及自由买卖，统一户籍管理；以咸阳为中心，广修通往全国的驰道，建立了相对完善的交通网络。

秦始皇把严刑峻法施于文化领域，大肆钳制思想，禁锢言论自由。他规定除了秦国的历史记载，一切史书都烧掉；民间所藏，除医药、卜筮、种树之书外，其余《诗》《书》及百家语全部焚毁。对在背后议论其贪权专断、滥用刑罚的方士和儒生加

以追查，搜捕对朝廷不满的儒生，将其全部活埋。即历史上的“焚书坑儒”。

除了政治、经济、文化等方面的统一措施外，秦始皇也注重对外开拓。他北伐匈奴，南平百越，使秦朝版图大定，又将原来燕、赵、秦三国所建的城墙连接起来，加以补筑和修整，补筑的部分超过原来三国长城的总和，成为西起临洮、东至辽东的“万里长城”，至今仍是世界建筑史上的奇迹。

秦朝的统治极为残暴，在历史上少见，因此它很快就被人民推翻。但其创立的制度，则为历代王朝所遵循，奠定了中国作为中央集权的统一多民族国家的基础。

秦朝之后第二个出现大一统的朝代是汉朝。汉朝分为西汉（公元前 202 ~公元 25 年，刘邦建立，定都长安）和东汉（公元 25 ~ 220 年，刘秀建立，定都洛阳）两个历史时期，其间西汉曾有王莽代汉自立的短暂新朝（公元 9 ~ 23 年）和更始帝政权（公元 23 ~ 25 年）。后世史学家亦称两汉。

汉朝的疆域十分广阔。西汉后期，除西藏、内蒙古等地外，现今中国领土基本上都纳入了汉朝的版图。汉朝的土地所有制与秦朝相同，土地私有，并可自由买卖。西汉初年吸取秦亡教训，皇帝注重休养生息，兴修水利，推广新式耕田法和农作工具等，使被破坏的经济逐渐得到恢复与发展。到了汉武帝时期，国力达到鼎盛。强盛的经济为文化的繁荣奠定了基础。汉朝是中国文化大发展时期，西汉所尊崇的儒家文化成为当时和日后的中原王朝以及东亚地区的社会主流文化。汉朝在壮大国力的同时，还创造了灿烂辉煌的文明。许多人将汉朝中国和同时期欧洲的罗马帝国与印度的孔雀王朝并列为当时世界上最先进的文明古国。

目录

第一编
治乱兴衰话帝王

第二编
千古将相传后世

第三编
文化名人留书香

第四编
科技巨匠谱新篇

第一编

治乱兴衰话帝王

秦帝国（公元前 221 ～前 206）自秦始皇至秦王政子婴，共传三帝，享国 15 年。

秦始皇创建了秦朝，是秦朝的第一位皇帝，是中国历史上第一个统一的多民族中央集权制帝国的创立者，是中国历史上杰出的政治家、军事家，被誉为“千古一帝”。他在位期间，建立起中央集权制度，被后世所继承；为了巩固国土，他修筑长城，兴修驰道，改善了全国交通；他把南越地区并入版图，奠定了中国疆域的基础。

秦二世皇帝胡亥是秦始皇第十八子、皇位继承人公子扶苏的弟弟，曾跟随中军府令赵高学习狱法。秦始皇出游南方病死沙丘宫平台后，胡亥在赵高与李斯的帮助下即位,其在位时间仅有短短四年。后来在赵高逼迫下自杀。

秦朝灭亡后，项羽和刘邦展开了长达四年的楚汉之争。刘邦在萧何、韩信、张良等贤臣的辅佐下，在垓下之战中打败西楚霸王项羽，于公元前 202 年正式称帝，定国号为汉，汉朝就此开始。

在西汉与东汉长达 400 多年的历史中，先后出现二十几位帝王。像西汉开国皇帝刘邦，推翻秦朝暴政，创立各种制度，为西汉王朝的发展奠定基础；开创文景之治的汉文帝与汉景帝，继续实行“无为而治”，发展经济，稳定社会，开创了“文景之治”的盛世;雄才大略的汉武帝，反击匈奴、开通西域、推崇儒术，开创盛世；创造中兴盛世的汉宣帝，励精图治，改革汉武帝时期的弊政，使汉朝经济继续得到稳定发展；谋朝篡汉的王莽，以外戚身份得到大权，建立新朝，最终却因违背历史潮流而功亏一篑；东汉开国皇帝刘秀，结束了王莽新朝的混乱局面，再次实现统一。

围绕这些帝王，有许多故事发生，此篇将带领大家领略秦汉时期的帝王风采。

千古一帝

秦始皇

■名片春秋 I

秦始皇（公元前259～前210），嬴姓赵氏，名政，别称秦政、赵政、祖龙。秦庄襄王之子，13岁即王位，39岁称皇帝，史称秦王政、秦始皇，在位共37年。他是秦朝的开国皇帝，也是中国历史上第一个统一的多民族中央集权制帝国的创立者，是中国历史上杰出的政治家、军事家，被誉为“千古一帝”。

■风云往事 I

◇扫灭六国　统一全国◇

公元前230～前221年，秦王政采取远交近攻的策略，灭六国，统政权，建立了中国历史上第一个大一统的中央集权的多民族国家——秦朝。

秦王政首先选择的攻击目标为韩国。公元前231年，派内史腾率军攻韩，仅用一年，便已俘韩王、灭掉韩国。公元前229年，派王翦领兵攻赵。王翦用重金收买了赵王的宠臣郭开，要他散布李牧、司马尚企图谋反的流言。赵王轻信谣言，暗地里杀了李牧和司马尚两位贤臣。公元前228年，秦

远交近攻

结交远邦，进攻近国。本是战国时范雎为秦国制定的一种外交策略，秦国用它达到了并吞六国、建立统一王朝的目的。后亦指待人、处世的一种手段。

军攻破邯郸，出逃的赵王被迫献出赵国的地图后降秦。但公子嘉却带人逃到代郡（今河北蔚县城东），自立为王。后秦军在公元前 222 年灭掉燕国后将其俘虏。三年之后，秦年轻将领王贲率军围攻魏都大梁（今河南开封）。他洞察大梁地势、发现其地势较低，便想出了水攻的办法，派兵挖掘渠道，引来黄河、鸿沟的水，三个月后，大梁的城墙壁垒全被浸坍，魏王只得投降，魏国灭亡。公元前 224 年，秦王政派李信率 20 万大兵攻楚，无奈战败。后又派大将王翦率 60 万秦军攻楚。入楚境后，王翦与楚军相持一年，楚因粮草不足东撤，王翦遂下令全军出击，一举击垮楚军主力，攻占了楚都寿春（今安徽寿县），俘虏了楚王负刍，楚国就此灭亡，时为公元前 223 年。在灭赵的过程中，秦国大军已兵临燕国边境。燕王喜惶惶不可终日，眼见秦国扫平三晋，就要向自己杀来，却无计可施。被逼无奈，燕太子丹最终想出了孤注一掷的暗杀行动，即历史上有名的荆轲刺秦王，但是刺杀行动最终失败。此举激怒秦王政，立即举兵进攻。公元前 226 年，秦军攻下燕都蓟（今北京），燕王喜与太子丹逃亡辽东。秦将李信率领秦军数千人穷追太子丹至衍水。后来，燕王经过权衡利害关系，派人将太子丹杀掉，把他的首级献给秦国，想以此保住燕国不亡。公元前 222 年，王贲奉命攻伐燕国在辽东的残余势力，俘获燕王，燕国彻底灭亡。公元前 221 年，秦王政命令王贲挥戈南下，攻打齐国。王贲率军长驱直入，来到临淄，齐

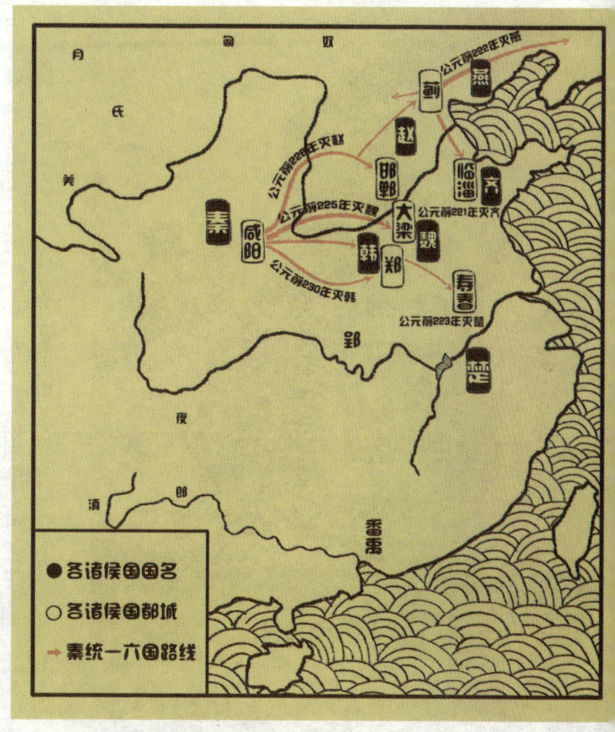

▲ 秦统一形势示意图

▲ 荆轲刺秦王

▲ 秦始皇画像

王向秦投降。齐国灭亡。至此，秦国统一六国，实现大一统。

◇建章立制　中央集权◇

秦始皇认为自己的功绩超过了“三皇五帝”，于是创造出“皇帝”这个新头衔，“皇帝”这个称号此后便开始沿用，他自称“始皇帝”，同时规定：自己死后皇位传给子孙时，后继者沿称二世皇帝、三世皇帝，以至万世。为了使皇帝的地位神圣化，秦始皇又采取了一系列“尊君”的措施：①取消谥法。谥法起源于西周初年，是在君王死后，依其生平事迹，给予带有评价性质的称号。但秦始皇认为，像这样“子议父，臣议君”，是犯上之举，宣布废除。②天子自称“朕”。“朕”字的意义与“我”相同，以前一般人均可使用，至此，“朕”只有皇帝才可自称。皇帝的命令叫作“制”或“诏”。③避讳。文字中不准提及皇帝的名字，文件上逢“皇帝”“始皇帝”等字句时，都要另起一行顶格书写。④只限皇帝使用的，以玉质雕刻的大印才能称为“玺”。

▲ 秦始皇玉玺

为了有效地管理国家，也为了替子孙万代奠定基业，秦始皇吸取前代经验，建立完善中央集权制度和政权机构。中央设丞相、太尉、御史大夫。丞相有两位，即左丞相和右丞相，是百官之首，掌政事，其中右丞相地位高于左丞相。太尉掌军事，不过在秦始皇时期，军事由他亲自掌管，不置太尉。御史大夫是丞相的副手，掌图籍秘书，而且还负有监察百官的职责。丞相、太尉、御史大夫以下，是分掌具体政务的诸卿。丞相、太尉、御史大夫与诸卿议论政务，裁决仍由皇帝做主。

在地方上，废除分封制，改行郡县制。地方行

政机构分郡、县两级。郡县的主要官吏由中央任免、统一管理。郡设守、尉、监（监御史）。郡守掌治其郡；郡尉辅佐郡守，并典兵事；郡监司监察。秦始皇把全国分成36郡，以后又陆续增设至41郡。于县级行政组织内，万户以上者设令，万户以下者设长，县令、长领有丞、尉及其他属员。县令、长主要管政务，县尉掌握军事，县丞掌管司法。县以下有乡，乡下有里，里是最基层的行政单位，类似现代社会的村。

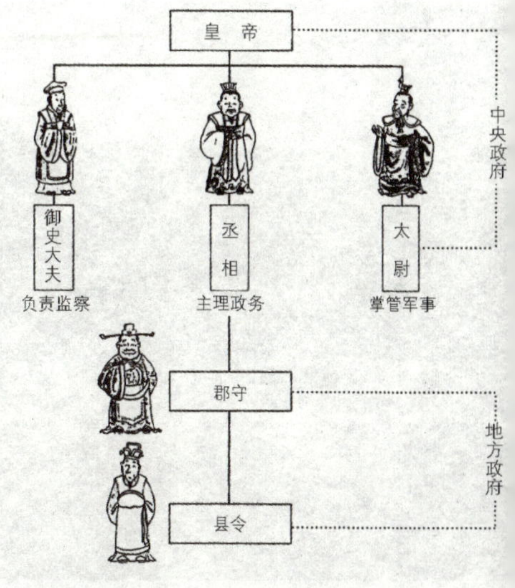

▲ 秦朝中央和地方官制示意图

◇一扫旧弊　大国划一◇

为了巩固国家统一，秦始皇在经济和文化上采取了一系列重大措施。

统一度量衡。秦始皇以原秦国的度、量、衡为单位标准，在原商鞅颁布的标准器上再加刻诏书铭文，或另行制作相同的标准器刻上铭文，发到全国。不同于标准器的度、量、衡则一律禁止使用。

统一货币。秦始皇采取了两种统一货币的主要途径：一是由国家统一铸币，严惩私人铸币，将货币的制造权掌握在国家手中；二是统一通行两种货币，即上币黄金和下币铜钱。黄金以“镒”为单位，一镒为20两。铜钱以“半两”为单位，并明确铸明“半两”二字。铜钱造型为圆形方孔，俗称“秦半两”。

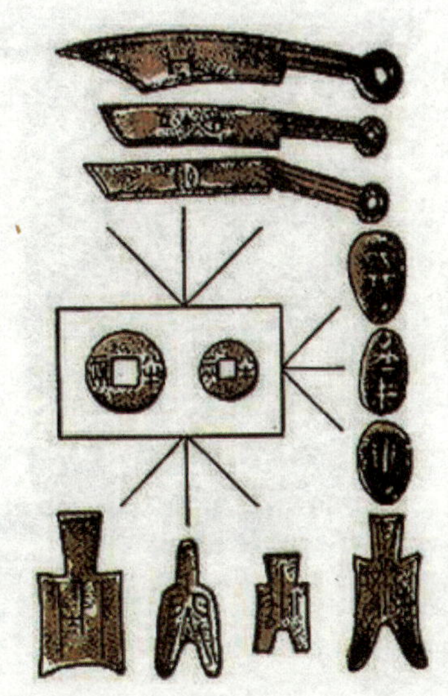
▲ 秦朝统一货币

改善交通。秦始皇修筑了以国都咸阳为中心、向四面八方延伸出去的驰道。驰道实行“车同轨”，定车宽以六尺为制，道均宽50步。

修筑长城。此举一是为了巩固边境，二是为了减轻人民负担。由于匈奴游牧民族的侵扰，其骑兵活动范围很大，没有长城的话，就要用很多军队来防守，这会给人民增加负担。秦始皇把原来秦国、赵国和燕国北边原有的长城连接了起来，保护了北方的农业区域。史书上却只强调修长城造成的苦难，

▲ 甘肃岷县秦长城遗址

这样说是极不合理的。

统一文字。春秋战国时期文字比较混乱，这种状况妨碍了各地经济、文化的交流，也影响了中央政府政策法令的有效推行。于是，秦统一六国后，秦始皇下令李斯等人进行文字的整理与统一。李斯以战国时候秦人通用的大篆为基础，吸取齐鲁等地通行的蝌蚪文笔画简省的优点，创造出一种形体匀圆齐整、笔画简略的新文字，称为“秦篆”，又称“小篆”。“小篆”代替其他异体字，成为唯一规范文字。

焚书坑儒。先是“焚《诗》《书》”。当时，秦奉行的是法家治国理念，可春秋战国以来形成的众多学派仍在百家争鸣，时常非议朝政。秦始皇为了巩固政权，接受了丞相李斯的建议，下令焚烧《秦记》以外的列国史记以及私藏的《诗经》《尚书》。“坑术士”是第二步。秦始皇为了长生不老，养了很多术士，让他们炼丹。可这些人只会吹牛骗人，眼看就到了交“仙丹”的时候了，带头的几个术士却跑了。他们还散布说“因为秦始皇暴戾无德，所以才炼不出仙丹”，秦始皇暴怒，下令彻查，最后将牵连到的460多个儒生全部坑杀！

▲ 秦小篆砖拓片

◇南征北战　开疆拓土◇

秦始皇同时注重对外开拓，他北伐匈奴，南平百越，使秦朝版图大定。

南平百越。为了达成统一大业，公元前218年，秦始皇命大将屠睢和赵佗率50万大军，发动了征服岭南越族的战争。秦军兵分五路，经广西北部的越城岭、湖南南部的九

嶷山以及江西南康和余干等地，向今两广地区的越族进军。其中，攻占番禺的秦军最为迅速。他们经九嶷要塞，顺北江而下，直达今珠江三角洲地区，并占领了番禺；而进攻今广西地区越族人的两支大军，由于以屠睢为首的一些秦军军官采取歧视越人的政策，推行暴政，越人全力反抗，相持达三年之久。

▲ 陕西西安秦始皇陵

公元前 214 年，秦始皇命任嚣和赵佗再次进攻百越各部族。秦军势如破竹，很快击溃了西瓯族和雒越族，整个岭南地区从此纳入秦朝的版图。

北击匈奴。秦始皇统一六国后，为解除匈奴对秦的威胁，命蒙恬率 30 万大军北击匈奴。蒙恬统主力军从上郡（郡治肤施，今陕西榆林南）北出长城攻其东；杨翁子率偏师由肖关（今宁夏固原东南）出长城攻其西。匈奴败逃。秦遂取河南地（今内蒙古乌加河以南及鄂尔多斯地）。沿河置 34 县，移民垦守。后又命蒙恬军北渡黄河，取高阙（今内蒙古狼山中部计兰山口），攻占阳山（今内蒙古乌加河北的狼山、阴山）、北假（今乌加河以南夹山带河地区）。匈奴人被迫向北迁徙。为巩固河南地区，秦置九原郡（郡治九原，今内蒙古包头西北）。

到公元前 210 年，秦始皇去世。至此，秦朝已经拥有北起河套、阴山山脉和辽河下游流域，南至今越南东北部和广东大部，西起陇山、川西高原和云贵高原，东至朝鲜半岛北部的辽阔疆域，这也是中国历史上首次实现大一统。

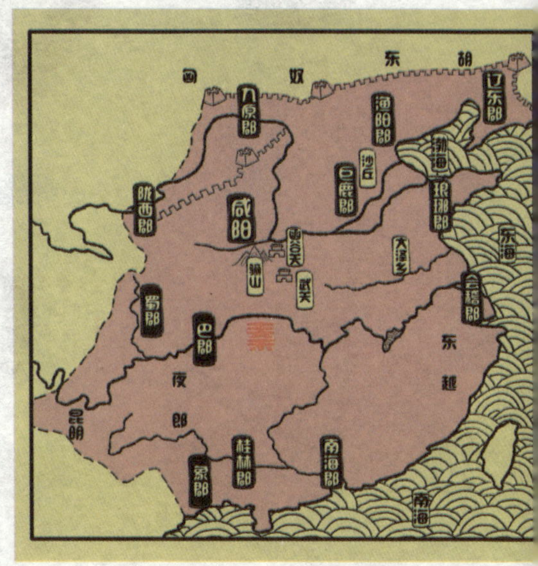

▲ 秦朝疆域示意图

■历史影响 I

秦始皇奠定了中国作为一个统一的中央集权的多民族国家的基础。秦始皇采取的各种统一措施和制度，对当时的历史发展来说，是一种大胆的革新。他不仅改变了割据状态的政治局面，从而使中国的社会顺利地向前发展，而且在很多方面改变了中国固有的历史传统，促进了社会进步和文化发展。

■**大事坐标 I**

公元前 259 年　出生。
公元前 246 年　秦庄襄王驾崩，嬴政即位。
公元前 221 年　灭六国，统一全国。正式建立秦朝，称“始皇帝”。
公元前 219 年　在泰山进行封禅。
公元前 210 年　出巡返回时，病逝于沙丘（今河北广宗西北）。

■**关系图谱 I**

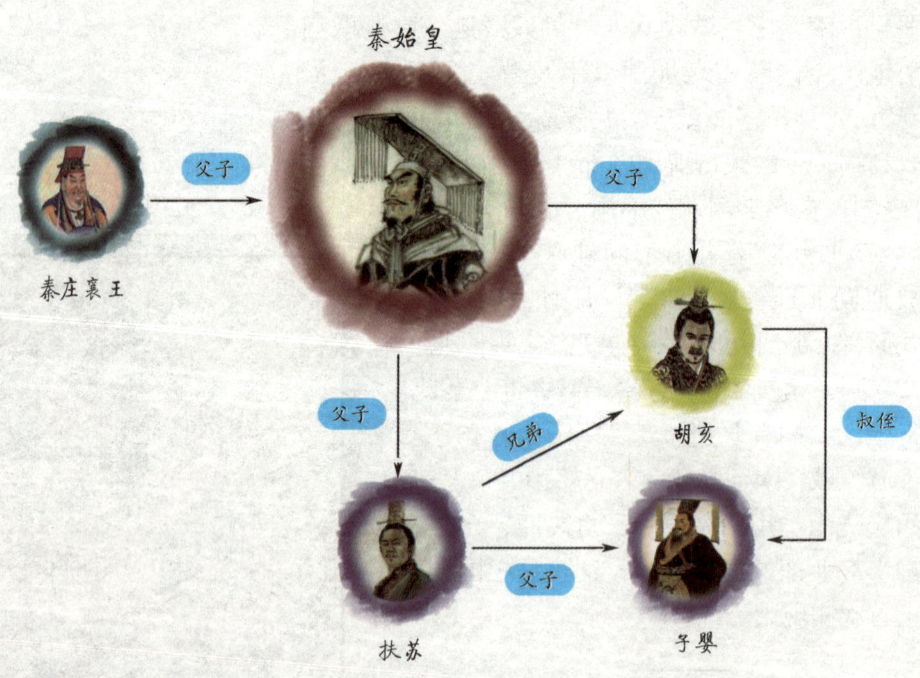

短命皇帝

胡亥

■名片春秋 |

胡亥，即秦二世（公元前 230 ～前 207），嬴姓，赵氏，名胡亥，在位时间为公元前 210 至前 207 年，也称二世皇帝，是秦始皇第十八子，公子扶苏的弟弟，从中车府令赵高学习狱法。秦始皇出游南方，病死于沙丘宫平台后，胡亥在赵高与李斯的帮助下当上秦朝的二世皇帝。后来在赵高逼迫下自杀。

■风云往事 |

◇沙丘之谋　登上皇位◇

胡亥的继位是由赵高为达到自己专治目的而实行策划的。在秦始皇的众公子中，胡亥论才干绝对不够继承皇位的资格。他的长兄扶苏最优秀，虽然秦始皇不是很喜欢扶苏，但还是将扶苏作为继承人来培养。

胡亥在秦始皇的儿子中是出名的纨绔子弟，受赵高的教唆，在邪路上越走越远。赵高本是卑贱之人，但他精通刑法，且身高力大，字也写得很好，秦始皇非常宠信他，提拔他做了中车府令，负责皇

▲ 胡亥画像

帝的车马仪仗。为了巴结胡亥，赵高经常教胡亥书法和如何断案。赵高用自己的三寸不烂之舌将胡亥牢牢地控制住，这为以后赵高煽动胡亥篡位奠定了基础。

▲秦始皇陵出土的铜马车

秦始皇最后一次出巡时，胡亥随行。秦始皇病死后，赵高怂恿胡亥继位当皇帝，他的权力欲终于占了上风。他和赵高、李斯一起篡改了秦始皇立长子扶苏继承帝位的遗诏，登上了本不属于他的帝位。

◇残害手足　杀戮忠臣◇

为了夺取皇位，胡亥设计杀了自己的哥哥扶苏。胡亥和赵高、李斯一起伪造诏书，送到在北面边境戍守的扶苏和蒙恬处，斥责扶苏和蒙恬戍边十几年不但没立战功，相反还屡次上书非议朝政，赐扶苏持剑自刎，令蒙恬自尽。

扶苏听了诏书，流着泪想要自刎。蒙恬劝扶苏向皇帝申诉。扶苏却说："父皇让我死，我还有什么可申诉的呢？"说完含泪自尽。而蒙恬却据理力争，不肯自杀，使者见他不听从诏命，就将他投入阳周（今陕西子长北）的监狱里。

胡亥登位后对自己的兄弟姐妹展开大屠杀。胡亥屠杀自己兄弟最残忍的一次是在咸阳市（市即古代城市中的商业区）将12个兄弟处死，又在杜邮（今陕西咸阳东）将6个兄弟和10个姐妹碾死，刑场惨不忍睹，让人胆寒。后来又将3个兄弟赐死。

在胡亥的众兄弟当中，死得名声好一点的是公子高。他眼看着兄弟姐妹们一个接一个被胡亥迫害致死，知道自己也难逃厄运，于是下决心用自己的一死来保全家人安全。他上书给胡亥，说愿意在骊山为父亲殉葬。胡亥赏赐其10万钱，同意了他的请求。

中车府令

宫中禁内的车府令。职务相当于皇帝的侍从车马班长，负责皇帝的车马管理和出行随驾，甚至亲自为皇帝驾御。职位至关紧要，非皇帝绝对信任的腹心侧近不能担当。

除了兄弟姐妹，胡亥对其他不听话的文武大臣也不放过。首先被迫害的是蒙恬兄弟，开始胡亥想继续任用他们兄弟，但赵高害怕他们二人对自己构成威胁，就向胡亥造谣说，秦始皇原本是想立胡亥做太子的，因为蒙恬的兄弟蒙毅极力阻止，秦始皇才打消了立他做太子的念头。胡亥信以为真，不但没有释放蒙恬，还将蒙毅囚禁在代郡（治今河北蔚县城东）的监狱中。后来，胡亥派使者逼迫蒙毅自尽，然后又派人到阳周的监狱中逼迫蒙恬自杀。

胡亥在赵高的唆使下，对大臣也开始肆意杀戮。右丞相冯去疾和将军冯劫为免遭羞辱而死，选择了自尽。对于李斯这个原来的盟友，赵高则更为残忍。公元前 208 年，即胡亥即位的第二年，李斯被处以极刑：先是黥面（即在脸上刺字，是秦朝的一种侮辱刑），然后劓（即割鼻子，也是秦的一种酷刑），砍断左右趾（即砍掉左右脚），又腰斩（拦腰斩断），最后是醢（音海，即剁成肉酱），这叫作“具五刑”，即用五种刑罚处死，是为当时最残忍的处死方式。李斯全家也未能幸免。

公元前 209 年年初，胡亥巡游天下。其巡游路线南到会稽（今浙江绍兴），北到碣石（今河北昌黎北），最后从辽东（今辽宁辽阳）返回咸阳。在巡游途中，赵高阴险地对胡亥说：“陛下这次巡游天下，应该趁机树立自己的威信，把那些不听话的官吏诛杀，这样您才能有至高无上的威信。”胡亥听信谗言，不问青红皂白就连连下令诛杀异

秦朝刑罚

秦朝的刑罚在继承奴隶制五刑的基础上又有所发展，形成了一套包括生命刑、身体刑、劳役刑、流放刑、耻辱刑、身份刑、迁刑在内的刑罚体系。秦以刑罚种类繁多，手段残酷而著称，对后世刑制产生了较大影响。

▲ 侮辱刑黥面

▲ 秦朝郡县示意图

己，大臣们纷纷感到惶恐不安。

◇独断专制　苛政胜父◇

胡亥登位之后更加肆无忌惮，一心享乐，一次他对赵高说："人这一生应该尽心享乐。"这正合赵高心意，从此他竭力纵容胡亥享乐，自己则更大胆地专权。

有了赵高的支持，胡亥又向李斯询问："我听韩非说过，尧治理天下的时候，房子是茅草做的，饭是野菜做汤，冬天裹鹿皮御寒，夏天就穿麻衣。到了大禹治水时，奔波东西，劳累得大腿掉肉，小腿脱毛，最后客死异乡。帝王如果都是这样，难道是他们的初衷吗？既然有了天下，那就要拿天下的东西来满足自己的欲望，这才叫富有天下嘛！自己没有一点好处，怎么有心思治理好天下呢？我就是想永远享乐天下，爱卿你看有什么良策？"

于是，李斯写了一篇文章，向胡亥献出了独断专权、酷法治民的治国方法，即用督察与治罪的方式来巩固中央集权，镇压百姓的反抗与违法。

有了李斯的主意，胡亥愈加肆意放纵自己的胡作非为。他继续大量征发全国的农夫修造阿房宫和骊山墓地，调发 5 万士卒来京城咸阳守卫，同时让各地向咸阳供给粮草，而且禁止运粮草的人在路上吃咸阳周围 300 里以内的粮食，必须自己带粮食。除了常年的无偿劳役外，农民的赋税负担也日益加重，最终导致了农民起义的爆发。在陈胜、吴广起义的影响下，被秦国灭掉的六国后裔们又重新打出六国的旗号反秦，各地称王割据的不计其数，陈胜的属将之一周文领兵 10 万直奔函谷关而来，秦朝的末日就要来临。

秦二世的千古腐败理论

其一，老百姓并不苦。

其二，在秦二世看来，"既然好不容易得了天下就应该放肆地享受"。

其三，"我只要法律在手，重重地判刑，就没有一个人敢说一个'不'字，能使全国服服帖帖"。

其四，"我贵为皇帝，没有相配的威严怎么行？吾要上千的车马，要上万的随从，充实我的皇帝之名"。

胡亥整日享乐，根本不管朝政。在一次讨论是不是发兵平定起义时，胡亥竟然不同意有“反叛”的事，发兵当然也就没什么必要了。叔孙通了解胡亥，便说：“他们说的天下反叛根本就不对，先皇早已经拆毁了城墙，熔铸了天下兵器，有您明主坐堂，严明的法令行于天下，国家安定，人民富足，谁还会造反呢？现在陈胜这些人只不过是几个盗贼而已，地方官正在积极追捕，请陛下尽管放心就是了。”

▲ 陕西西安阿房宫（复原）

胡亥只爱听好话，便信了叔孙通的话，然后他又问其他人，有的说陈胜是“盗贼”，有的则说是“造反”。说“盗贼”的没事，说“造反”的就治罪。因为说“造反”等于说天下大乱。治罪的罪名是“非所宜言”罪。

◇受制奸臣　深宫自刎◇

赵高认为胡亥年轻，经验不足，而且皇帝也应该少与大臣们见面，以免在大臣们面前暴露自己的弱点。如果能居住深宫中，听取自己的汇报，由赵高他们这些“栋梁之材”来辅佐，那国家会治理得更好。胡亥觉得赵高的说法有道理，而且他也愿意待在后宫中享乐，自此之后，朝中诸事便由赵高掌权。

胡亥恣意享乐，有一次将误入上林苑中的一个人射死了，赵高知道后又借题发挥，先是让他的女婿阎乐上奏说不知谁杀了人，将尸首扔到上林苑中。然后赵高又装模作样地对胡亥说，皇帝因为是天子，所以射死了无罪的人要受上天惩罚，同时鬼神会奉命降灾的。胡亥很害怕，赵高趁机叫他到别处的行宫去暂时躲一躲，胡亥很听话地就走了，从

秦朝的赋税制度

秦朝的赋税制度，包括货物流通、商贾贸易、生产资料、生活资料、渔采畜牧及每个人的人身，均在课税之列。其课之于商贾者，又通过商品价格转价于消费者。最终是劳动人民承担着沉重的赋税剥削，上交之税有田租和田亩附加税、口赋、关市税、商品税及山海地泽税等。

▲ 陕西西安雁塔区曲江乡秦二世陵

此，赵高地位便如同帝王。

胡亥整天作乐，不关心时政，根本不了解政局动荡，当陈胜攻至咸阳时这才着了急。他听从章邯的建议，让其率领释放的骊山刑徒出战迎敌。这些刑徒常年从事体力劳动，身体强壮，刚刚被释放，士气很高，在勇将章邯的率领下，初期打了很多胜仗，战胜了陈胜和项梁的部队。但后来，项羽破釜沉舟与章邯决战，使章邯作战失利，章邯向胡亥求救兵增援，又被赵高猜疑拒绝发兵，走投无路的章邯最终投降了项羽。章邯一降，秦朝便再无还手之力。

到这时，胡亥如梦初醒，原来赵高说的天下太平竟是谎言，现在天下已经乱得要亡国了。胡亥言谈之中已对赵高流露出很多不满。早有篡位之心的赵高干脆先动手了。

赵高的女婿阎乐领着上千人，假称抓捕盗贼，直闯胡亥的行宫，最终，无力反抗的胡亥只能自刎。

胡亥死时只有 24 岁，皇帝也仅仅当了 3 年，终以黔首（即百姓，因为秦朝崇尚穿黑衣）的礼节被埋葬，墓地就在杜南（今陕西西安雁塔区曲江乡）的宜春苑中。

■历史影响 |

胡亥极其愚蠢而残暴。他宠信野心勃勃的赵高，残害兄弟姐妹，滥施淫威，屠戮大臣，最终导致社稷不保，并被迫自杀。对于秦朝的灭亡，胡亥的辅助者赵高和李斯虽然负很大责任，但是最该负责的

还是无能而又糊涂的胡亥。

秦始皇是立国者的一面镜子，秦二世则是亡国之君的一面镜子。

■大事坐标 I

公元前 230 年　出生。
公元前 210 年　赵高、李斯假传遗诏，使胡亥即位，是为秦二世皇帝。
公元前 209 年　陈胜、吴广起义。
公元前 208 年　李斯被处以极刑。
公元前 207 年　自杀于咸阳。

■关系图谱 I

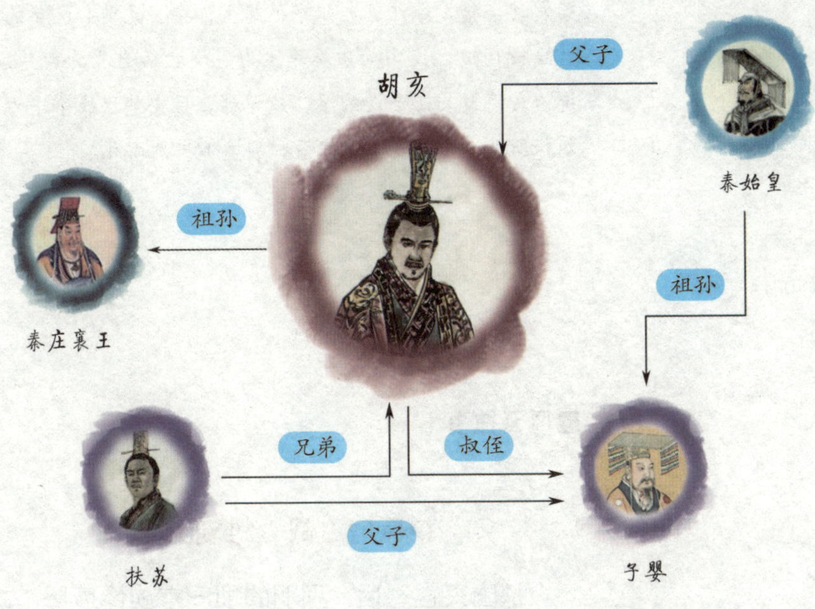

西楚霸王

项羽

■名片春秋 |

项羽（公元前232～前202），名籍，字羽，楚国下相（今江苏宿迁）人。通常被称作项羽。秦汉之际反秦起义军首统。中国古代与孙武、韩信等人齐名的顶级名将之一。秦末随项梁发动会稽（今江苏苏州市）起义，在公元前207年的决定性战役巨鹿之战中大破秦军主力。秦亡后自立为西楚霸王，统治黄河及长江下游的梁、楚九郡。后在楚汉战争中为汉王刘邦所败，于乌江（今安徽和县境）自刎而死。

■风云往事 |

◇巨鹿之战　雄霸天下◇

楚国灭亡之后，项羽的项氏家族惨遭屠杀，少祖父项董被车裂。项羽随叔父项梁流亡到吴中（今浙江湖州）。年少时，项梁曾请人教项羽书法诗歌，他学了没多久便厌倦了；后来项梁又请人教他武艺，没多久又不学了。项梁很恼火。项羽说："学文不过能记住姓名，学武不过能以一抵百，我要学便学万人敌！"于是项梁便教授他兵法。但他学了一段时间后

又不愿意学了，项梁也就不再管他。项羽身高八尺，力能扛鼎（霸王举鼎一词的由来），气压万夫，年轻时志向就极为远大。一次秦始皇出巡钱塘江时，项羽见其车马仪仗威风凛凛，便脱口而出：“我可以取代他！”此举便可看出他的雄心壮志。公元前209年，陈胜、吴广在大泽乡振臂一呼，揭竿而起，项羽随叔父项梁刺杀太守殷通，举兵响应。此役，项羽独自斩杀殷通的卫兵近百人，第一次展现了他无双的武艺，项羽就这样在人民起义的急风暴雨中被推上了历史舞台。

▲ 霸王举鼎

公元前208年，项梁立楚怀王的孙子熊心为王，仍称楚怀王。之后，项梁率义军破秦于东阿定陶；项羽和刘邦也率军攻占城阳，略地至雍丘，与秦三川郡守李由激战，项羽于万军之中斩杀李由，秦军大败。

定陶之战后，秦军北渡黄河，攻打起义抗秦的赵王歇和张耳，将赵军围困于巨鹿（今河北平乡）。楚怀王任命宋义为上将，项羽为副将，率兵救援。宋义率军到达安阳（今河南安阳南）便畏缩不前，屯兵46天。当时，

巨鹿之战

巨鹿之战是秦末农民大起义中，项羽率领5万楚军同秦将章邯、王离所率40余万秦军主力在巨鹿进行的一场重大决战，也是中国历史上著名的以少胜多的战役之一。项羽军一举击败20万秦军，使秦军遭受巨创，并迫使另20万秦军不久后投降。经此一战，秦朝名存实亡。

汉高祖刘邦（公元前 256 ~ 前 195），字季（一说原名季），沛郡丰邑中阳里（今江苏丰县）人。平民出身，秦朝时曾担任泗水亭长，起兵于沛（今江苏沛县），称沛公。秦亡后被封为汉王。后于楚汉战争中打败西楚霸王项羽，成为汉朝（西汉）开国皇帝，庙号为高祖，汉景帝时改为太祖。

阴雨连绵的天气，加上起义军缺衣少粮，楚军处于困境之中。项羽当机立断，一剑杀了宋义，迫使楚怀王任命他为上将军，并命他立即挥师北上救赵。在渡过通往赵国的漳河后，项羽命令军士凿沉渡江用的船只，打破吃饭用的铁锅，身上只带三天干粮，军士们个个以命相搏，士气大振，大破秦军。破釜沉舟由此而来。

巨鹿之战后不久，走投无路的章邯不得不投降于项羽。

◇彭城之战　以少胜多◇

公元前 205 年，刘邦率军来攻项羽的都城彭城（今江苏徐州市），项羽陷入了前所未有的危机中。

然项羽把大部队留在齐国以迷惑刘邦，自己则亲自带领 3 万精兵绕道彭城西南的萧县，向东进攻彭城。项羽选择了早晨发动偷袭。看得出，他对战机把握的老辣，因早晨敌人尚在睡梦中，正处于最疲惫的时候，突然遭遇大规模偷袭，其慌乱可想而知！很多偷袭喜欢放在夜里，这不过有利于掩藏行踪。

▲ 巨鹿之战示意图

项羽选择的战术是直接攻击刘邦的指挥中枢，从而造成刘邦联军指挥系统的瘫痪，这样刘邦和诸侯的联军就无法组织有效反抗。然后项羽死死咬住刘邦的主力进行攻击，不给刘邦喘息的机会。项羽利用驱赶的方法迫使联军向南方的谷、泗水败逃，击杀联军 10 余万人。当联军逃到更南的灵璧东睢水上，自相残杀，被挤落水中的又有 10 多万。彭城之战曾取得一面倒的局势，可惜由于项羽兵力单薄，追击战效果不大，刘邦诸将收拾残兵汇聚荥阳，顶住了楚兵的追击。

公元前 203 年，与汉军对峙于广武的楚军草粮尽绝，而刘邦也未能调齐韩信、彭越等人的军队，无法

对楚军进行最后的合围。于是，双方进行了历史上著名的“鸿沟和议”，以战国时魏国所修建的运河鸿沟为界，二分天下。西楚霸王项羽率10万楚军向楚地撤军。刘邦也欲西返撤军。

但是，正当刘邦打算率军西返之时，张良、陈平却建议撕毁鸿沟和议，趁楚军疲师东返之机自其背后发动偷袭。二人认为“汉已拥有大半天下，且诸侯都听命于汉。楚兵粮草短缺，这正是天要灭楚的时候”。

刘邦采纳了张良、陈平的建议，撕毁和约，向楚军突然发起战略追击。大军追至夏南时，刘邦约集韩信、彭越共同合围楚军，一场大战又要开始了。

◇垓下之战　英雄气短◇

公元前202年，刘邦、韩信、刘贾、彭越、英布等五路大军于垓下（今安徽灵璧南）基本完成了对10万楚军的合围。韩信被任命为联军统，指挥作战。韩信命刘贾、英布军自南，彭越军自北将楚军外围出路全部封闭，韩信军30万与刘邦本部军主力则合成一股，对10万楚军发起进攻。

韩信率主力大军五六十万，排出了阵形：韩信亲率30万大军居中，为前锋主力；将军孔熙率军数万为左翼；陈贺率军数万为右翼；刘邦率本部主力尾随韩信军跟进，将军周勃率军断后。

战斗打响后，首先，韩信率军先行向楚军发动挑衅性进攻，项羽立刻率10万楚军从中央突破，矛头直指韩信本

《夏日绝句》赏析

生当作人杰，死亦为鬼雄。至今思项羽，不肯过江东。

活着的时候应该作为人中豪杰，就是死了也要成为鬼中的英雄。直到今天人们还在思念项羽，他在惨遭失败之时，宁可自杀也不逃回江东。

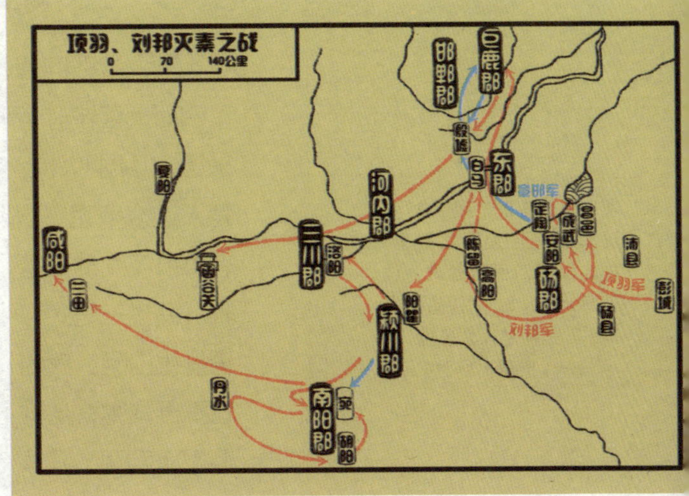

▲ 灭秦示意图

▲ 霸王别姬

部。项羽亲自冲锋在前，楚军骑兵开路、步兵随后。汉军接战后，前阵立刻被击溃。韩信遂令大军后撤，以 30 万大军为屏障掩护指挥部和刘邦的 10 万人马后退。项羽率众将士冲锋陷阵，连破汉军数道防线。

经过半日厮杀，汉军中军一退再退，左右两军则迂回急进，才终于完成了前后夹击之势。汉军左右军随之投入了对楚军后方侧翼的进攻，以紧密的阵形两面压来，迅速合围了落在后面的楚军步兵。

当得知左右军完成迂回并发动了对楚军后方军队的进攻时，韩信随即组织反击，并将刘邦主力以及所剩的全部中军投入战斗。项羽见势不妙，立刻率全军反向突围，冲开汉左右军的包围，退回营中。此战，楚军阵亡 4 万余，被俘 2 万，被打散 2 万，仅剩不到 2 万伤兵随项羽退回阵中，汉军伤亡更加严重。

随后，韩信率领全军收拢此前被楚军冲散的部队全数压上，彻底包围了楚军大营。此间还歼灭了被打散的 2 万余楚军，没有给项王收拢散兵的机会。楚军战败，垓下之战宣告结束。

◇霸王别姬　乌江自刎◇

项羽战败回营，汉军围困数重，到了晚上，闻汉军四面大营皆有楚歌声（这就是四面楚歌这个成语的来历），项羽大惊：“难道汉军已经占了楚地吗？为何楚人这么多呢？”满怀愁绪之下，他饮酒消愁。项羽有位很宠爱的妃子，叫虞姬，有一匹骏马，名字叫乌骓。酒过三巡，项羽感慨良多，作歌唱道：“我的力量能拔山啊，我的气概压倒当世；时势不利啊，乌骓也不再飞驰；乌骓不再飞驰啊，我该拿它怎么办？虞姬啊虞姬啊，我该拿你怎么办？”歌唱了数阕。虞姬和道：“汉兵已经得到了楚地，四面都是楚歌声，大

项王军壁垓下，兵少食尽，汉军及诸侯兵围之数重。夜闻汉军四面皆楚歌，项王乃大惊，曰：“汉皆已得楚乎？是何楚人之多也。”
——《史记·项羽本纪》

王的意气已经尽了，我还为什么要活在世上？”歌罢，虞姬凄然自刎，无奈军败至此，已无可反抗之力，他也流下热泪。这就是历史上有名的“霸王别姬”。

项羽趁着夜色，骑上骏马，向南突围。天亮后，汉军发觉项羽离去，便派灌婴率5 000骑追击。项羽渡过淮河后，随从的骑兵就只有100多人了。来到阴陵，项羽迷路了，他去问一个老农，老农回答：“左。”项羽往左去，却陷入了一片沼泽，耽误了时间，汉军追了上来。项羽又往东去，到达东城的一座山上，这时只剩下了28骑，他把骑兵分为四队，分四头冲向山下。项羽自己则大呼驰下，斩杀一汉将。赤泉侯杨喜追来，项羽大喝一声，杨喜的人马慌忙退后数里，顷间斩杀近百人，自己只损失两骑。

东城之战重燃存活希望，东渡乌江乃唯一方法。乌江的亭长停船岸边，对项羽说：“江东虽然小，方圆也有千里，百姓数十万，足以称王，愿大王赶快渡江。汉军若到，则功败于此。”

项羽听到这话，才知道西楚没有失陷，巨大的内疚心理使他最终选择了战死，而非过江。他说：“苍天要亡我，我为什么要渡江呢？而且当年我与江东子弟八千人渡江向西，今无一人生还，纵然江东父老可怜我而尊我为王，难道我就不觉得愧疚吗？”项羽自刎而死。

项羽死后，王翳取了他的头，而汉军为了争夺项羽的遗体，自相残杀，死了数十人。最后五个汉将分了项羽的遗体，他们都被封侯。一代西楚霸王，至此结束了其辉煌壮烈的一生！

■历史影响 |

项羽在战场上无往不利，而在政治上又极显幼稚甚至愚蠢。坑杀战俘、放弃关中、怀念楚国、放逐义帝、自立为王却失尽人心。更为突出的是在用人方面，刘邦手下有萧何、张良、韩信、彭越、英布，出身各不相同却可以尽其所长；项羽却连一个范增都不能用，二人形成了鲜明的对比。不过，政治上的失败无法遮掩项羽军事上的才华，24 岁起兵反秦，27 岁成为分封十八路诸侯的西楚霸王，31 岁自刎乌江，他不愧为一代霸王、英雄豪杰。

■大事坐标 |

公元前 232 年	出生。
公元前 209 年	随项梁杀会稽郡守，起兵吴中。
公元前 208 年	与项梁率江东 8 000 名子弟渡江。陈婴、英布率军来归。与刘邦一起打败章邯。杀宋义，被怀王拜为上将军。率军渡河救巨鹿，大破秦军于巨鹿城下，诸侯皆归顺。
公元前 207 年	攻破章邯军，章邯军退却。章邯与楚约降，约未定，击之。与章邯会殷墟。章邯降，订盟约。封章邯为雍王。
公元前 206 年	封立诸侯，自称西楚霸王。刘邦胜章邯、定三秦，楚汉战争开始。
公元前 205 年	齐叛楚，率兵击齐，齐实力派将军田荣败走平原，为民众所杀。复立原齐王田假为王。刘邦进入洛阳，率诸侯兵 56 万偷袭彭城。由齐回救，以骑兵 3 万大破刘邦军。
公元前 204 年	围刘邦于荥阳，刘邦求和。后在广武与刘邦对阵。
公元前 203 年	汉立韩信为齐王。与刘邦订鸿沟和约。还兵彭城。
公元前 202 年	被刘邦追击，撕毁“鸿沟定约”。垓下之战，其军被歼。自刎于乌江。

■关系图谱 |

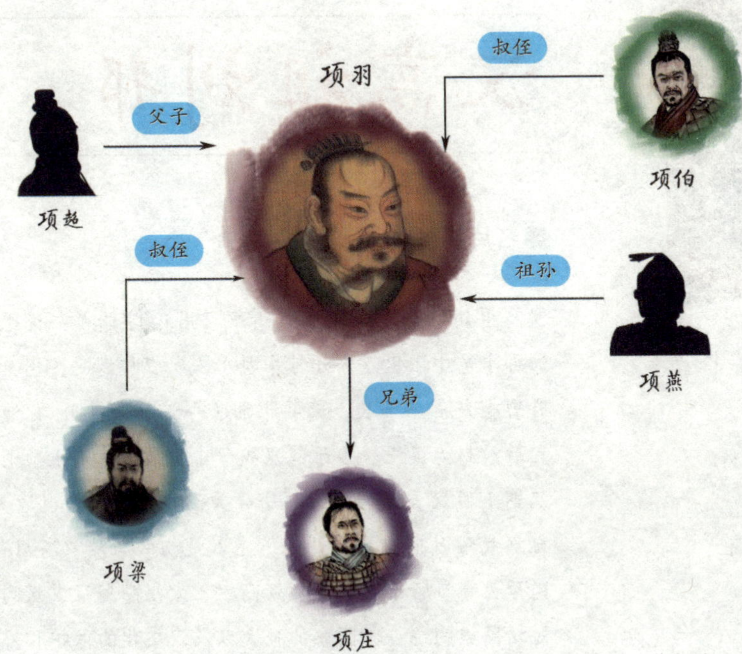

开国皇帝

汉高祖刘邦

■名片春秋 |

汉高祖刘邦（公元前 256 ～ 前 195），字季（一说原名季），沛郡丰邑中阳里（今江苏丰县）人，汉族。平民出身，秦朝时曾担任泗水亭长，起兵于沛（今江苏沛县），称沛公。秦亡后被封为汉王。后于楚汉战争中打败西楚霸王项羽，成为汉朝（西汉）开国皇帝。庙号为高祖，汉景帝时改为太祖，自汉武帝时期司马迁开始，多以最初的庙号“高祖”称之，谥号为高皇帝，所以史称汉高祖、太祖高皇帝或汉高帝。他对汉民族的统一、国家的强大以及汉文化的保护和发扬做出了重大贡献。

■风云往事 |

◇小试牛刀　娶妻吕雉◇

刘邦出生在丰邑中阳里金刘寨村，父母为刘太公和刘媪。刘邦有两个哥哥、一个姐姐和一个弟弟。刘邦排行老三，故名字为季，人称刘季或刘三。

刘邦做过泗水亭长，在当地小有名气。刘邦在一次押送服役的人去咸阳的路上，碰到秦始皇大

亭长

官名，又称公。管十里以内的小官。战国时始在邻接他国处设亭，置亭长，秦、汉时在乡村每十里设一亭。亭长掌治安、警卫，兼治民事。多以服兵役已满期之人充任。

队人马出巡，远远看去，秦始皇坐在装饰精美华丽的车上威风八面，他羡慕得脱口而出："大丈夫应如此！"

据说有一天，刘媪在田地休息小睡，梦见与天神相遇交合。这时刘太公正好去寻找刘媪，远远看到有条蛟龙盘在刘媪身上。之后刘媪便怀了孕，生下了刘邦。

一日沛县县令复宴请吕公，沛中豪杰们都来上门拜访，拉拉关系，套套近乎。刘邦听说了也去凑热闹，当时主持接待客人的是在沛县担任主簿的萧何，他宣布了一条规定：凡是贺礼钱不到一千钱的人，一律到堂下就座。刘邦不管这些，虽然没带一个钱去，他却说出贺钱一万。吕公听说了，赶忙出来亲自迎接他。一见刘邦器宇轩昂，与众不同，就非常喜欢，请入上席就座。酒足饭饱之后，吕公又盛情留下他，提出将自己的女儿嫁给他为妻。刘邦巴不得成全这门亲事，征得父母同意之后，便和吕氏结了婚。吕氏就是以后历史上有名的吕后。

◇起兵反秦　始建基业◇

刘邦以亭长的身份为泗水郡押送徒役去骊山，很多徒役在押送途中都逃走了。刘邦估计等到了骊山自己也脱不了责任，故走到芒砀山时他就停下来饮酒，借此趁着夜色把所有的徒役都放了。刘邦说："你们都逃命去吧，从此我也要远远地走了！"徒役中有10多个壮士出于感恩，愿意跟随他一块走，这便是刘邦最早的队伍。刘邦令其中一人前去探路，那人很快回来报告说："前边有条大蛇挡在路上，还是回去吧。"刘邦喝得醉醺醺地说："大丈夫走路，有什么可怕的！"他挥剑斩断大蛇，道路打开了，他们继续往前走了几里，刘邦醉得厉害，就躺倒在地上。后边的人

▲ 河南永城刘邦斩蛇碑

来到斩蛇的地方，看见有一老妇在暗夜中哭泣，问她为什么哭，老妇人说："有人杀了我的孩子，我在哭他。"行人问:"你的孩子为什么被杀呢？"老妇说："我的孩子是白帝之子，变化成蛇，挡在道路中间，如今被赤帝之子杀了，我就是为这个哭啊。"众人以为老妇人是在说谎，正要打她，老妇人却忽然不见了。后面的人赶上了刘邦，刘邦醒了。那些人把刚才的事告诉刘邦，刘邦心中暗暗高兴，更加自负。

陈胜、吴广起义

陈胜、吴广起义发生在公元前 209 年，被称为中国历史上第一次大规模的农民起义，但最终以失败告终。

由于秦二世的倒行逆施，陈胜、吴广在大泽乡揭竿而起，义军很快占领了陈县。陈胜自立为王，众人云集响应。沛县县令深感恐惧，也想响应，以便继续掌握当地政权。萧何和曹参当时都是县令手下的主要官吏，他们劝县令将本县流亡在外的人召集回来，一来可以增加力量，二来也可以杜绝后患。县令觉得有理，便让刘邦的挚友樊哙把刘邦找回来，刘邦便带人往回赶。这时的刘邦手下已有数百人之多。县令听说后却又后悔了，害怕刘邦回来不好控制，弄不好还会被刘邦杀害，等于是引狼入室。所以，他命令将城门关闭，还准备捉拿萧何和曹参。萧何和曹参闻讯后赶忙逃到了城外。刘邦

▲ 大泽乡起义

将信射进城中，鼓动城中的百姓起来杀掉出尔反尔的县令，大家一起保卫家乡。百姓果然杀了县令后开城门迎进刘邦，又推举他为沛公，领导大家起事。刘邦便顺从民意，设祭坛，立赤旗，自称赤帝的儿子，领导民众举起反秦大旗。秦末反秦大业就此开始。

▲ 项羽像

◇推翻秦朝　勇赴鸿门宴◇

刘邦一开始的反秦事业并不太顺利，但经过几次战役，又与其他反秦队伍联合，步步西进，大破秦兵。

当时，反秦队伍中另有一支强大的力量，即原楚国贵族后代项羽及其叔父项梁。他们在吴中（今江苏苏州）起兵，兵力很快达到了近万人。项梁死后，项羽决定和刘邦一起西进关中。

此前，双方约定，先入关中者，称王。公元前207年十二月，刘邦率大军到达咸阳东边不远处的霸上（今陕西西安东），秦王子婴见大势已去，只得献城投降，将传国玉玺亲手交给了刘邦，秦国至此灭亡。

刘邦很得意地率先进入了咸阳城，以“关中王”自居。一时的胜利让刘邦自大起来。樊哙、张良连忙以秦亡的教训进谏，要他胸有大志，不可迷恋暂时的享乐。刘邦领会了其中的深意，立即将秦宫中的珍宝、财物置于府库，都加上封条，率军退回霸上驻扎。

刘邦到达霸上之后，便召集当地的名士，和他们约法三章：杀人者，必须以死来抵罪；伤害他人身体、盗取他人财物者，各以其轻重抵罪。此外秦朝所有繁杂苛酷的法令一律废除。原来的各级官吏，仍然担任原职，但要依新法断案。约法三章在当时极大地安定了民心，使刘邦得到了众人的支持。

项羽（公元前232~前202），名籍，字羽，通常被称作项羽，中国古代杰出军事家及著名政治人物。中国军事思想“勇战派”代表人物，秦末起义军领袖之一。

项羽在打败章邯，迫使他投降之后，也领兵直奔关中。范增劝项羽趁机除掉刘邦这个对手，项羽下令准备，要在第二天发起进攻。这时的刘邦在兵力上无法和强大的项羽相抗衡。最后是项羽的叔叔项伯“救”了刘邦。项伯和刘邦的谋士张良很要好，见项羽要进攻刘邦，他连夜潜入营中找到张良，让张良赶紧走，以免被杀。张良却说不能丢下刘邦，就将消息透露给了刘邦。惊慌之下，刘邦赶忙向张良要计策，张良让刘邦赶紧去见项伯，说明自己没有野心和项羽争夺王位。

▲ 鸿门宴

刘邦依计邀约项伯，向其说明自己并无称王野心，并与项伯约成儿女亲家。项伯当天夜里就返回了军营，他对项羽说：“因为沛公先行进入关中，为我们扫除了入关的障碍，我们这才能顺利地通过函谷关，沛公是有功劳的人，我们不应该猜疑他，应该真诚相待。”项羽听了后，便下令停止进攻刘邦。

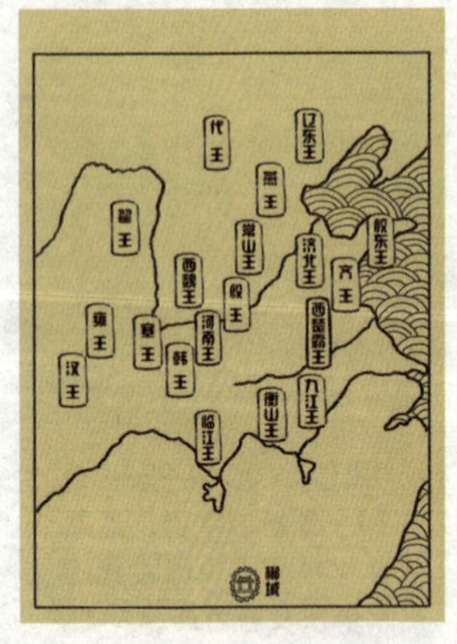

▲ 项羽分封诸侯示意图

第二天，刘邦来到了项羽的军营，只带了樊哙、张良和100名精锐亲兵。到了项羽的大帐鸿门，当面向迎接他的项羽赔礼道歉。项羽请刘邦入内赴宴。亚父范增一直主张杀掉刘邦，酒宴上，他一再示意项羽发令，但项羽却犹豫不决，默然不应。范增便召项庄舞剑为酒宴助兴，实欲趁机杀掉刘邦，项伯为保护刘邦，也拔剑起舞，掩护了刘邦，项庄没有成功。这就是成语“项庄舞剑，意在沛公”的由来。项羽的犹豫，让刘邦借机逃回大营。

鸿门宴之后，项羽便领兵西进，分封各路将军为王，刘邦被封为汉王，领地是巴、蜀和汉中共41县，国都为南郑（今属陕西）。项羽自称西楚霸王，掌握

了军队最高统帅权。

◇立足关中　楚汉相争◇

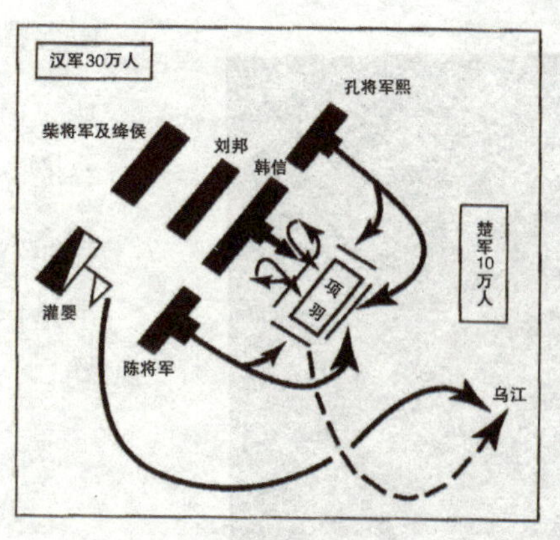

▲ 垓下之战态势示意图

刘邦被封为汉王，心中自然不服，但迫于项羽的势力，只得听从了萧何等人的劝告，起程前往汉中。途中，为了防备诸侯或其他盗兵的袭击，同时也向项羽表示没有回军东来的意思，把所有的栈道都烧毁了。

公元前206年，刘邦挥师东出，拜韩信为大将，明修栈道，暗度陈仓（今陕西宝鸡东），名为义帝发丧，派人联络诸侯，公开声讨项羽，楚汉之争由此开始。

经过几年的混战，项羽的势力已被大大削弱。刘邦凭借其高超的用人才能和对民心的收服，实力渐强。公元前202年，刘邦的汉军与各诸侯军共同围攻项羽，在垓下（今安徽固镇境内）形成了决一胜负的态势。韩信率军30万，正面迎战项羽楚军，韩信的部将孔熙居左，陈贺居右，刘邦军居后，将项羽的10万楚军团团围住。战争打响，韩信与项羽交锋，韩信不利，往后撤退。这时孔熙和陈贺左右夹击项羽，韩信乘势反击，大败楚军于垓下。

▲ 霸王别姬图

项羽收拾败兵进入壁垒之后，张良以楚歌之计瓦解楚军斗志。幽怨凄绝的楚歌声，使得被汉军及其他诸侯军团团围住的项羽，以为汉军已经攻下了楚地全境，一时心怯气馁。当晚，借酒浇愁的项羽知大势已去，面对生离死别，不禁慷慨悲歌："力拔山兮气盖世，时不利兮骓不逝。骓不逝兮可奈何，虞兮虞兮奈若何！”为项羽所宠爱的虞姬拔剑自刎。在上演了霸王别姬的悲壮一幕后，项羽趁夜色浓重，率麾下800名壮士向南突围。天明，汉军发觉，刘邦命人追击。项羽一路退至乌江边上，自知难以逃脱，于是自刎而死。楚汉之争结束。

▲ 明刘俊《汉殿论功图》

◇与民休息　巩固皇权◇

公元前202年，刘邦为了拉拢将心，分封韩信为楚王，彭越为越王。受封的韩信和彭越联合其他诸侯王，请刘邦即位称帝。刘邦开始假意推辞，韩信他们说："大王虽然出身贫寒，但能率领众人扫灭暴秦，诛杀不义，安定天下，功劳超过诸王，您称帝是众望所归。"刘邦顺水推舟地说："事已如此，便顺应天意吧。"

公元前202年二月，刘邦在山东定陶（今山东今县）汜水之阳举行登基大典，定国号为汉，汉朝建立。

▲ 江苏沛县歌风台刘邦雕像

刘邦由"汉王"成为"皇帝"后，也积极进行政治和经济的改革。刘邦吸取秦亡的教训，取消了秦朝的残酷刑罚。为恢复发展经济，他下令复员士兵可按军功大小分得田宅；动员在外流亡的人回乡生产；释免罪人和奴婢，以增加劳动人口。同时减轻徭役、赋税，鼓励生育，节约财用等。在国家权力上，刘邦提高相权，委政萧何；在地方制度上，他在实行郡县制的同时，分封诸侯王，以巩固政权。但事实证明，这一措施并不能巩固皇权，被分封的诸侯王反而多次发生叛乱，到最后，为了排除异己，刘邦将异姓诸侯王一一杀掉，只封同姓诸侯王。

公元前195年，刘邦平定叛乱时受伤，回到长

安病情更加严重。四月二十五日，刘邦在长乐宫逝世。五月，刘邦葬于长陵。庙号为"太祖"，谥号为"高皇帝"。此后，太子刘盈继位。

■历史评价 I

刘邦是中国历史上少有的杰出政治家。虽出身低微，而心存大志，率军抗秦，逐步建朝称王。他采取的宽松无为的政策，不仅安抚了人民、凝聚了华夏，也促成了汉代雍容大度的文化基础。可以说刘邦使四分五裂的中国真正统一起来，并逐渐把分崩离析的民心凝聚起来。他对汉民族的形成、中国的统一强大以及汉文化的保护发扬做出了重大贡献。他知人善任、高瞻远瞩、深谋远虑。他制定的一套政治体制和经济制度为后世统治者所沿用。刘邦开创的大汉帝国令后世国人景仰与怀念，他本人也令后世众多的人所怀念歌颂。毛泽东就曾评价刘邦是最厉害的一个封建皇帝。

■大事坐标 I

公元前 256 年　出生。

公元前 209 年　在沛县揭竿而起，成为秦末农民起义主要领袖之一。

公元前 208 年　受楚怀王之命西征灭秦。击败秦郡守。

公元前 207 年　蓝田之战消灭秦都城主力军队。首先入关推翻暴秦，约法三章稳定局势。

公元前 206 年　受封为汉王，建立汉国，汉朝由此肇基。拜韩信为大将军。依韩信"明修栈道，暗度陈仓"之计，平定三秦，占领关中。

公元前 205 年　彭城之战受挫。

公元前 202 年　建立西汉。

公元前 195 年　去世。

■关系图谱

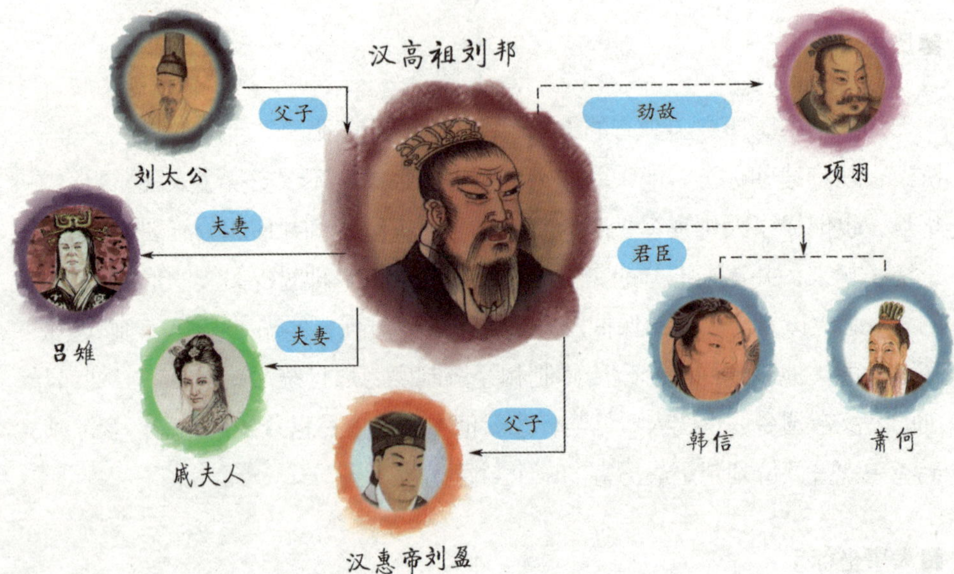

文景之治

汉文帝刘恒、汉景帝刘启

▲ 汉文帝刘恒像

▲ 汉景帝刘启像

■名片春秋 |

汉文帝刘恒（公元前 203~ 前 157），汉朝的第三个皇帝（不包括两位汉少帝），汉高祖刘邦的第四个儿子，汉惠帝刘盈的弟弟，母亲为薄姬，8 岁时被立为代王。刘邦死后，吕后临朝听政。公元前 180 年，吕后去世，刘恒在周勃、陈平支持下，登上皇帝宝座，称为文帝。 汉文帝在位期间，躬行节俭、励精图治、减轻刑罚、发展经济，提高了汉朝国力。公元前 157 年，汉文帝刘恒驾崩，在位 23 年，终年 47 岁。葬于霸陵。其庙号为太宗，谥号孝文皇帝。

汉景帝刘启（公元前 188~ 前 141），汉文帝刘恒的长子，母亲是汉文帝皇后窦氏（即窦太后），生于代地中都（今山西平遥西南）。汉文帝死后继承皇位，是为汉景帝。他继承和发展了父皇汉文帝的事业,与父亲一起开创了“文景之治”，又为儿子刘彻的“汉武盛世”奠定了基础，完成了从文帝到武帝的过渡。公元前 141 年，汉景帝驾崩未央宫中，在位 16 年，终年 48 岁。谥号为孝景皇帝。安葬于阳陵。

▲ 亲尝汤药图

▲ 陕西西安汉薄太后陵墓

■风云往事 I

◇悉心侍母　亲尝汤药◇

《二十四孝》中的第二则故事《亲尝汤药》，讲述的就是汉文帝在母亲薄姬生病期间，细心照料母亲的故事。

汉文帝的母亲薄姬原是与刘邦争夺天下的魏王豹的姬人。魏王豹被刘邦消灭后，薄姬成了俘虏，被分派到织绢室做女奴。刘邦见薄姬貌美，就临幸了她。薄姬怀孕，生下刘恒。但此后，薄姬很少见到刘邦，就一心照料儿子，并获准出宫去儿子的封地居住。

刘恒对他的母亲薄姬很孝顺，从来不敢怠慢。有一次，薄姬患了重病，这可急坏了刘恒。薄姬一病就是三年，卧床不起。刘恒亲自为她煎汤药，并且日夜守护在床前。每次看到母亲睡了，才趴在母亲床边睡一会儿。刘恒天天为母亲煎药，每次煎完，自己总先尝一尝，看看汤药苦不苦，烫不烫，觉得差不多了，才给母亲喝。在汉文帝的悉心照料下，薄姬终于病愈。汉文帝刘恒孝顺母亲的事，在朝野广为流传。

◇废除肉刑　缇萦救父◇

废除肉刑是汉文帝的恤民政策中最被世人称道的。在这一过程中，牵涉到一位叫作缇萦的孝女。这也是后世所说的缇萦救父的故事。

公元前 167 年，临淄有个小姑娘名叫淳于缇萦（淳于是姓），她的父亲淳于意，本是个读书人，因为喜欢医学，经常给人治病，出了名。后来他做了太仓令，但他不愿意跟做官的来往，也不会逢迎上司。洁身自

好的他不久便辞职，做了医生。

有一次，有个大商人的妻子生了病，请淳于意医治。那病人吃了药，病没见好转，过几天死了。商人仗势告发了淳于意，当地的官吏判他“肉刑”（当时的肉刑有脸上刺字、割去鼻子、砍去左足或右足等），要把他押解到长安去受刑。

▲ 缇萦救父图

淳于意膝下无儿，仅有五女。他被押解长安离开家的时候，望着女儿们叹气说：“唉，可惜我没有男孩，遇到急难，一个有用的也没有。”

几个女儿都低着头伤心地哭，只有最小的女儿缇萦又是悲伤，又是气愤。她想：“谁说女子不如男。”

她提出要陪父亲一起上长安，家里人再三劝阻她也没有用。

缇萦到了长安，托人写了一封奏章，到宫门口递给守门的人。

汉文帝接到奏章，知道上书的是个小姑娘，倒很重视。那奏章上写着：

“我叫缇萦，是太仓令淳于意的小女儿。我父亲做官的时候，齐地的人都说他是个清官。这回他犯了罪，被判处肉刑。我不但为父亲难过，也为所有受肉刑的人伤心。一个人砍去脚就成了残废，割去了鼻子，不能再安上去，以后就是想改过自新，也没有办法了。我情愿被官府收为奴婢，替父亲赎罪，好让他有个改过自新的机会。”

汉文帝看了信同情这个小姑娘，又觉得她说的有道理，就召集大臣们，说：“犯了罪该受罚，这是没有话说的。可是受了罚，也该让他重新做人才是。现在惩办一个犯人，在他脸上刺字或者毁坏他的肢体，这样的刑罚怎么能劝人为善呢？你们商量一个代替肉刑的办法吧！”

大臣们一商议，拟定把肉刑改用打板子，板子刑法由此得来。原来判砍去脚的，改为打500板子；原来判割鼻子的，改为打300板子。汉文帝就正式下令废除肉刑。这样，淳于意因为女儿的英勇而得救。

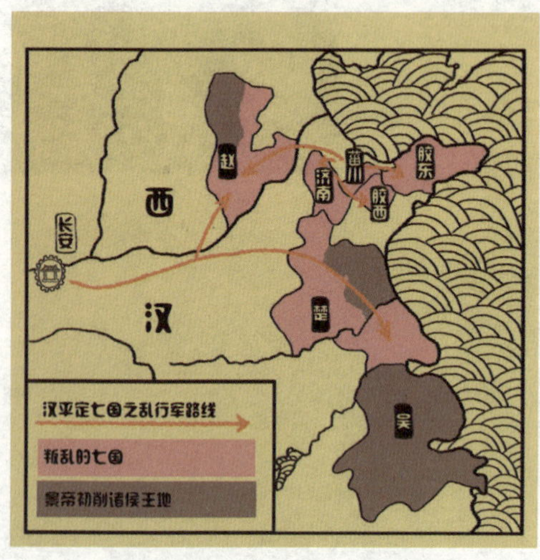

▲ 西汉前期形势与七国之乱示意图

汉文帝废除肉刑，较之前的刑罚来说是减轻了，但因为打的板子数太多，很多犯人在受刑的过程中就死了。汉景帝又把打板子的数量减少了，降低了刑罚。

◇平定叛乱　稳固皇权◇

汉景帝时期，公元前154年，爆发了以吴王刘濞为首的七个诸侯王国的叛乱，史称“吴楚之乱”，或“七国之乱”。

吴楚之战绝非突然。公元前195年，刘邦立自己的哥哥刘仲的儿子刘濞为吴王。吴王刘濞在封地开铜矿，铸“半两”钱，煮海盐，设官市，免赋税，使吴国经济迅速发展起来，刘濞的政治野心也开始滋生。汉文帝时，吴世子入朝，与皇太子刘启（即汉景帝）博弈，因争棋路发生争执，刘启抓起棋盘将吴世子砸死。这使刘濞大为恼火。汉景帝即位后，吴王刘濞日益骄横，谋反的迹象也越来越明显。御史大夫晁错建议汉景帝削夺诸侯王的封地，收归汉廷直接统治。景帝的削藩政策因此开始。

▲ 晁错（公元前200~前154），西汉政治家

公元前154年，汉朝廷将削地的诏书送到吴国。吴王刘濞立即诛杀了朝廷派来的两千石（郡级）以下的官员，以“诛晁错，清君侧”的名义，遍告各诸侯国。消息传来，胶西王刘昂、胶东王刘雄渠、菑川王刘贤、

济南王刘辟光、楚王刘戊、赵王刘遂等，也都起兵配合。于是，以吴、楚为首的七国之乱爆发了。

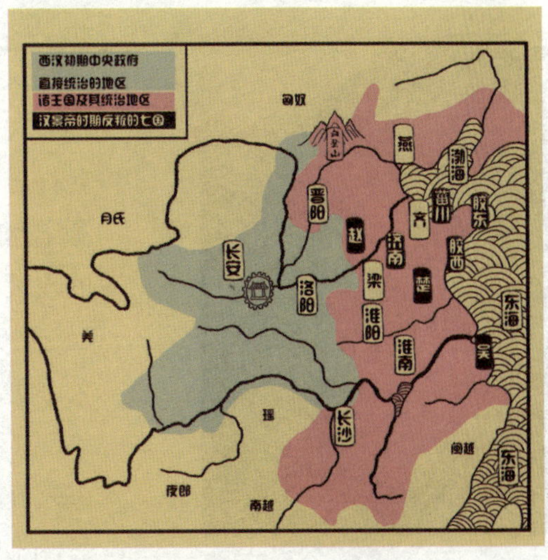

▲ 西汉前期形势示意图

叛乱的消息传到长安后，景帝立即任命周亚夫为太尉，率 36 位将军迎击吴楚叛军。景帝虽派周亚夫等迎击叛军，但同时内心却是摇摆不定的。为换取七国罢兵，景帝决定腰斩晁错于东市，这样就去掉了七国起兵的借口。然而七国仍不罢兵，这就进一步暴露他们反叛的面目。景帝后悔莫及，于是决定以武力平息叛乱。周亚夫率军迅速平定了七国之乱，吴王濞逃至盟友东越国，被东越王所杀。

战争结束后，局势大变。景帝抓住这一有利时机，着手解决王国问题，他调整诸侯王国的设置。参加叛乱的七国，除保存楚国另立楚王外，其余六国全被废掉。此后，绝大多数诸侯王国仅领有一郡之地，其实际地位已经降为郡级。同时还抑贬诸侯王的地位。这些措施都有利于稳固皇权，加强中央集权。

◇励精图汉　第一治世◇

公元前 180 年，汉文帝即位之时，虽然汉朝建立已经 20 余年，由于战乱等各种缘故，汉朝的社会经济状况并未好转。所以汉文帝和汉景帝即位后，相继采取了一系列安民和发展经济的措施，开创了“文景之治”。

文帝下令减轻田租税率来提高农民的生产积极性。公元前 178 年和公元前 168 年，文帝曾两次减省租税。租率由十五税一减为三十税一，自此以后，三十税一成为汉代定制。此外，算赋也由每人每年 120 钱减至每人每年 40 钱；减轻徭役，成年男子的徭役减为每三

▲ 陕西西安汉文帝霸陵

年服役一次。这样的减免，在中国封建社会史上少见。

汉景帝即位后，继续执行重农抑商这一既定国策，他多次下令郡国官员以劝勉农桑为首要政务。景帝还允许居住在土壤贫瘠地方的农民迁徙到土地肥沃、水源丰富的地方从事垦殖。景帝在法律上实行轻刑慎罚的政策，继续减轻刑罚，对文帝废肉刑改革中一些不当之处进行修正，强调用法谨慎，增强司法过程中的公平性，对特殊罪犯也提倡给予某些照顾。

文帝和景帝还躬行节俭。汉文帝是历史上著名的讲究节俭的君王。据说他起先在宫中规划建造一座露台，召工匠预算，大约要花费百金，汉文帝知道后，说："百金相当于中等人家十户的产业，我居住在先帝营造的宫殿中，已经常常感觉到惶恐羞愧，为什么还要建造新的露台呢？"汉文帝还多次下令禁止郡国贡献奇珍异物。他平常只穿普通的黑色织品，所宠爱的慎夫人衣不曳地，宫中的帷帐没有纹绣，为天下百姓做节俭的表率。

两位皇帝在处理与匈奴的关系上，方法也是很妥当的。景帝时期是匈奴的强大时期，匈奴骑兵南下进击汉地，烧杀抢掠，严重威胁着西汉王朝的统治。而此时汉朝社会经济有了恢复和发展，但要战胜匈奴，条件仍不成熟。在这种情况下，景帝坚持和亲，在一定程度上缓和了军事冲突，为经济发展赢得了时间。当然，景帝并不是一味妥协，也进行了必要的抵御。在不多的反击匈奴的战斗中，涌现出李广和程不识等一批卓越的将领，其中以"飞将军"李广最为突出。这些措施的实施，为以后匈奴问题的彻底解决做了准备。

▲ 陕西咸阳汉景帝阳陵

汉文帝与汉景帝的励精图治，使汉朝经济继续得到恢复与发展，社会安定，这段时期被后世称为"文景之治"。

■历史评价 |

汉文帝与汉景帝是中国历史上较有作为的两位皇帝。汉文帝继位之时，国家财力严重不足，人民生活还相当困顿。面对现状，汉文帝采取多种措施，减免赋税，发展经济，提高国力，安定社会。汉景帝在位时，继续采用汉文帝与民休养的方针，使汉朝经济得到进一步发展，共同创造了汉代第一个治世。汉文帝与汉景帝时期是汉朝从国家初定走向繁荣昌盛的过渡时期。他们在位期间，政治稳定，经济生产得到显著发展，被誉为“文景之治”。“文景之治”成为后代帝王学习的榜样。

■大事坐标 |

汉文帝刘恒：

公元前 203 年　出生。

公元前 196 年　初封代王。

公元前 192 年　娶代王后。

公元前 188 年　子刘启出生。

公元前 180 年　入主汉宫，功臣集团周勃、陈平与皇族集团刘章互相妥协拥立代王刘恒即位，即为汉文帝。

公元前 179 年　长子刘启为太子，窦漪房成为皇后。

公元前 178 年　分原代国为代王与太原王封地，次子刘武被封代王，三子刘参为太原王，四子刘揖为梁王。

公元前 170 年　杀舅。

公元前 167 年　缇萦救父，汉文帝废除肉刑。

公元前 157 年　驾崩。

汉景帝刘启：

公元前 188 年　出生。

公元前 179 年　被立为皇太子。

公元前 157 年　汉文帝驾崩。刘启即位，是为汉景帝。

公元前 154 年　诸侯王发动“七国之乱”，十个月后被平定。

公元前 141 年　驾崩未央宫中。

■关系图谱

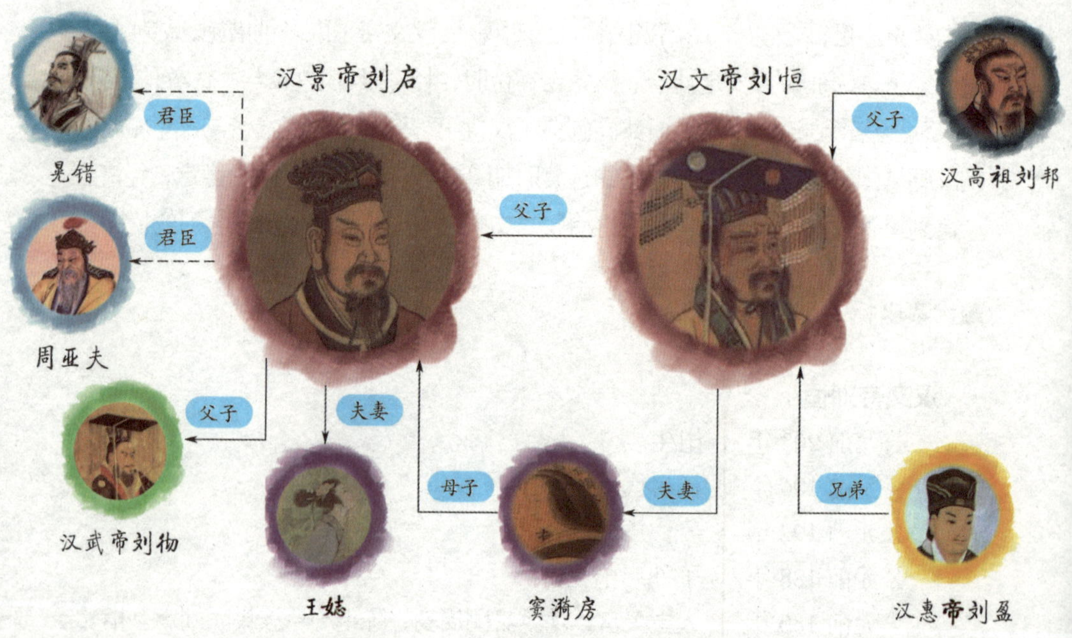
汉景帝刘启
汉文帝刘恒
汉高祖刘邦
父子
君臣
晁错
君臣
周亚夫
父子
父子
夫妻
汉武帝刘彻
王娡
母子
窦漪房
夫妻
兄弟
汉惠帝刘盈

雄才大略

汉武帝刘彻

■名片春秋 I

汉武帝刘彻（公元前 156 ~ 前 87），汉朝最著名的天子，政治家、战略家。刘彻是汉景帝刘启的第十子、汉文帝刘恒的孙子、汉太祖刘邦的重孙子。7 岁时被册立为皇太子，16 岁登基，在位 54 年（公元前 141 ~ 前 87）。在位期间数次大破匈奴，攻克朝鲜，遣使出使西域，独尊儒术，首创年号。他开拓了汉朝最大版图，功业辉煌。但是，汉武帝连年征战，耗尽了国库，导致民生凋敝，在位晚年发生农民暴动，他还在巫蛊案中冤杀无辜。公元前 87 年刘彻崩于五柞宫，葬于茂陵，谥号为孝武，庙号为世宗。

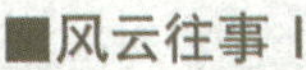

■风云往事 I

◇金屋藏娇　得做太子◇

武帝出生之年正值其父汉景帝刘启登基之年，他一出生就成皇子了。传说武帝母亲王美人怀孕时梦见了太阳钻入怀中，汉景帝听说了，很高兴，认为这是个预示孩子有所作为的吉兆。

刘彻的母亲因为不是皇后，所以她生的儿子按

西汉后宫嫔妃等级和名称

有皇后、夫人、美人、良人、八子、七子、长使、少使。武帝时加婕妤、娙娥、容华、充依。元帝时加昭仪、五官（在少使之后，为女官级别，一般不侍寝）、顺常、无涓、共和、娱灵、保林、良使。

照封建时期的规定不能继承皇位。不过，后来刘彻终于如愿地当上了太子，并登上了皇位。

在武帝 4 岁时，景帝封他为胶东王，其兄长刘荣为太子。后来，武帝的命运发生转折得益于景帝的姐姐长公主的帮助。长公主有个女儿叫陈阿娇，最初长公主想把女儿嫁给太子刘荣，将来太子即位，女儿就是皇后了。但是太子的母亲栗姬却不领情，这令长公主非常生气，从此与栗姬作对。这使武帝成了获利的“渔翁”。

▲ 金屋藏娇

长公主将目光转向了刘彻，但刘彻的父亲景帝不太支持。长公主便想办法促成了此事。有一次，她在景帝的面前故意问刘彻愿不愿意要阿娇做他的妻子，刘彻听此心悦不已，便很大方地说：“以后如果能娶阿娇做妻子，我就要亲自建造一栋金屋子送给她。”父亲景帝见刘彻和阿娇身份和样貌也很般配，便同意了这门亲事。

长公主在景帝时地位就不一般，对景帝的影响不容忽视。由于她的极力策划和帮助，加上汉景帝因不喜太子荣的母亲栗姬善妒且性情暴躁，一气之下，将母子二人俱废，改立 7 岁的刘彻为太子。王美人也因此成为皇后。

刘彻做了太子后，更加勤奋学习，景帝还给他请了很有学识的卫绾做他的老师。刘彻的学习范围很广，包括骑马、射箭、经学与文学。

▲ 栗姬（生年年不详），汉景帝刘启姬妾

◇汉武雄风　开创盛世◇

汉武帝即位时，西汉社会经过汉初六七十年的休养生息，遭到秦代暴政和秦末战争严重破坏的社会经济得以恢复。在这样的历史条件下，汉武帝为了巩固大一统的国家，加强专制主义的中央集权，又实行了一系列的措施。

在政治方面，首先，为了继续削弱同姓诸侯王的势力，公元前127年，汉武帝采纳主父偃的建议，颁布“推恩令”，使诸侯王多分封子弟为侯，进一步削弱了诸侯王国的势力。其次，为削弱丞相权力，汉武帝频繁任免宰相，并特意从身份低微的士人中破格选用人才，形成“中朝”。“中朝”又称“内朝”，由皇帝左右的亲信人员构成，与属于丞相、御史大夫和九卿所构成的官僚机构“外朝”相对应。再次，重要政事由“中朝”决策，由此来削弱丞相的权力，加强君权。第四，为加强对地方的控制，打击地方豪强，他设置十三州部，每州部设刺史一人，以监察地方政治，加强中央对地方的控制。第五，汉武帝也非常注重人才的选拔，他确立了察举制度，开创了中国系统选拔人才制度的先河。

▲ 汉武大帝君临天下

在文化方面，汉武帝接受董仲舒的建议，“罢黜百家，表章《六经》”，把儒家学说作为封建正统思想。为了大力推行儒学教育，公元前124年，在长安创建太学。太学是我国古代最高学府，以儒家经典为主要教材。同时，“罢黜百家，表章《六经》”，从此结束了各派学术思想平等竞争的局面，确定了儒学在百家之学中的主导地位，对我国文化的发展产生重大影响。

在经济方面，汉武帝确立了一些新的经济制度，以强化大一统王朝的经济基础。首先，统一货币。汉朝使用的“半两”钱，质量低劣，轻重不一。汉武帝在公元前113年下令取消郡国铸钱的权力，将铸币权收归中央，专令官员铸造新的五铢钱。新的货币质量较高，使币制得到较长时间的稳定。其次，官营盐铁。中央政府在盐、铁产地设置盐官和铁官，实行统一生产和销售，利润为国家所有。再次，建立均输和平准制度。设置平准官、均输官，由官府经营运输和贸易，大大增强了中央政府的经济实力。第四，颁布

▲ 董仲舒（公元前179~前104），西汉哲学家

“算缗”“告缗”令，征收商人资产税，打击富商大贾，以此来充足国库。此外，还兴修水利，移民西北屯田，实行“代田法”，有利于农业生产的发展。

汉武帝时代对外关系方面的当务之急是处理汉朝与匈奴的关系。匈奴游牧部族联盟的军事力量长期以来压迫着大汉北疆，使农耕生产受到威胁。汉武帝为了稳定大一统国家的局势，发动了对匈奴的反侵略战争。从公元前133年至前119年，汉武帝派兵和匈奴进行了多次作战，其中决定性的战役有3次，即河南之战、河西之战和漠北之战。这些战役使匈奴无力与汉王朝抗衡，使其无力向汉王朝发动大规模的军事进攻。汉武帝为了联合大月氏，夹击匈奴，在公元前139年派遣张骞出使西域。张骞途中被匈奴拘禁，于公元前126年才回到长安。公元前119年，张骞奉命第二次出使西域。张骞两次出使西域，使中原人得到丰富的关于西域的知识，也使汉王朝的声威和文化的影响传播到西域。

◇巫蛊之祸　晚年罪己◇

汉武帝晚年体弱多病，迷信方士神巫，偏执多疑，喜怒无常，致使“巫蛊之祸”发生。

“巫蛊”是产于民间迷信的一种巫术。汉武帝时期所通行的“巫蛊”之术的形式，大致是用桐木削制成仇人的形象，有的插刺铁针，埋入地下，用恶语诅咒，以为能够使对方罹祸。汉武帝时代巫风大盛，晚年曾指使酷吏清查“巫蛊”。

汉武帝病重时，江充曾经奏言病因在于“巫蛊”，于是汉武帝任命江充为使者治“巫蛊”之狱。江充与太子刘据及皇后有嫌隙，遂陷害太子。在搜查皇后宫和太子宫时有意制造冤案，据说果然发现了桐木人。刘据在被动的情况下，终于下决心起兵杀江充，

▲ 山西闻喜汉武帝雕像

动员数万市民与汉军战于长安城中。于是汉代最严重的政治动乱“巫蛊之祸”爆发。当时在甘泉宫养病的汉武帝命令严厉镇压太子军。刘据最终兵败，出城东逃，最终自杀。

事变之后，“巫蛊”冤情逐渐显现于世。汉武帝了解到太子起兵只是由于惶恐而已，并无其他企图，于是接受了一些大臣的劝谏，心有悔悟。同时，由于汉武帝大兴土木，生活奢侈，不断对外战争，致使国家开支浩巨，阶级矛盾尖锐，小股农民起义纷纷发生。汉武帝利用汉王朝西域远征军战事失利的时机，实行政策的转变。公元前89年，他公开宣布：“朕即位以来，所为狂悖，使天下愁苦，不可追悔。自今事有伤害百姓，靡费天下者，悉罢之。”又正式颁布了被誉为“仁圣之所悔”的轮台诏（罪己诏），决意把行政重心转移到安定生产方面来，使百姓得以休养生息。

▲ 陕西西安汉武帝茂陵

■历史评价 I

汉武帝是汉代在位最久的皇帝，在政治、经济、文化、军事等各方面都采取了一系列有重大影响的措施。他是汉朝文景之治以后，中国历史上出现的一位有雄才大略的皇帝。汉武帝的创新、开拓、进取精神促进了中国的社会变革与发展。在这样一个时代，汉武帝通过他一生的活动对中国历史发展做出了重大贡献。他的一生，在继承和发展中国的传统文化，加强中央集权，奠定现代中国辽阔疆域的初步基础，发展经济，打通丝绸之路、推进中西交流等方面做出了突出贡献，使汉代当时的实力远超过世界上其他国家。晚年汉武帝由于大兴土木、频繁发动战争、迷信方术等原因，使阶级矛盾尖锐。但由于他“晚而改过”，改变行政重心，注重百姓休养生息，使其虽“有亡秦之失而免亡秦之祸”。

毛泽东曾评价汉武帝说：“倒是汉武帝雄才大略，开拓刘邦的业绩，晚年自知奢侈、黩武、方士之弊，下了罪己诏，不失为鼎盛之世。”

■大事坐标 |

公元前 156 年	出生。
公元前 153 年	汉景帝立庶长子、栗姬之子刘荣为太子，史称“栗太子”；封刘彻为胶东王。
公元前 150 年	汉景帝废太子刘荣为临江王，封王夫人为皇后，7 岁的胶东王刘彻以王皇后嫡子身份被立为储君。
公元前 141 年	汉景帝驾崩，刘彻即位。
公元前 140 年	用赵绾、王臧开始实行新政。
公元前 139 年	赵绾、王臧下狱自杀，新政挫败，刘彻开始韬光养晦。
公元前 135 年	窦太后病死，刘彻正式执政。
公元前 133 年	马邑之围未能伏击匈奴而失利；开始与匈奴大规模交战。
公元前 130 年	车骑将军卫青大破龙城，取得对匈战役的首次胜利。
公元前 127 年	主父偃上书武帝，建议实行《推恩令》；筑朔方城，彻底解决了匈奴对长安的威胁。
公元前 119 年	大将军卫青大战匈奴于漠北，伊稚斜单于逃走；霍去病的东路军击败左贤王，彻底解决了匈奴之患。
公元前 110 年	泰山封禅，始有年号“元封”。
公元前104年	改正朔，易太初历，以正月为岁首（原以十月为岁首）。
公元前 99 年	李陵战败于浚稽山而投降；汉武帝杀李陵一家，腐司马迁。
公元前 91 年	太子刘据因“巫蛊案”被陷害不能自明，杀江充，被迫起兵，皇后卫子夫自杀。
公元前 89 年	为太子平反，发布《轮台罪己诏》。
公元前 87 年	驾崩。

■关系图谱 |

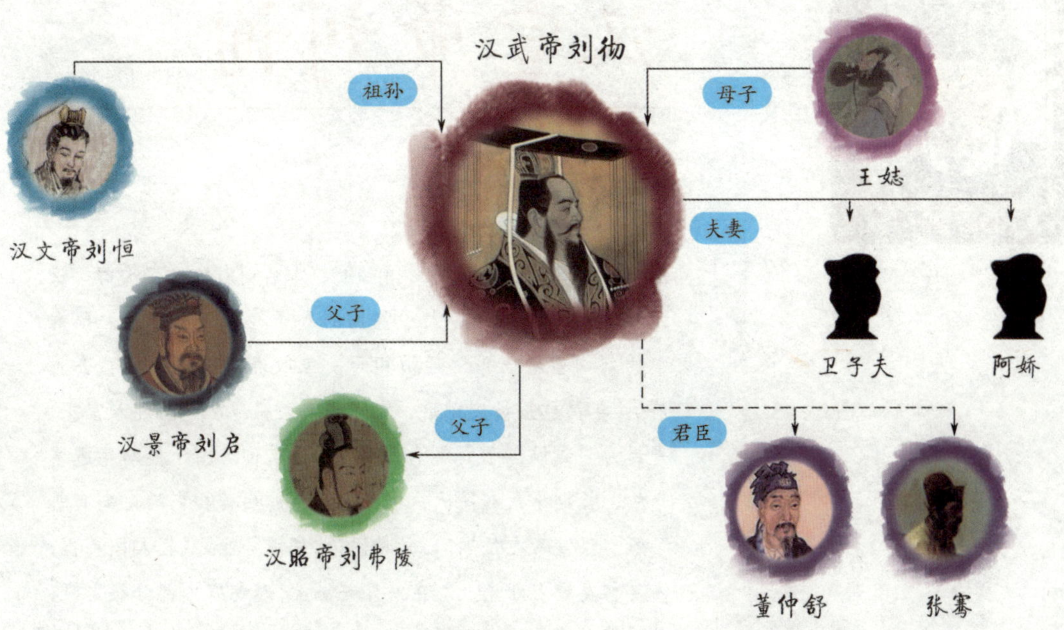

中兴皇帝

汉宣帝刘询

■名片春秋 |

汉宣帝刘询（公元前92~ 前49），本名刘病已，字次卿。汉武帝刘彻的曾孙，戾太子刘据的孙子。因巫蛊之祸，襁褓中的刘询曾经入狱，后被祖母史家收养，流落民间。公元前74年昌邑王被废黜后，霍光等大臣将他从民间迎入宫中，先封为阳武侯，于同年七月继位，改名询。由于他幼年遭遇变故，长期生活在民间，因此对百姓的疾苦和吏治得失有所了解。汉宣帝在位期间，励精图治，任用贤能，减轻人民负担，恢复和发展农业生产。在对外关系上，趁匈奴内部分裂之机，与呼韩邪单于建立友好关系，使边境逐步宁息。在乌垒城（今新疆轮台东北），设立西域都护府，使天山南北这一广袤地区正式归属于西汉中央政权。公元前49年去世，庙号为中宗，谥号孝宣皇帝。汉宣帝为汉朝中兴做出了巨大贡献。

▲ 连环画中的汉宣帝

■风云往事 |

◇幼年入狱　命运坎坷◇

汉宣帝刘询幼时命运坎坷，长大后成为西汉有名的中兴皇帝。他是汉武帝刘彻的曾孙，戾太子刘据的孙

子，但出生不久，即逢巫蛊之祸。太子刘据起兵失败，皇后卫子夫和太子刘据相继自杀。唯独襁褓中的刘询逃过一劫，被收押在监房里。

当时负责管理长安郡邸狱的廷尉监叫邴吉，他知整件事的来龙去脉，很是怜悯刘询。邴吉在监狱里挑选了两位厚道的女囚胡组、郭征卿住在宽敞干净的房间哺育皇曾孙。皇曾孙好几次在狱中差点病死，多亏邴吉和两位乳母的悉心照料，再加上为之请医，皇曾孙才奇迹般地活了下来。因为他体弱多病，所以取名为刘病已。

公元前 87 年，汉武帝听闻长安监狱有天子之气，便命令处死狱中之人。使者夜晚到来，邴吉紧闭大门，说道："皇曾孙在此。普通人都不能无辜被杀，何况皇上的亲曾孙呢！"邴吉与使者相持到天明，使者无奈回去复命。武帝此时也清醒了，说："天使之也。"于是大赦天下，邴吉于是将刘病已送到祖母史良娣家里抚养。

不久，武帝又下诏皇曾孙由掖庭抚养，由朝廷发放生活费用，并归籍宗正府。到这时，皇曾孙刘病已的宗室地位才得到法律上的承认。当时的掖庭令是张贺，他原是刘据的部下，他对刘病已极好，自己出钱供刘病已读书，使皇曾孙系统学习了《诗经》《论语》《孝经》等儒家经典。刘病已好学，但也喜欢游侠，斗鸡走马，游山玩水。这样他既了解了风土人情，也知晓了百姓疾苦吏治得失。

公元前 74 年，汉昭帝驾崩，没有儿子继承皇位。权臣霍光等人议定立昌邑王刘贺为帝。刘贺的继位并没有造福国家，而且得罪了霍光等权贵。所以只做了 27 天皇帝，就被以霍光为首的大臣废黜了。之后，光禄大夫、给事中（内朝官）邴吉建议把流落民间的汉武帝曾孙刘病已迎入宫中，继承昭帝大统。这时，在汉武帝的后代中，已没有更多的选择余地，邴吉又极力赞扬刘病已孝行节俭，通经术，有美才，性格平和安详。大臣们同意了邴

▲ 邴吉（?~公元前55），西汉官员

掖庭

宫中旁舍，宫女居住的地方，由掖庭令管理。

吉的提议。他们为了避免皇曾孙由一介平民直接继承皇位，就先封刘病已为阳武侯。没过几天，霍光就奉上皇帝龙袍、玉玺，在汉高祖刘邦庙前，为刘病已举行正式即位仪式，即为汉宣帝。

▲ 霍光（?~公元前68），汉朝辅政大臣

◇浪漫诏令　故剑情深◇

刘询还未继承大统之时，就娶许广汉女儿许平君为妻，并于公元前74年生下后来的汉元帝刘奭。宣帝继位后，许平君进宫为婕妤。但霍光的妻子霍显一心想让女儿成君做皇后。当时大臣们在霍光家族的威逼下提议让霍成君当皇后。刘询没有忘记与自己患难与共的许平君，他下了一道“寻故剑”的诏书，说：“我在贫微之时曾经有一把旧剑，现在我十分想念它，众位爱卿能否为我将其找回来。”群臣揣摩上意，开始一个个请立许平君为皇后。宣帝如愿以偿，立糟糠之妻许平君为皇后。这就是“故剑情深”的典故。这道诏书被认为是一道最浪漫的诏书。

宣帝由此惹怒霍氏家族。依例，皇后的父亲一定要封侯，但霍光却始终不允，后来才封了个“昌成君”。公元前71年，许平君又生下一个女儿，霍显命御用女医淳于衍（掖庭护卫淳于赏的妻子）在滋补汤药中加入附子，许平君服用后不久毒发去世。汉宣帝非常悲痛，追封她为“恭哀皇后”，葬在杜陵南园（也称少陵）。

▲ 陕西西安恭哀皇后少陵

许平君死后不久，霍成君当上皇后。她飞扬跋扈，挥金如土，与许后提倡的节俭、贤德完全违背。刘询装作对她千依百顺，而霍成君也没有为刘询生下子嗣。

◇敬事霍光　韬光养晦◇

从汉昭帝开始，到昌邑王刘贺短暂的27天，再到汉宣帝刘询即位之初，朝政几乎全部由霍光把控。当时，霍家权力极大，霍光权倾朝野，他的儿子霍禹、侄孙霍

云是统率宫卫郎官的中郎将；霍云的弟弟霍山任奉车都尉侍中，统率禁卫部队胡越骑兵；两个女婿分别担任东宫和西宫的卫尉，掌管整个皇宫的警卫；堂兄弟、亲戚也都担任了朝廷的重要职位。他们形成了一个盘根错节、遍布西汉朝廷的庞大的势力网。霍光已经成为当时实际上的最高统治者，他的权势和声望在废除了昌邑王刘贺的帝位、拥立汉宣帝之后，达到了无以复加、登峰造极的地步。

早在民间时，刘询对霍光的权势和威风就有风闻。他一即位，就明显地感觉到了朝廷内部来自霍光集团咄咄逼人的政治压力，所以在登基之日谒见"高庙"时，霍光陪同他乘车前往，他就觉得浑身上下都不自在，如芒刺在背。初即位的汉宣帝自知无法与霍光抗衡，只有保持最大的克制，逐渐发展自己的势力，寻求有利时机，才能夺回属于自己的最高统治权。所以在即位伊始，当霍光表示要还政于他时，汉宣帝非常"诚恳"地回绝了，他明确表示非常信任霍光，欣赏霍光的才能，请霍光继续主持朝政，并当众宣布，事无大小，先报请霍光，然后再奏知他本人。事后他对霍氏一族下诏封赏，朝堂之上，霍光享受极高的待遇。汉宣帝的韬光养晦对于消除霍光对他的猜忌和提防，缓和朝廷内部潜伏的政治危机，为自己的统治创造良好政治气氛起到了极其明显的积极作用。

▲ 霍成君（约公元前83~前54），汉宣帝刘询第二位皇后

公元前87年，汉武帝病逝，年仅8岁的汉昭帝继位，按照汉武帝的遗嘱，由大将军霍光来辅助汉昭帝，史称"霍光辅政"。直到汉宣帝即位初期，大权仍基本上掌握在霍光手中。

◇清理霍氏　大胆改革◇

公元前68年，霍光去世。宣帝亲临葬礼，按皇帝葬制的规格埋葬了霍光，并加封霍光的侄孙霍山为乐平侯，以奉车都尉的官职领尚书事。与此同时，汉宣帝认为时机已到，开始亲理朝政，逐渐把权力收归自己手中。

霍光虽死，然霍家势力不容小觑。为此，汉宣帝首先采取行动，削夺霍家把持的权力。他先解除了霍

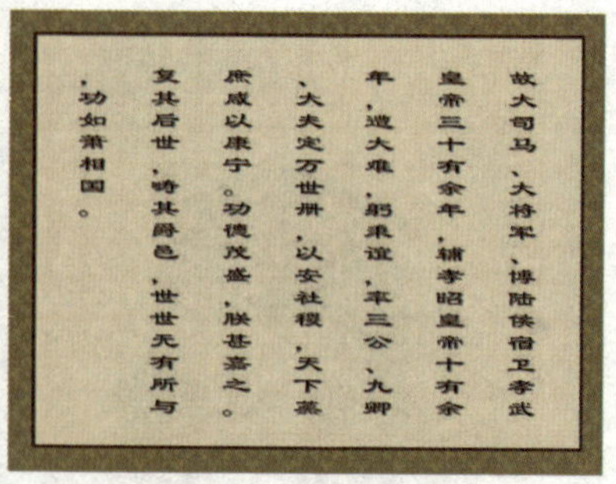

故大司马、大将军、博陆侯宿卫孝武皇帝三十有余年，辅孝昭皇帝十有余年，遭大难，躬秉谊，率三公、九卿、大夫定万世册，以安社稷，天下蒸庶咸以康宁。功德茂盛，朕甚嘉之。复其后世，畴其爵邑，世世无有所与，功如萧相国。

▲ 霍光死，宣帝加封诏

光两女婿东宫、西宫卫尉的职务，剥夺了他们掌管的禁卫军权，又把霍光的两个侄女婿调离了中郎将和骑都尉的位置，让自己的亲信担任南北军和羽林骑的统帅。最终他从霍氏家族手中夺回兵权。之后，他提拔霍光的儿子霍禹为大司马，明升暗降，剥夺了他掌握右将军屯兵的实权。还对上书制度进行了改革，下令吏民上书，直接呈皇帝审阅，不必经过尚书，把霍山、霍云领尚书事的职务架空起来。最终汉宣帝掌握全部权力。

面对汉宣帝全面夺权的行动，霍家集团内部惶恐不安，决定铤而走险，发动叛乱，推翻汉宣帝，保住他们的既得利益。但叛乱在严阵以待的汉宣帝面前很快瓦解了。汉宣帝大规模地镇压了霍氏集团的叛乱，将参加叛乱的人都处以极刑，并废除了霍皇后，一举歼灭霍家势力，汉宣帝最终确立了他的绝对统治。

汉宣帝彻底清除了霍氏的势力，可以大刀阔斧地施政了。

宣帝早年生活在民间，深知吏治好坏将直接关系到百姓的生存发展与社会的和谐稳定。他十分重视刺史、郡守的选用，认为这是整治吏治的重要环节。每当朝廷任命刺史、郡守之时，他都要亲自接见，当面考察，并要求他们写出任期责任状，以便对他们的政绩进行有针对性的考核。任期满后，对没有实现责任状的刺史、郡守给予降职处分或免职，而对政绩优异者给予表彰或者破格提拔，这就是史书上说的“循名核实”。

乃者东织室令史张赦使魏郡豪李竟报冠阳侯云谋为大逆，朕以大将军故，抑而不扬，冀其自新。今大司马博陆侯禹与母宣成侯夫人显及从昆弟冠阳侯云、乐平侯山诸姊妹婿谋为大逆，欲诖误百姓。赖宗庙神灵，先发得，咸伏其辜，朕甚悼之。诸为霍氏所诖误，事在丙申前，未发觉在吏者，皆赦除之。男子张章先发觉，以语期门董忠，忠告在曹杨恽，恽告侍中金安上。恽召见对状，后章上书以闻。侍中史高与金安上建发其事，言无入霍氏禁闼，卒不得遂其谋，皆雠有功。封章为博成侯，忠高昌侯，恽平通侯，安上都成侯，高乐陵侯。

▲ 灭除霍氏封赏诏

宣帝严明执法，惩治不法官吏和豪强。一些地位很高的、腐朽贪污的官员都相继被诛杀。大司农田延年在尊立汉宣帝时，作用非凡，被封为阳城侯，但因修建昭帝墓圹，趁雇佣牛车运沙之机，贪污赃款 3 000 万而被告发。虽有大臣为他说情，但宣帝没有同意，田延年只得畏罪自杀。

宣帝不仅以执法严明著称，还以为政宽简闻名。

他在任用地方官时，除启用了一些精明能干的能吏去严厉镇压不法豪强外，还同时任用了一批循吏治理地方，使得社会安定，政治稳定。他还先后10次下令大赦天下。

循吏

守法循理的官吏，就是好官。“循吏”之名最早见于《史记》的《循吏列传》。

为了解决土地流失问题，宣帝多次下诏把国有土地借贷给无地的贫民，同时贷给耕牛和种子。各郡县有流民归还者，官府要给他们土地，贷给种子，安排好食宿。这些借贷国家土地的贫民，后来由于借贷时间长了，国家不再收回土地，改为每年收租税，他们变成了自耕农，生产积极性也提高了。同时，宣帝还多次下令减免租税和徭役，以减轻农民负担。

公元前62年，全国粮食丰收，价格低廉。为了防止谷价太贱伤及农民利益，大司农中丞耿寿昌设立了常平仓，在粮食丰收时，以不太低的价格买进，等遇到灾年饥荒，仍以原价售出粮食。常平仓的设立，对保护农民的利益起到一定作用。

在对外关系上，宣帝于公元前72年联合乌孙打击匈奴，后趁匈奴内部分裂之机，与呼韩邪单于建立友好关系，使边境逐步宁息。公元前61年击败西羌，后任将军赵充国实行屯田，加强边防，使羌人归顺。公元前60年，在乌垒城(今新疆轮台东北)，设立西域都护府，监护西域诸城，使天山南北这一广袤地区正式归属于西汉中央政权，具有划时代的重大意义。

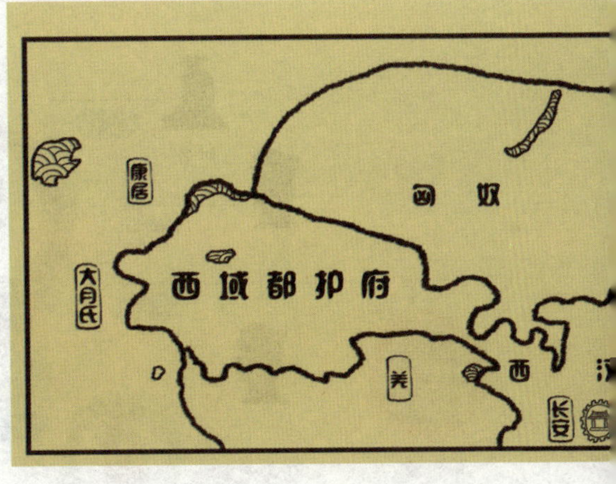

▲ 西域都护形势示意图

■历史评价 |

公元前49年，汉宣帝驾崩。他是在汉武帝连年征战、用尽民力，后经过昭帝10余年恢复的情况下即位的。汉宣帝早年流落民间，深知农民疾苦。他在位的25年间，采取了一系列措施，遏制土地兼并，减轻农民负担，积极恢复发展农业生产。虚心纳谏，用人得当，各级官吏大多称职，人民生活也能安居乐业。在对外关系上，也能恰当处置，使得边境较为安定。经过昭帝和宣帝近 40 年的休养生息，汉朝的经济继汉武帝晚年停顿之后，又得以发展起来，因此这段时期又被史家称为“昭宣中兴”。

■大事坐标 |

公元前 92 年	出生。数月后，因巫蛊之祸，在襁褓中即被关进大牢。
公元前 87 年	获释，被列入宗室。
公元前 75 年	迎娶掖庭暴室属官许广汉女儿许平君为妻。
公元前 74 年	继承皇位，即为汉宣帝，并改名刘询。同年，许平君生下后来成为汉元帝的刘奭。
公元前 71 年	皇后许平君坐月子期间，被霍显派人下毒致死。
公元前 68 年	霍光病逝，刘询开始着手镇压霍氏集团的叛乱，将大权收归己有。
公元前 60 年	设立西域都护府，统辖西域各国。
公元前 51 年	匈奴呼韩邪单于归附西汉。长达 150 年的汉匈战争基本结束。
公元前 49 年	逝世。葬于杜陵（在今西安市东郊）。

■关系图谱 |

新朝皇帝

王莽

■名片春秋 I

王莽（公元前45~公元23），字巨君，是西汉权倾三世的外戚王氏家族的成员之一。王莽为人谦恭俭让，礼贤下士，在朝野素有声望。西汉末年，社会矛盾空前激化，王莽则被朝野视为能挽救危局的不二人选，被看作是“周公在世”。公元9年，王莽代汉建新，建元“始建国”，宣布推行新政，史称“王莽改制”。但王莽改制并未缓和社会矛盾，在其统治末期，天下大乱。公元23年，更始军攻入长安，王莽死于乱军之中。王莽是中国历史上新朝的建立者，在位15年，新朝也成了中国历史上最短命的朝代之一。

■风云往事 I

◇出身名门　世家另类◇

王莽出身于权倾三世的王氏名门，是汉元帝的皇后王政君的侄儿。王氏家族是当时权倾朝野的外戚家族，王家先后有九人封侯，五人担任大司马，族中之人多为将军列侯，是西汉后期最显贵的家族。王莽的父亲叫王曼，是庶母所生，王曼去世得较早，

▲ 王莽画像

王莽自幼和母亲寄住在宫中，陪侍王政君。王氏家族的人大多生活富足，追求侈靡。唯独王莽独守清净，生活简朴，为人谦恭，而且勤奋好学，让他的姑母王政君觉得这个侄子和王氏门中其他的纨绔子弟大有不同。王莽服侍母亲及寡嫂，抚育兄长的遗子，行为严谨检点。对外结交贤士，对内侍奉诸位叔伯，十分周到。王莽成为这个世家大族中的另类，被视为当时的道德楷模。

▲ 山西晋城王莽岭

◇善于钻营　渐得大权◇

王莽很有心机，从他年幼跟随母亲侍奉姑母王政君之时，就时常扮演讨人喜欢的角色。他还对身居大司马之位的伯父王凤极为恭顺。王凤临死前嘱咐王政君照顾王莽。公元前 22 年，王莽被任命为黄门郎，后又升为射声校尉。当时朝中的许多知名人士都为王莽说好话，汉成帝也认为王莽很贤能。公元前 16 年，王莽又被封为新都侯，迁骑都尉、光禄大夫、侍中。王莽为了赢得美名，虽身居高位，却从不以自己为尊，并且能礼贤下士，清廉简朴，常把自己的俸禄分给门客和平民，甚至卖掉马车接济穷人，在民间深受爱戴。朝野的名流都称赞王莽，他的名声甚至超越了他那些大权在握的叔伯。

▲ 汉哀帝刘欣（公元前25~前1），西汉第十三位皇帝

在大司马王根准备退休之时，很多人认为淳于长应继任大司马之位。淳于长是王莽的表兄、王太后的外甥。他的地位、手段都胜过王莽，并且深受汉成帝信任。王莽为了继任大司马一职，秘密搜集淳于长的罪行。然后利用探望的机会对王根说："淳于长暗中为接替大司马做好了准备，他已经给不少人封官许愿了，他与被废皇后许氏有私通。"王太后听闻此事，让人查清淳于长的罪行，并将他处死，

这样大司马一职便由王莽担任。

汉成帝去世后，汉哀帝继承皇位。他的祖母定陶太后傅太后等外戚得势，王莽为了避免杀身之祸，隐居在封地，闭门不出。在这期间，他的二儿子王获杀死家奴，王莽惶恐地逼王获自杀，很多人为王莽隐居抱屈，汉哀帝只好重新征召王莽。

公元前1年，汉哀帝去世，没有留下子嗣继承皇位。太后王政君听说皇帝驾崩，当天就起驾到未央宫，收回传国玉玺。王太后下诏，要求朝中公卿推举大司马人选，群臣会意，纷纷举荐王莽，只有前将军何武与左将军公孙禄表示反对。两人早就不满王氏外戚专权，通过相互推举来表明他们的立场。不久，王太后诏命王莽再任大司马，录尚书事，兼管军事令及禁军。其后拥立9岁的汉平帝登基，由王莽代理政务。

孔光（公元前65~公元5），字子夏，孔子第14代孙，西汉大臣。以明经学，不到20岁就被举为议郎。曾任御史大夫、廷尉。

王莽大权在握后，政治野心逐渐暴露出来。他开始排斥异己，提拔依附顺从他的人，诛灭触犯怨恨他的人。王莽还利用当时著名的儒者大司徒孔光。孔光是三朝元老，深受王太后和朝野的敬重，但为人胆小怕事，过于谨慎。王莽一边主动接近和拉拢他，引荐他的女婿甄邯担任侍中兼奉车都尉，一边以王太后的名义逼迫孔光为自己宣传造势，利用孔光的影响力充当自己排斥异己的工具。王莽甚至利用孔光代奏自己的新叔父王立，并排挤董贤。与此同时，王莽逐渐培植了自己的党羽，以其堂弟王舜、王邑为心腹，用自己的亲信甄丰、甄邯主管纠察弹劾，平晏管理机要事务。王莽平时表情严肃，当想有所图时，他的党羽就会按他的意思纷纷上奏，而他则假意推辞，这样既不会引起太后的注意，又能够拉拢百姓。公元1年，大臣们向王太后提出，王莽的功绩与霍光一样，应该享受与霍光相等的封赏。王莽得知后上书表示，他是与孔光、王舜、甄丰、甄邯共同定策的，希望只奖励他们四人，以后再考虑他，并不顾太后多次诏令，坚决推辞。大臣们不断向太后建议，王莽在假意推辞再三之后接受了“安汉公”的称号，此时的王莽已经权倾朝野。

▲ 新莽“始建国二年”纪年铜镜

◇建立新朝　王莽改制◇

王莽在朝中的势力如日中天，几乎等同于皇帝。这引起了以刘氏宗室为主的势力的反对，但被王莽一一制服。公元9年，王莽逼迫王政君交出传国玉玺，自己称帝，改国号为“新”，改长安为常安。王莽在朝野广泛的支持下登上了最高的权位，开了中国历史上通过篡位做皇帝的先河。

由于汉末以来，政治腐败，土地兼并严重，经济凋敝，百姓流离失所，生活困苦，导致人心浮动，政治危机愈演愈烈。王莽执政以来，为了获取民心，虽然采取了一系列缓和社会矛盾的政策，但始终未能在根本上解决问题。王莽推崇儒家思想，希望恢复孔子的礼治时代来实现政通人和。因此王莽当上皇帝后，企图通过恢复西周时代的周礼制度来实现他治国安天下的理念。于是他仿照周朝的制度开始推行新政，史称“王莽改制”。王莽在始建国元年宣布的政策是：将天下田改名“王田”，以王田制为名恢复井田制；奴婢改称“私属”，与王田均不得买卖。其后屡次改变币制，更改官制与官名，把盐、铁、酒、铸钱及山林川泽收归国有。但由于这些政策只求名目复古，很多都是与实际情况相违背的，而且在推

▲ 新朝货币

行时手段和方法不正确，在遭到激烈反对后，又企图通过严刑峻法强制推行，使诸侯、公卿乃至平民因违反法令而受重罪处罚者不计其数，反而加剧了社会的动荡。人们未享其利，先受其害，各项政策朝令夕改，引起百姓和官吏的极度不满，因此痛恨王莽。

▲ 王莽货币

由于王莽改制不仅没有缓和社会矛盾，反而造成了天下剧烈动荡，国库也耗费殆尽，无法拨款赈灾，致使民众生活难以为继。公元 17 年，各种灾害接踵而至，各地农民开始纷起，其中赤眉军和绿林军的实力最雄厚。公元 23 年，王莽在南郊举行哭天大典。同年，绿林军攻入长安，王莽在混乱中为商人杜吴所杀，新朝灭亡。

■历史评价 |

西汉后期社会动荡不安，人心慌乱，王莽作为外戚王氏中的一员，有着足够的政治资本，且善于钻营，逐渐掌握了西汉王朝大权。王莽代汉就是在这种背景下产生的。

王莽代汉之后，着手解决前朝所遗留下来的大量社会问题，开始大刀阔斧地进行改革，企图通过仿照周朝的制度推行新政来缓和社会矛盾。但在新政中王莽屡次改变币制，更改官制与官名，削夺刘氏贵族的权力，引发豪强的不满。他的改制确实有其进步的一面，但是，改制中也有很多过激、过快之处，严重违背了客观规律。这使得改制不仅没能缓和社会矛盾，反而造成了社会混乱。由于看不起边疆藩属，他削王为侯，不断挑起对匈奴和东北、西南各族的战争。赋役繁重，刑政苛暴。公元 11 年，

▲ 王莽货币

黄河改道，灾民遍野。公元 17 年，各地农民纷纷起来反抗，形成赤眉、绿林大起义。公元 23 年，绿林军攻入长安，王莽也在混乱中被人杀死，新朝由此灭亡。

■大事坐标 |

公元前 45 年	出生。
公元前 22 年	被任命为黄门郎，后升射声校尉，开始进入专权的王氏集团。
公元前 16 年	封新都侯，迁骑都尉、光禄大夫侍中。
公元前 1 年	汉哀帝无子而崩。王政君掌传国玉玺，王莽任大司马，兼管军事令及禁军，立汉平帝。
公元 1 年	接受“安汉公”的称号。
公元 6 年	汉平帝死，王莽立年仅两岁的刘婴（号孺子）为皇太子，太皇太后命王莽代天子朝政，称“假皇帝”或“摄皇帝”。
公元 9 年	接受皇太子刘婴禅让后称皇帝，改国号为新，改长安为常安。
公元 14 年	改元“天凤”。
公元 20 年	改元“地皇”。
公元 23 年	起义军攻陷长安，王莽被商人杜吴杀死。新朝覆灭。

■关系图谱 |

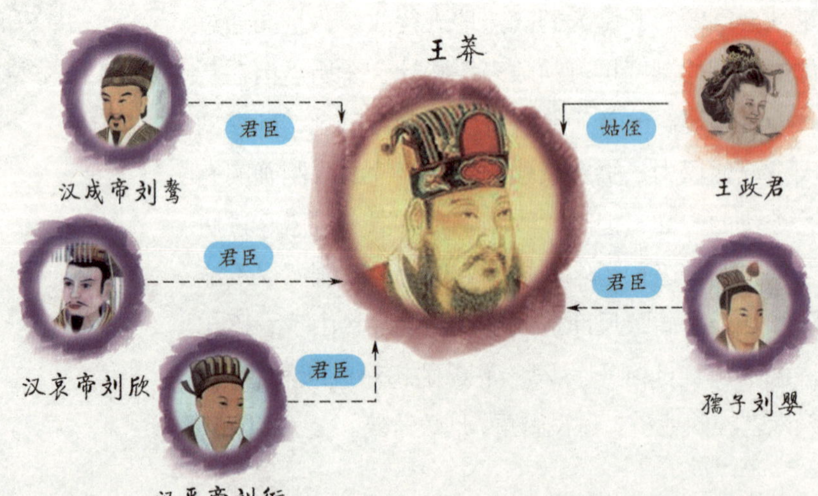

东汉复兴

光武帝刘秀

■名片春秋 I

光武帝刘秀（公元前6 ～公元57），字文叔，西汉末年南阳郡人。刘秀是西汉皇族后裔，汉高祖第9世孙，东汉的开国皇帝。新莽末年，天下大乱，身为一介布衣却有前朝血统的刘秀在家乡乘势起兵。公元25年，刘秀与更始政权公开决裂，于河北登基称帝，国号“汉”，史称“后汉”或“东汉”。经过10余年的统一战争，刘秀先后消灭了更始军、赤眉军和关东、陇、蜀等诸多割据势力，使得自新莽末年以来分崩离析的中国大地再次归于一统。刘秀于公元25年至公元57年在位。在位期间，大兴儒学，改革弊政。公元57年去世，葬于原陵，庙号世祖，谥号光武，史称汉光武帝。

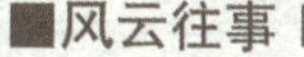

■风云往事 I

◇乱世起兵　大战昆阳◇

西汉末年，朝政日益衰败。到了成帝之时，朝政大权掌握在太后王政君为首的王氏外戚集团手上。公元9年，王莽篡汉，建立新朝。建国伊始，王莽便着手解决前朝所遗留下来的大量社会问题，开始了大刀阔斧的改革，这就是历史上著名的“王莽改

▲ 光武帝刘秀

▲ 绿林赤眉起义图（国画）

制”。但王莽改制过于激进，严重违背客观规律。最终改制以失败而告终，使本来就极为尖锐的社会矛盾更加激化。新莽末年，水、旱等天灾不断，中原大地到处是一派赤地千里、哀鸿遍野的景象。新莽天凤年间，赤眉、绿林、铜马等数十股大小农民纷纷揭竿而起，顿时，海内分崩，天下大乱。

刘秀虽名为皇族后裔，但属远支旁庶的一脉。刘秀见天下大乱，经过深思熟虑后，决定起兵。因为刘秀兄弟和南阳宗室子弟在南阳郡的春陵乡起兵，故史称刘秀兄弟的兵马为舂陵军。舂陵军的主力为南阳的刘氏宗室和本郡的豪杰，兵少将寡，装备很差，甚至在初期，刘秀是骑牛上阵，这也成为后世演义中的一段佳话，即所谓的“牛背上的开国皇帝”。

为了壮大声势，发展反莽力量，舂陵兵联合新市、平林、下江三支绿林军主力，壮大力量，在多次与王莽军队的作战中取胜。公元23年，西汉宗室刘玄被绿林军的主要将领拥立为帝，建元“更始”，刘玄就是历史上的更始帝。更始政权建立，复用汉朝旗号，此举大大震动了新朝，王莽即遣大司空王邑、大司

新军			汉军		
统帅	大司空	王邑	统帅	成国公	王凤
将领	大司徒	王寻	将领	廷尉大将军	王常
纳言将军	严尤			太常偏将军	刘秀
秩宗将军	陈茂			骠骑大将军	宗佻
垒尉	巨无霸			五威将军	李轶
总兵力	42万人		总兵力	1.3万人（不含李轶所率定陵、郾城援兵的主力部队）	

▲ 昆阳之战两军实力对比

徒王寻发各州郡精兵共 42 万扑向昆阳（今河南叶县）和宛城（今河南南阳）一线，力图一举扑灭新生的更始政权。

新、汉两方开始抗衡的第一个目标就是昆阳。昆阳位于昆水北岸，故而得名，历来是兵家必争之地。王莽的军队中有一个巨无霸，身高一丈，腰大十围，人人见了都会惧怕，还赶着一大群猛虎犀象，军容威严。王凤、王常、刘秀在昆阳，守军只有七八千人，众将领眼看寡不敌众，人人自危。这时的刘秀却自告奋勇，带领李轶等 13 骑，冲出重围，去郾城、定陵寻求援兵。几经口舌，方请得 3 000 余人。刘秀带领援兵回抵昆阳时，昆阳已被王邑、王寻的官兵包围得水泄不通。刘秀选城西水边官兵防守最弱之处，亲自率领 1 000 人的敢死队，驱骑突入。刘秀一马当先，连斩数十敌兵，汉军军士们相顾惊愕地说："刘将军平时见小敌怯，今见大敌勇，真是怪事。"大家以为有神助，于是个个奋勇，以一当百，把官兵主将王寻杀死。恰逢天气大变，官兵阵营的猛兽被雷电吓得乱窜，官兵不战而乱，人人逃窜。那时城外滍川河水暴涨，官兵们被水淹死数万。王莽部队的主力一战而溃。刘秀在昆阳城下，以少胜多，力破强敌。这就是史家们盛赞的昆阳之战。从此刘秀的威信和声望更加令人折服。

▲ 昆阳之战

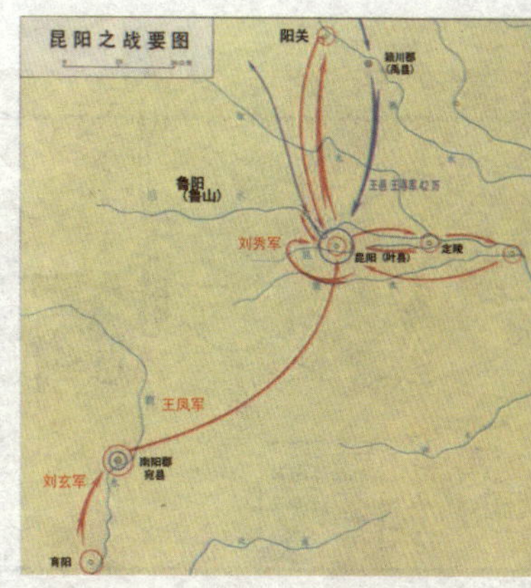

▲ 昆阳之战示意图

◇刘縯被害　强自隐忍◇

刘秀乘势南下，不料兄长刘縯被更始帝杀害。对刘秀来说，无疑是一个莫大的打击，但是刘秀能强忍悲伤，益发谦逊，而且悲愤不形于色。为了不受更始帝的猜忌，他急忙返回宛城向刘玄谢罪，不与大哥刘縯部将私下接触，虽然昆阳之功首推刘秀，但他不表功，并且表示兄长犯上，自己也有过错。

▲ 清吴友如《古今百美图》之阴丽华

邓禹（公元 2~58），字仲华，汉族，南阳新野（今河南新野）人，东汉开国名将，云台二十八将之首。

刘秀只好暂时装作什么事都没发生。更始帝本来因为刘缜一向不服皇威，而将其杀害，现在见到刘秀如此谦恭，反而有些自愧，毕竟刘秀两兄弟立有大功。最后刘秀不但未获罪，反而得封武信侯。刘秀回到宛城并受封武信侯后不久，即在宛城迎娶了他思慕多年的新野豪门千金——阴丽华。

◇平定北州　登基称帝◇

公元 23 年，刘玄让刘秀以破虏将军行大司马事的身份去河北招抚，这下刘秀可说是虎出牢笼，蛟龙入海。刘秀到了河北之后，礼贤下士，积聚力量。更始帝发现刘秀的实力不断壮大，唯恐威胁到他的皇位。他遣使到河北，封刘秀为萧王，命他交出兵马，回长安领受封赏，同时令尚书令谢躬就地监视刘秀的动向，并安排自己的心腹做幽州牧，接管了幽州的兵马。刘秀以河北未平为由，拒不领命。不久，刘秀授意手下悍将吴汉将谢躬击杀，其兵马也被刘秀收编。自此，刘秀与更始政权公开决裂。

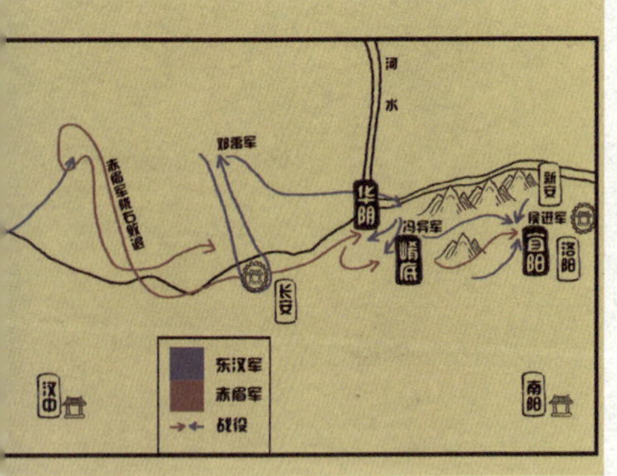

▲ 东汉大军平灭赤眉主力示意图

刘秀率幽州十郡突骑与占据河北州郡的铜马、尤来等农民激战，迫降了数十万铜马农民军，并将其中的精壮力量编入军中，实力激增，当时关中的人都称河北的刘秀为“铜马帝”。公元 25 年，刘秀在众将拥戴下，在河北鄗城（今河北柏乡北）的千秋亭即皇帝位。为表重兴汉室之意，刘秀建国仍然使用“汉”的国号，史称后汉（唐末五代之后也根据都城洛阳位于东方而称刘秀所建之汉朝为东汉），刘秀就是汉世祖光武皇帝。

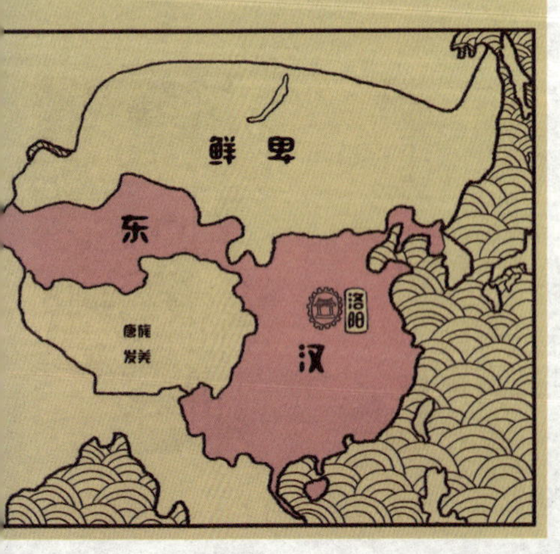

▲ 东汉疆域示意图

刘秀的首要任务是结束割据的混乱局势，一统天下。此时的长安，极度混乱，赤眉大军拥立傀儡小皇帝刘盆子建立了建世政权，拥兵 30 万，进

逼关中，更始帝遣诸将与赤眉大军交战，均大败而归，死伤甚重。不久，更始帝请降获封长沙王，后被赤眉军缢杀。刘秀闻绿林、赤眉两大起义军发生了火并，派邓禹西入关中，以观时变。经过崤底之战后，赤眉军遭到重创，加之粮草已尽，不得已再次转向东南方，力图补充粮草和人马，摆脱困境。赤眉军主力 10 多万众南下走宜阳，刘秀亲自引大军驰援一线，与耿弇等人会合，共同阻击赤眉军南下。刘秀亲率六军，于宜阳前线将大军摆开阵势，大司马吴汉精兵列前，中军在其后，骁骑兵和带甲武士分陈于左右两侧。重创后的赤眉军士气低落，且粮草弹药已尽。在陷入绝境的情况下，十几万兵马的赤眉大军无奈在宜阳请降，并向刘秀呈上了得自更始帝之处的传国玉玺和七尺宝剑。纵横山东 10 余年的赤眉军被刘秀消灭。

至此，刘秀已基本控制了中原（今河南、河北和山西南部）的大部分地区，其余地区仍然被各种武装势力占据。刘秀派军将种种武装势力一一收服。到公元 36 年，刘秀终于克定天下，使得自新莽末年以来四分五裂、战火连年的古老中国再次归于一统。

◇偃武修文　励精图治◇

自新末大乱到天下再次一统，历经近 20 年的时间，此间百姓伤亡惨重，人口锐减，经济凋敝。为了使饱经战乱的中原之地尽快恢复和发展，刘秀采取一系列措施，偃武修文，励精图治。

光武帝实行休养生息政策，首先是薄赋敛。公元 30 年，下诏恢复西汉前期三十税一的赋制。光武帝鉴于西汉后期吏治败坏、官僚奢侈腐化的积弊，即位以后，注意整顿吏治，躬行节俭，奖励廉洁，选拔贤能做地方官吏，并对地方官吏严格要求，赏

五经博士

学官名。汉武帝设五经博士，教授弟子，从此博士成为专门传授儒家经学的学官。汉初，《诗》《书》《礼》《易》《春秋》每经只有一家，每经置一博士，各以家法教授，故称五经博士。到西汉末年，研究五经的学者逐渐增至十四家，所以也称五经十四博士。

▲ 太学

罚从严。经过整顿之后，官场风气得以大大改善。同时，在重建刘汉封建政权中，为了瓦解敌军、壮大自己的力量，也为了安定社会秩序、缓和阶级矛盾，曾多次下诏释放奴婢，并规定凡虐待、杀伤奴婢者皆治罪。

光武帝还注重抑制豪强势力，实行度田政策。东汉政权本是在豪强势力支持下建立起来的。但随着豪强势力的发展，土地兼并逐渐严重，既威胁皇权，也影响百姓生活。为了加强朝廷对全国垦田和劳动人手的控制，平均赋税徭役负担，公元 39 年，光武帝下诏令各郡县丈量土地，核实户口。诏令下发之后，遇到豪强势力的抵制。光武下令将度田不实的河南尹张伋及其他诸郡太守 10 余人处死，表示要严厉追查下去。结果各地豪强不甘示弱，联合起来发动叛乱。光武帝只得不了了之，度田以失败告终。但因为各项政策措施都在不同程度地得以实行，这就为恢复发展社会生产创造了有利的条件，使得垦田、人口都有大幅度的增加，从而奠定了东汉前期 80 年间国家强盛的物质基础。

光武帝不光注重经济，还着眼于发展教育，推崇儒学。建国后，在洛阳修建太学，设立五经博士，恢复西汉时期的十四博士之学。他还常到太学巡视，和学生交谈。在他的提倡下，许多郡县都兴办学校，民间也出现很多私学。

光武帝十分推崇西汉时期的独尊儒术。他巡幸鲁地时，曾遣大司空祭祀孔子，后来又封孔子后裔孔志为褒成侯，以表尊孔崇儒。特别是对儒家今文学派制造的谶纬之学更是崇拜备至。同时，光武帝鉴于西汉末年一些官僚、名士醉心利禄，依附王莽，于是表彰气节，对于王莽代汉时期隐居不仕的官僚、名士加以表彰、礼聘，表扬他们忠于汉室、不仕二姓的“高风亮节”。

■历史评价 |

汉光武帝刘秀是我国历史上著名的封建皇帝之一。史称其才兼文武，豁达大度。刘秀擅于排兵布阵，往往能够以少胜多，攻其不备。昆阳之战首立大功，奠定政治资本。公元 25 年，刘秀称帝，建立汉朝，史称“后汉”或“东汉”。光武帝刘秀又通过多年战争，统一天下。在统一全国之后，他仍能勤于政事。为了恢复被战乱严重破坏的经济，刘秀恢复西汉时期的三十税一的制度，休养生息，改革吏治，偃武修文，抑制豪强地主的势力。这些措施使长期遭到破坏的经济得到恢复，为以后的发展奠定了基础。毛泽东盛赞汉光武帝是“最会用人、最有学问、最会打仗”的一代君王。

■大事坐标 I

公元前 6 年　出生。
公元 3 年　父亲去世后被寄养到叔父刘良家。
公元 22 年　和哥哥刘縯在南阳起义。
公元 23 年　率军与王莽军大战，取得了昆阳大捷。起义军立汉宗室刘玄为皇帝，恢复汉朝，年号为更始，刘玄杀死刘秀的哥哥刘縯。
公元 25 年　称帝，年号为建武，东汉开始。定都于洛阳。
公元 27 年　在宜阳大破赤眉军。
公元 28 年　至河北，命吴汉部消灭多支农民武装。
公元 29 年　亲到桃城进攻汉叛将庞萌。
公元 30 年　派大军攻打巴蜀的公孙述。
公元 31 年　下诏，释放囚犯，解散部分军队。
公元 33 年　派来翕和冯异攻打隗嚣。
公元 36 年　吴汉灭公孙述。
公元 37 年　增功臣封邑、爵位，解除众功臣兵权。
公元 56 年　根据《河图会昌符》及谶文的说法，封禅泰山。
公元 57 年　去世。

■关系图谱 I

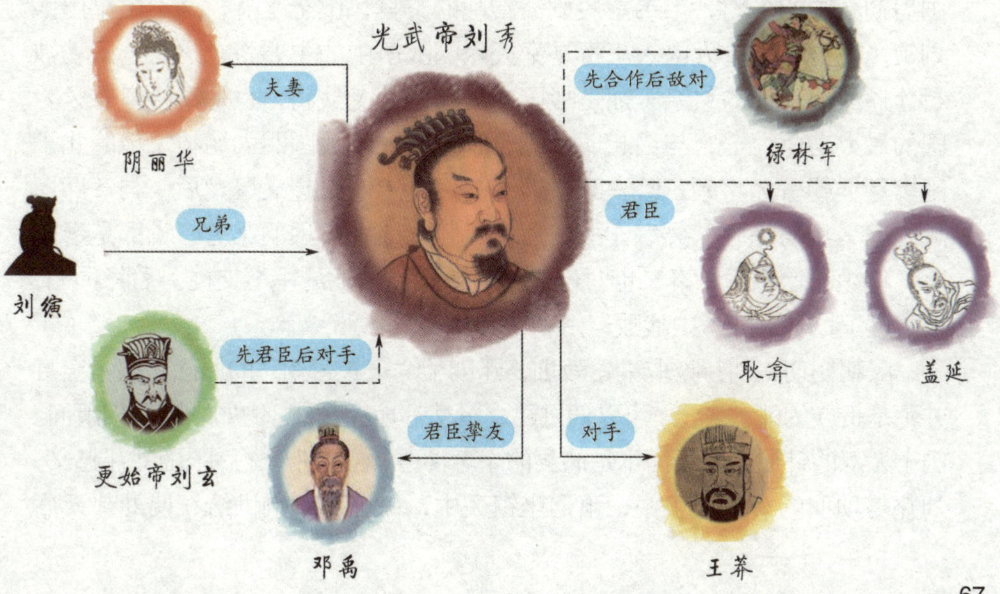

第二编

千古将相传后世

秦朝历史虽然短暂，但却出现了很多有才能的高官。

李斯在秦灭六国完成统一的过程中起了重大作用。秦统一天下后，他与王绾、冯劫议定尊秦王政为皇帝，并制定有关的礼仪制度，被任为丞相。秦始皇死后，他与赵高合谋，伪造遗诏，迫令始皇长子扶苏自杀，立少子胡亥为二世皇帝。后为赵高所忌，公元前 208 年被腰斩与于咸阳闹市，并夷三族。赵高是中国历史上著名的宦官，秦始皇身边的媚臣。秦二世即位后他设计陷害李斯，在杀掉李斯后自己做了丞相。后来他又派人杀死秦二世，最终被子婴所杀。范增是秦末农民战争中项羽的主要谋士，被项羽尊为“亚父”。公元前 206 年随项羽攻入关中，劝项羽消灭刘邦势力，未被采纳。后在鸿门宴上多次示意项羽杀刘邦，意使项庄舞剑，借机行刺，终未获成功。公元前 204 年，刘邦用陈平计离间楚君臣关系，范增被项羽猜忌，遂辞官归里。

秦朝历史上的知名战将也非常多，最著名的有蒙恬、王翦、王贲、章邯等人。

蒙恬是秦始皇时期的著名将领，被誉为“中华第一勇士”。他是西北最早的开发者，也是古代开发宁夏第一人。他的祖父蒙骜、父亲蒙武都是战国后期秦国的名将，弟弟蒙毅则任秦朝的文官，位至上卿，为秦始皇出谋划策，被誉为忠信大臣。王贲是秦灭六国战争中的主要将领之一，因功被封为通武侯。他的父亲王翦是战国末期秦国著名战将，也是秦始皇兼灭六国的最大功臣之一，与白起、李牧、廉颇并列为战国四大名将；他的儿子王离是秦朝著名将领，曾率兵戍边备胡，秦末农民起义爆发后，与章邯一起统率秦兵与陈胜、吴广作战，后在巨鹿之战中被项羽俘虏。章邯是秦末著名将领，上将军。秦二世时任少府，为秦朝后期的军事支柱。后降项羽，被封雍王，楚汉战争中战败自杀。

汉朝初期，刘邦吸取秦亡教训，开创了“布衣将相”的局面。很多出身并不是贵族的能人志士，可以通过建立军功等途径入仕，例如兴国名相萧何、国士无双的韩信等。萧何本是沛县的一名功曹，结交刘邦之后跟随刘邦起义，刘邦与项羽的争霸战争中，萧何坐镇关中，保证了粮饷供给，使刘邦无后顾之忧。萧何也慧眼识珠，发现韩信是大将之才，向刘邦推荐并使韩信得到重用，帮助刘邦打得天下。汉朝建立之后，刘邦在论功行赏之时定萧何为首功。萧何为相后，并未贪图享受，继续尽心尽力，为汉朝初期政治的稳定和经济的恢复做出了一定的贡献。

西汉汉武帝时期，名臣大将辈出。卫青、霍去病大战匈奴，解除了匈奴对汉朝的威胁；张骞出使西域，加强了汉与西域各国的联系与交流。在汉武帝之后，也涌现出像霍光、苏武、班超这样的名臣。正是这些名臣将相的努力，使得汉朝国力强盛，声威远播。秦汉的将相在历史的长河中留下了自己的足迹，下面就让我们寻找他们的足迹。

策灭六国

李斯

■名片春秋 |

李斯（公元前284～前208），李氏，名斯，字通古。战国末年楚国上蔡（今河南上蔡西南）人。秦代著名政治家、文学家和书法家。秦统一天下后，与王绾、冯劫议定尊秦王政为皇帝，并制定有关的礼仪制度。后被任为丞相。秦始皇死后，他与赵高合谋，伪造遗诏，迫令始皇长子扶苏自杀，立少子胡亥为二世皇帝。后为赵高所忌，公元前208年，被腰斩于咸阳闹市，并夷三族。

■风云往事 |

◇书谏逐客◇

李斯曾师从荀况，为了施展自己的才华，他决定到秦国去。秦相吕不韦非常器重他，便把他引荐给了秦王政。一次，他对秦王政说："凡是干成事业的人，都必须要抓住时机。现在秦国力量强大，大王贤德，消灭六国如同扫除灶上的灰尘那样容易，正是完成帝业、统一天下的最好时机，您可千万不能错过。"李斯的见解得到了秦王政的赏识，因而将

▲ 李斯画像

他提拔为长吏。李斯劝秦王政派人持金玉去各国收买、贿赂并离间六国的君臣，果然也收到了效果，他又被封为客卿。

正当秦王政下决心统一六国的时候，韩国派水工郑国入秦，鼓动秦国修建水渠，其真实目的是想削弱秦国的人力和物力，牵制秦的东进。后来，郑国修渠的目的暴露了。东方各国当时也纷纷派间谍来到秦国做宾客，群臣对外来的客卿议论很大，就对秦王政说："各国来秦的人，大抵是为了他们自己国家的利益来做破坏工作的，请大王下令驱逐一切来客。"于是，秦王政下了逐客令，李斯也未能幸免。

李斯便给秦王政写了一封信，劝秦王政不要逐客，这就是有名的《谏逐客书》。他说："我听说群臣议论逐客，这是错误的。从前秦穆公求贤，从西方的戎部请来由余，从东方的楚国请来百里奚，从宋迎来蹇叔，任用晋国来的丕豹、公孙支。秦穆公正是任用了这5个人，兼并了20国，称霸西戎。秦孝公重用商鞅，实行新法，移风易俗，国家富强，从而打败楚、魏，扩地千里，使秦国强大起来。秦惠王用张仪的计谋，拆散了六国的合纵抗秦，迫使各国服从秦国。秦昭王得到范雎，削弱贵戚力量，加强了王权，蚕食诸侯，秦成帝业。这四代君王都是由于任用客卿，他们对秦国才做出了贡献。客卿有什么对不起秦国的呢？如果这四位君王也下令逐客，就只会使国家没有富利之实，秦国也没有强大之名。"

秦王政觉得李斯此番话不无道理，果断地采纳了李斯的建议，立即取消了逐客令，李斯仍然受到重用，被封为廷尉。秦国仍旧坚持招揽和重用外来客卿的传统，这些外来的客卿在秦国统一中国的过程中也发挥了重要作用。李斯的《谏逐客书》，对秦

客卿

秦有客卿之官。即请其他诸侯国的人来秦国做官，其位为卿，而以客礼待之，故称。秦朝以后亦泛指在本国做官的外国人。战国中后期很多秦国人也担任客卿，主要是执行对抗诸侯的战争、外交事务，外国人即可称客卿，也可称上卿等卿相，客卿是仅次于相国的职务。

▲ 李斯进谏

网罗天下人才是有功绩的。

◇妒杀韩非◇

正当李斯步步高升的时候，秦王政却十分喜爱韩非的才华（韩非是战国末期的一位大思想家，学问比李斯大得多）。韩非和李斯是同学，他继承了荀子的学说，并在此基础上，把慎到的“势”，商鞅的“法”，申不害的“术”结合起来，并加以丰富和发展，形成了一套完整的君主专制理论。韩非虽善于著述，但因说话口吃，并不善于论辩。他回到韩国以后，看到韩国势力太弱，多次上书献策，但都未被采纳。于是他发愤著书，先后写出《孤愤》《五蠹》《说难》等。他的书传到秦国，由于讲的都是“尊主安国”理论，秦王政非常赞赏韩非的才华，并说：“我要是能见到此人，和他交往，死而无恨。”不久，因秦国攻韩，韩王知秦王政很是赞赏韩非，于是派他出使秦国。秦王政很喜欢韩非，但还没有决定是否留用。李斯知道韩非的本事比自己大，害怕秦王政重用他，对自己的前途不利，就向秦王政讲韩非的坏话。他说：“韩非是韩王的同族，大王要消灭各国，韩非却爱韩不爱秦。如果大王决定不用韩非，把他放走，对我们则不利，不如把他杀掉。”李斯的话激起了秦王的猜疑，便派兵捉拿韩非。根据秦国法令，狱中的囚犯无权上书申辩。韩非到秦国以后，又得罪了姚贾。姚贾为秦国立过功，深得秦王政的重用，被任命为上卿。韩非却向秦王政说，姚贾出身不高贵，当过大盗，在赵国做官时被赶跑了，您用这样的人是很不应该的，使得秦王政很扫兴。事后秦王政又向姚贾问起韩非，姚贾当然不会讲韩非的好话。在李斯和姚贾的串通下，韩非无计可施，只好服下李斯送来的毒药，自杀身亡。从此以后，李斯“以

秦法（节选）

行什伍之法，建立社会基层组织；一家有两个成年男子，强迫分居；不分居者，加倍赋税；奖耕战，对敌作战是第一等功勋，受第一等赏赐。人民耕田织布特别好的，积存粮食特别多的，免除他的赋税和劳役。人际争执，必须诉诸法庭裁判，不准私人决斗。私人决斗的人，不论有理无理，一律处罚。

▲ 韩非申辩

法治国”的理论没有对手，更可以施展自己的才能，为秦王政统一六国出谋划策。公元前221年，秦王政结束了长期分裂的割据局面，统一了中国，建立了一个东到大海，南达岭南，西至甘青高原，北至今内蒙古、辽东的空前的封建大一统国家。

分封制

也称分封制度或封建制，即狭义的“封建”，由共主或中央王朝给王室成员、贵族和功臣分封领地，属于政治制度范畴。古代宗法制是分封制的基础，在家庭范围是为宗法制，在国家范围是为分封制。中国古代帝王有分封诸侯的制度。周灭商和东征以后，曾分封同姓和功臣为诸侯，以为藩屏。

◇力驳分封◇

秦统一以后，丞相王绾首先提出全国地方太大，难以管理，要求像周代那样，封秦始皇诸子为王。秦始皇为此召开群臣会议讨论，群臣大都赞同王绾的意见，而李斯却提出不同看法。他说：“周文王、周武王封的子弟很多，后来一个个都疏远了，互相视为仇敌，经常发生战争，周天子也不能禁止。现在天下一统，应实行郡县才会得以安宁。”秦始皇也认为，天下已经统一，没必要再立许多属国，所以采纳了李斯的意见。他把全国分为36郡，郡以下为县。郡县制确立后，打破了上古宗亲分封的范式，中央可以通过考察和监督来加强对地方政权的控制。郡县制有利于国家的统一，较之分封制是一种进步。

公元前213年，群臣聚集在咸阳宫称颂秦始皇时，博士淳于越很不知趣，向秦始皇说：“殷周之所以存在千年，是因为它把天下分封给子弟和功臣。现在天下如此之大，宗室子弟没有封地，和百姓一样，万一发生了田常、六卿之变，又有谁来相救呢？凡是不以古为师而天下能长久的，没有听说过。”淳于越的立场与秦始皇相背，引起秦始皇的不满。于是秦始皇把淳于越交给丞相李斯处理。

淳于越为了保护储君，在回乡路上，他又为扶苏代言，泣血上表，谏阻焚书，终于招来杀身之祸。在刑场上，监刑官李斯和死囚淳于越互吐心声，阐明各自的人生观。淳于越舍生取义，与诗书共存亡，死得坦然；李斯保住了禄位，却遭受天下读书人的唾骂。

▲ 李斯书法作品

▲ 河南上蔡李斯墓

李斯不赞同淳于越的看法，他向秦始皇阐述了自己的观点。他认为：由于时代的变化，上古时期五帝三代的治国办法就各有不同，现在天下统一，情况更是完全不一样，所以不必效法古代。而一些儒生总讲古代如何如何好，这是以古非今，搅乱民心。对于造谣惑众，不利于统一天下的言行必须禁止，否则将会影响政局的稳定，有损于皇帝的权威。最后，他又将这一切都归罪为读书的缘故，建议秦始皇下令焚书。结果先秦的许多文献古籍都被烧掉了，使中国文化遭到了巨大损失。

◇腰斩灭族◇

由于秦始皇赏识李斯的文采和政治才能，李斯不仅官运亨通，他的子女也都跟着沾光。李斯的长子李由做三川郡守，掌握了一定的军政大权，其他子女也都与皇室结了婚姻关系。秦朝建立以后，秦始皇的暴政使得各地反抗愈演愈烈。如有人拦截皇家使者，有人公开咒骂秦始皇。公元前210年，秦始皇进行了第5次巡行。北归时得了重病，不久死在沙丘（今河北广宗西北）。

秦始皇死后，李斯和赵高帮胡亥继承了帝位，并假诏让扶苏自杀。

公元前209年，胡亥继立，他的统治比秦始皇更加残暴。李斯与胡亥、赵高的结合，是为了互相利用，后来他们之间的钩心斗角也就是自然的事情了。

李斯是个不惜一切代价而想得到功名的政客，比昏庸无能的胡亥自然要高明得多。他虽看到了秦朝的危机，但为了保持自己的既得利益，也不敢规劝胡亥，反而与赵高狼狈为奸，残害忠良。秦二世胡亥为了修好阿房宫，征发徭役，把人民推向苦难

的深渊。当时全国的反秦起义已经风起云涌，为了统治阶级的共同利益，李斯同右丞相冯去疾、将军冯劫劝秦二世胡亥停建阿房宫，减少一些徭役。秦二世正与宫女宴饮作乐，见李斯等人上书便十分恼怒，下令将他们逮捕入狱。李斯在狱中多次上书，都被赵高扣留。赵高借机暗算李斯，说李斯与其儿子李由谋反，对李斯严刑拷打，刑讯逼供。李斯被迫承认谋反，公元前208年被杀死，并夷三族。

历史影响

李斯在受到秦王政的重用后，以卓越的政治才能和远见辅助秦王政完成了统一六国的大业，顺应了历史发展的趋势。秦朝建立以后，李斯升任丞相。他继续辅佐秦始皇，在巩固秦朝政权，维护国家统一，促进经济和文化的发展等方面做出了卓越的贡献。但是他妒杀韩非，建议秦始皇焚书，帮助胡亥夺取帝位，纵容胡亥胡作非为，说明他的品格还是有很大缺陷的。

大事坐标

公元前284年　出生。
公元前213年　建议秦始皇焚书。
公元前209年　帮助胡亥篡夺帝位。
公元前208年　被杀死，并夷三族。

关系图谱

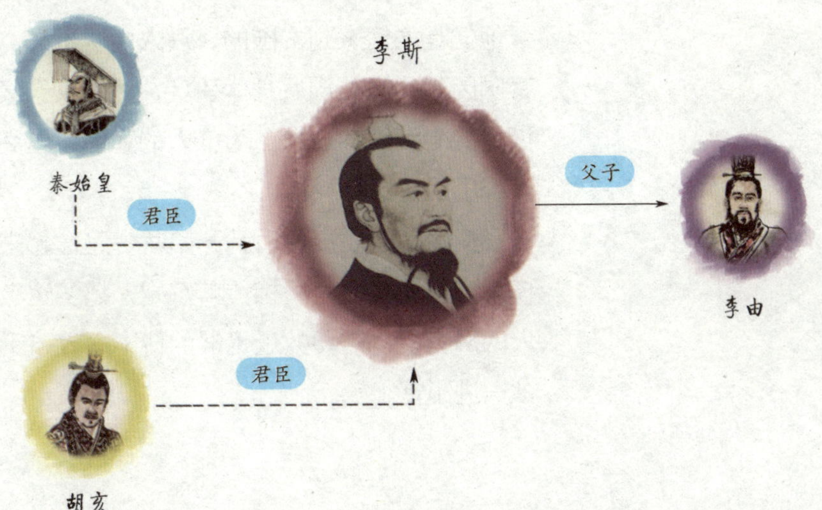

被夷三族

赵高

■名片春秋 |

赵高（？～公元前207），秦朝著名宦官。秦始皇死后与李斯合谋篡改诏书，立始皇幼子胡亥为帝，并逼死始皇长子扶苏。秦二世即位后他又设计陷害李斯，并成为丞相。后派人杀死秦二世，不久后被秦王子婴所杀。

■风云往事 |

◇一个太监发动的政变◇

赵高原是赵国宗室的远亲，不过早已没落。至于他们是如何来到秦国的，后人说法不一。其母在秦国因犯法遭处刑后身体残疾，后被收入秦朝官府设立的专门收容被赦免为庶人的隐宫，赵高兄弟数人都出生在这里。

秦始皇建立秦朝后就开始骄奢淫逸起来，大规模为自己充实后宫，相传其嫔妃人数多达上万。庞大的后宫机构需要数量足够的侍奉之人，于是赵高被送进了宫。

由于赵高身强力壮，比较机敏，所以很快就被任命为中车府令，管理车辆。这给了赵高接近秦王的机会。

秦始皇建立帝国的第二年，他离开首都去巡游天下，丞相李斯、小儿子胡亥等陪同前往，赵高作为皇帝车辆的管理者自然也就出现在巡游队伍里。

▲ 秦始皇出游人马陶俑

公元前 210 年，秦始皇最后一次出游，给了赵高一次最大的机遇。

当浩浩荡荡的车队开到山东某县时，秦始皇突发急病，他觉得大限将近，便召来兼管皇帝符玺和传布命令的赵高，让他代拟一道诏书给长子扶苏，要扶苏将军事托付给蒙恬，赶回咸阳主持丧事。这实际上已确认了扶苏作为继承者的身份。诏书封好后，始皇吩咐赵高火速发出，岂料老奸巨猾的赵高假意允诺，暗中却扣压了遗诏。他诱导胡亥与丞相李斯，并没有将遗诏发出。

胡亥很容易对付，只要激起他的权力欲就行。于是，赵高传达给胡亥这样的意思：现在诏书就在你手中，内容可以由你改。再说都是皇帝的子嗣，怎么就只让他扶苏坐江山，你甘心吗？男子汉大丈夫要胸怀大志，而拥有整个国家不是最荣耀的事吗？赵高的话字字戳心，胡亥因此被说通了。

接着，赵高又凭着自己三寸不烂之舌，把李斯也拉下了水。三人合伙隐瞒秦始皇的死讯，然后修改诏书内容，称始皇帝立小儿子胡亥为新任接班人，并赐死长子扶苏。

扶苏认为是父亲想让他陪葬，孝心驱使他自杀了。赵高一伙迅速回到首都，给秦始皇发丧，然后

三公九卿

三公是指丞相、御史大夫和太尉。丞相辅佐皇帝治理天下；御史大夫是副丞相，负责监察百官；太尉主持军事。这是中央最高官职，权力很大。三公下面设置九卿。汉朝更太尉为大司马，御史大夫为太司空，丞相为大司徒。

九卿是指奉常、郎中令、卫尉、太仆、廷尉、典客、宗正、治粟内史和少府这九个部门的长官。汉朝改奉常为太常，卫尉为中大夫令，廷尉为大理，郎中令为光禄勋，典客为大鸿胪，治粟内史为大司农。

秦始皇子嗣

儿子：长子扶苏，少子胡亥，以及公子高、公子将闾等23人。
女儿：长女华阳公主，以及嬴阴曼、嬴诗曼，华庭公主等10人。

就让胡亥顺顺当当地当上了皇帝。赵高立了大功，被升职为郎中令，位列九卿，掌管宫廷警卫。于是赵高有了施展自己阴谋的更大空间。

在胡亥这个新上任的菜鸟皇帝宫廷里，赵高便搞出了一场场政治大戏。

◇宫廷里的刀光剑影◇

赵高爬上高位，有了舞台，他无师自导自演，把一个小人的嘴脸表现得淋漓尽致。

首先，赵高为了安心享乐，想法除掉了蒙恬及家族。他对胡亥说，本来您父皇曾经想让您来当太子，蒙毅（蒙恬弟弟）却给老皇帝进谏，极力反对。这样的臣子您难道不想除掉他吗？

胡亥一听就信了，遂派人把蒙毅杀掉。还没等蒙恬知道弟弟的死讯，胡亥又降旨让蒙恬服毒自杀。

另外，胡亥听了赵高的谗言，对自己的兄弟姐妹也大开杀戒。接下来，赵高又开始算计李斯。

赵高先是给秦二世灌迷魂汤，诱导他整天花天酒地，迷恋在声色犬马之中，荒废朝政。然后赵高又跟丞相李斯心情沉重地商议说，皇帝现在沉迷在享乐之中，不理朝政，你这么有声望的老臣，应该去规劝一下啊！李斯觉得自己是丞相，应该尽职尽责，就去了。胡亥听到李斯的规劝立马怒了起来，由此两人产生嫌隙。

见时机成熟，赵高见缝插针，给秦二世上奏称：李斯曾因一起参与政变，但没有得到皇帝封赏，一直对您心怀不满，甚至有谋反之意；陈胜、吴广农民军现在猖獗起义，李斯的儿子李由跟这些起义军

也有勾结；李斯一直为先皇办事，现在位高权重，凭仗以前的功劳，把您当孩童看待，已经对您不尊重了，这不是您的威胁吗？胡亥听了赵高的谗言，又派人把李斯关起来，不久就将其腰折。

◇自欺欺人的民意测试◇

李斯被灭后，赵高高枕无忧，取得了丞相之位。之后，秦二世不知不觉就完全被架空了。

赵高当上了中丞相，在一人之下，万人之上。但他还不满足，还想当皇帝。不过，最难的还是得过朝中大臣这一关。为了摸清大臣们对自己的支持度，他在朝堂上先做了一次民意测试。

这个测试非常著名，后来就有了“指鹿为马”的成语。

某天上朝。皇帝在上，群臣在下。

赵高姗姗来迟，后面随从牵了一只鹿，直接进入了大殿。

秦二世很诧异，问：“赵爱卿为什么牵一只鹿进来呢？”

▲ 指鹿为马

▲ 陕西西安临潼秦兵马俑坑出土的铜殳

赵高一副自信满满的样子，竟然当着皇帝的面故意大声问："陛下眼睛不是花了吧？这可是一匹马，您怎么说成是鹿呢？"

殿下的群臣莫名其妙，不过都不敢插嘴。

秦二世揉了揉没睡醒的眼睛，定睛一看："没错，是鹿啊，赵爱卿弄错了吧？"

赵高依然坚持自己的观点："这明明是一匹马，皇上怎么都不认识呢？不信您可以问问这些大臣们，看到底是谁错谁对呢？赵高趁胡亥没发话，就开始询问身边的大臣。

这时大臣们感到压力了，这不是阴谋是什么？答案不同的人可以划分为三派。精明圆滑的知道这是赵高在测试大家，谁不跟着他的标准答案走，就不会有好下场，于是赶紧低声下气地说是马，确实是马。这一派票数最多。另一派有点骨气且正直的大臣坚持真理，表达客观事实说是鹿，这个票数最少，少得可怜。还有就是中立派了，他们既不敢得罪赵高，又不得欺君，只好闭口不言。

尽管有不同意见，不过票数比较下来，还是赵高赢了。他笑着说："看，大臣们也多认为是马，是皇上错了吧。"秦二世胡亥只能目瞪口呆，尴尬地傻笑。

这次民意测试让赵高摸清了大臣们的底细。

几个礼拜之后，那些不支持赵高的都为赵高所灭，以后上朝也就见不到他们的影子了。赵高从此可以在朝堂上为所欲为，自信满满地又进行下一步行动了。

◇赵高的第二次政变◇

赵高欣慰地感觉自己的权力已胜过秦二世这个窝囊皇帝。

赵高建议秦二世在上林苑重新斋戒一次，不过没坚持几天，皇帝就又山珍海味，胡吃海喝了。这天，赵高又让秦二世练练箭，打打猎，运动运动。结果秦二世一箭射出去，却射中了一个下人，此人当场毙命。

没人敢定皇帝的杀人罪。赵高却让自己的女婿阎乐第二天上奏说发现一件命案，凶手杀了人后把尸体扔在了上林苑里。

秦二世心虚，赵高立马上前给秦二世提醒，皇上作为“天之子”，却无端射死一个无辜的人，这会受到“上天”的惩罚，上天会通过鬼神给您和这个国家降临灾难的。秦二世听到这些话心里忐忑不安，慌乱不已。赵高趁机建议他最好去别的行宫暂避风头，秦二世就这样被骗离了朝堂。以后，赵高在朝堂上如同皇帝般作威作福，全盘指挥着中央机构。

赵高派女婿阎乐带领上千士兵来到秦二世的行宫，谎称要抓捕逃犯，便直接闯了进去，逼死了胡亥。最为可悲的是一个皇帝的葬礼被安排的如同平常百姓一样。

天下不能一日无君。杀了皇帝，赵高很想坐龙椅，但是文武百官皆低头不从，以无声的反抗蔑视他的皇帝梦。赵高怒火中烧，却也才感到自己的罪恶已到了“天弗与，群臣弗与”的程度，便临时改变主意，将玉玺传给了扶苏的长子子婴。

子婴早在当公子期间就已耳闻目睹了赵高的种种罪行。现在被赵高推上王位，知道自己不过是一个傀儡而已。子婴不愿再重蹈胡亥的覆辙，便提前下手，让太监韩谈杀了赵高，并夷其三族。

■历史影响 |

赵高是历史上著名的奸臣。他处心积虑地沿着一条不归路，一步一步地走向了自己人生的巅峰，可这条道路上有太多的权术、太多的阴谋、太多的血腥和太多的恐怖，他在走上去的同时也迷失了回来的路，掉入粉身碎骨的深渊。他在毁灭自己的同时，也毁灭了一个帝国。

■大事坐标 |

公元前 236 年	被任命为尚书卒史，进入秦宫，后被秦始皇任命为中车府令。
公元前 210 年	被秦二世任命为郎中令。
公元前 208 年	担任中丞相。
公元前 207 年	被处死。

■关系图谱 |

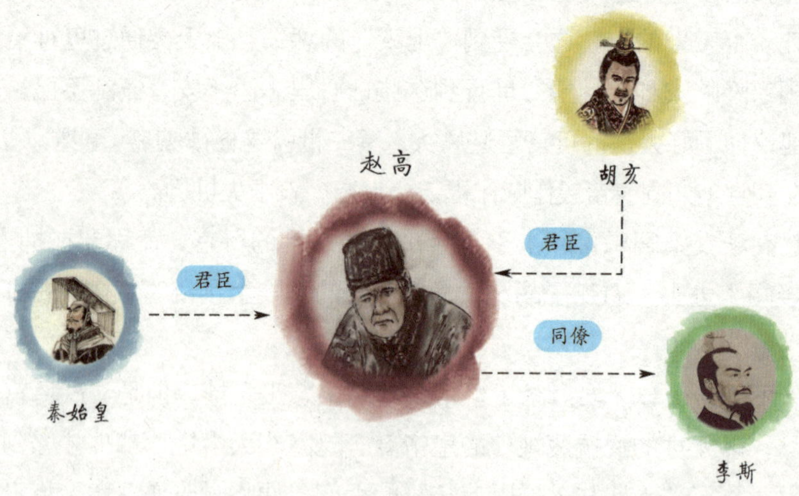

七十反秦

范增

■名片春秋 |

范增（公元前 277 ~ 前 204），秦末居鄛（今安徽合肥巢湖市亚父乡）人。秦末农民战争中项羽的主要谋士，被项羽尊为“亚父”。公元前 206 年随项羽攻入关中，劝项羽消灭刘邦势力，未被采纳。后在鸿门宴上多次示意项羽杀刘邦，又使项庄舞剑，意欲借机行刺，终未获成功。公元前 204 年，刘邦被困荥阳（今河南荥阳东北），陈平使离间计，范增被项羽猜忌，辞官归里，途中病死。

■风云往事 |

▲ 范增画像

◇获尊亚父◇

公元前 209 年，陈胜在大泽乡起义，项梁响应陈胜，起兵反秦，使楚地迅速成为天下反秦势力最大的地区之一。但是，树大招风。秦朝大将章邯在击败了攻入函谷关的陈胜部将周文之后，率兵首先攻打楚地的反秦武装。陈胜、吴广接连被杀。

陈胜战死后，项梁率会稽子弟兵渡江而西，成为楚地反秦武装的核心人物。范增前往投奔。范增见到项梁等将领，首先分析了陈胜之所以失败的原因，范增对项梁说，陈胜的失败是必然的。秦要消灭六国，楚最是无罪。楚怀王误入秦国后，最终没有返回故乡，楚国百姓至今都非常怀念他。因而，“楚虽三户，亡秦必楚”的预言是有道理的。陈胜率先起义，但他不立楚王之后而自立，也就不能充分利用楚国反秦的力量而导致其势不长。如今，这么多起兵的人都争着归属你，正是因为项氏世世代代是楚国的将领。如果能够重立楚王的后人为楚王，顺从民众愿望，您的势力必将壮大。项梁等人毅然接受了范增的提议，找到了在民间替人放羊的楚怀王熊槐的孙子熊心，将其复立为楚怀王，草创了楚国政权。

▲ 鸿门宴

在项梁时代，范增就已经是项梁、项羽叔侄的主要谋士，随着义军节节胜利，范增功劳颇重，名声也迅速地提高。后来项梁因为打了胜仗而麻痹轻敌，导致失败被杀，范增归了项羽，成了项羽的最主要谋臣。范增对项羽忠心耿耿，竭尽全力为项羽出谋划策。

公元前 207 年，秦军围巨鹿，楚怀王命宋义、项羽救赵。行军途中，他协助项羽杀了宋义，帮助项羽夺取军权，获尊称“亚父”。

◇鸿门宴◇

刘邦兵力虽不及项羽，但刘邦先破咸阳，项羽顿时怒火冲天，遂派英布出击函谷关。随后项羽入咸阳，到达戏西，而刘邦则在霸上驻军。此时，秦朝已经灭亡。刘邦麾下的左司马曹无伤听说项羽因刘邦先入关而愤怒，料定刘邦不是项

羽的对手，就派人去对项羽说："沛公要在关中称王，让秦王子婴做丞相，把秦国所有的珍宝都据为己有。"曹无伤想凭借此消息来获取项羽的封赏。身为 40 万军队统帅的项羽听说刘邦想在关中称王，立即下达了次日进攻刘邦军队的命令。范增极力支持项羽的决定，对他说："刘邦过去贪财好色，进了关中后，一改过去的毛病，表明他的志气不小。我让人察看他头上天空的云气，有龙虎之状和五彩之色，这是天子的气象，请赶快进攻，勿失良机。"

范增为了项羽的霸主事业鞠躬尽瘁，并且看到了刘邦是项羽夺取天下的最大对手，多次向项羽阐明杀掉刘邦以绝后患，确保江山的利害关系。刘邦总结项羽失败的教训说："项羽有一范增而不能用，此其所以为我擒也。"

范增与刘邦在扶立熊心为王时开始认识，彼此之间打过不少交道，互相熟悉。范增在秦灭后已把刘邦视作威胁项羽霸主地位的真正对手。

项伯是楚国的左尹，是项羽的叔父。他听说项羽要攻打刘邦，连夜跑到刘邦军中，叫他的朋友张良逃跑。张良则把项羽要攻打刘邦的事告诉了刘邦。刘邦马上向项伯献酒祝寿，并和他定下儿女婚姻，向他说明自己臣服项羽，并约好第二天去向项羽赔罪。项伯得到好处之后在项羽面前将刘邦夸赞了一番。

由于项伯与张良的串通撮合，次日的兵刃之战出乎意料地转化成了一场酒宴——鸿门宴。

鸿门宴上，在举杯祝酒声中，范增多次向项羽使眼色，并接连三次举起他佩带的玉玦，暗示项羽趁此机会杀掉刘邦。可是项羽讲义气，不忍下手。范增非常着急，连忙抽身离席把项羽的堂弟项庄找来，面授机宜，要他到宴会上去敬酒，以舞剑助乐为名，趁机刺杀刘邦。项伯早已心知

鸿门宴主要人物性格特点

刘邦，圆滑奸诈，巧舌如簧，能屈能伸。张良，老练多谋，眼光锐利，善于用人，善于分析，忠心耿耿，剖析利害，有情有义，胆识过人，干练透辟。樊哙，忠勇豪爽。项羽，光明磊落，坦率粗豪，重情重义，优柔寡断，有勇少谋，易冲动，妇人之仁，刚愎自用。范增，老谋深算。

▲ 陈平（？～公元前178），西汉开国功臣

肚明，为掩护刘邦，他也拔剑与项庄共舞。危急关头，刘邦的部下樊哙带剑拥盾闯入军门，怒目直视项羽。在项伯以及樊哙的掩护下，刘邦借口离开了项羽的军营。刘邦部下张良入门，为刘邦推脱，说刘邦不胜饮酒，无法前来道别，并向项羽献上白璧一双，向范增献上玉斗（玉制的酒器）一双。

暗杀刘邦的阴谋破败后，范增勃然大怒，拨出所佩宝剑，劈碎刘邦赠给他的一双玉斗，明斥项庄，暗骂项羽道："竖子不足与谋，夺项王天下者，必沛公也。"

◇范增之死◇

公元前 204 年，楚汉战争到了最激烈时刻。楚军数次切断汉军粮道，刘邦被困荥阳，于是向项羽请和。项羽欲同意，范增说："汉军不容易对付，如果现在把它放走而不征服它，以后一定会后悔的。"于是项羽急攻荥阳。

刘邦为此心急如焚，不知如何是好。陈平趁机献计说："项王身边只有范增、钟离昧、龙且、周殷这么几个刚直、忠实又得力能干的骨鲠之臣，他们是楚军的中坚力量，是项王纵横天下的资本。如果大王能够拿出几万斤黄金，用反间计去离间他们，使他们互相怀疑、上下离心，引发其内讧甚至自相残杀，这样就能以较小的代价，最大、最快地耗散楚军的核心力量。那时汉军再乘机反攻，破楚指日可待！"

刘邦大喜，立马调拨出 4 万斤黄金交由陈平掌管，任其随意使用，自己和任何人都不予过问。

拥有了主公的绝对信任，手头又有了如此富厚

的资本，陈平就紧锣密鼓而又不动声色地运作起来。他用重金收买了楚军中的一些人，让他们散布流言说："钟离昧等人身为楚国大将，威名远播，劳苦功高，却不能裂土封王。他们心怀不满，想与汉王里应外合，共灭项氏，瓜分楚国。"

项羽一向耳根软，听此流言顿生疑心，认为无风不起浪，不可全信也不可不信，便把钟离昧等人调到相对次要的位置并严加控制。更有甚者，就是对他一贯尊敬、信任有加的亚父范增，也产生了怀疑，逐渐不放心起来。

因为对手下这些重臣产生了怀疑，项羽就派使者前往汉营，探看虚实。刘邦、陈平心知肚明，特地让人准备了丰盛的酒席，端进去款待客人。一见使者，就假装惊讶地喃喃自语："本以为是亚父派人来了，却原来是项王的使者！"又原样端了回去，换上粗劣的饭菜给使者吃，言辞举动也很怠慢。使者在汉营受了委屈，回去便如实告之项王，项羽因此更加怀疑亚父。

陈平使用离间计，令项羽以为范增勾结汉军，从而削其兵权。范增大怒，对项羽说："天下事已经基本上定了，君王好自为之，希望您能允许我归家养老。"范增本来只想试探试探一下项羽，没想到项羽早有此意。范增失望之极，未到彭城(今江苏徐州)，就因背疽发作而死在路上。

范增之死，宣告西楚霸王终于成了孤家寡人。从此项羽如同失去指引方向的蛮牛，虽然力大无穷，却只落得个被刘邦、韩信、彭越等戏弄玩耍，直至筋疲力尽的结局。范增死后两年，项羽不敌刘邦、韩信、彭越联军，狼狈退至垓下。不久，项羽又被迫逃到乌江(今安徽和县境)，最终自刎而死。

■历史影响 |

范增以 70 岁高龄热烈地投身于反秦斗争，为反秦事业贡献余生，极其难能可贵。他发挥自己的聪明才智，为义军将领出谋划策，对陈胜失败的原因分析虽然不是非常正确、全面，但提出扶立楚王后裔的建议使反秦斗争获得了一面新的旗帜，对团结和协调各地反秦力量，促使反秦斗争重新走向高涨都有积极作用。另外，义军将领多是行伍出身，范增的加盟改善了领导集团的能力结构，对义军的反秦斗争大有裨益。

■大事坐标 |

公元前 277 年　出生。
公元前 208 年　建议项梁等立熊心为楚怀王，号召天下。
公元前 206 年　鸿门宴上设计杀刘邦，未成功。
公元前 204 年　死于背疽发作。

■关系图谱 |

蒙氏四雄

蒙骜、蒙武、蒙恬、蒙毅

▲ 蒙骜像

▲ 蒙武像

▲ 蒙恬像

▲ 蒙毅像

■名片春秋 I

蒙骜（？～公元前 240），齐国人，战国后期秦国名将。因屡立战功，官至上卿。

蒙武（生卒年不祥），战国时秦国名将。蒙骜之子。蒙恬、蒙毅是蒙武的两个儿子。

蒙恬（？～公元前 210），祖籍齐国。秦始皇时期的著名将领，被誉为“中华第一勇士”。传说他曾改良过毛笔，是西北最早的开发者，也是古代开发宁夏第一人。

蒙毅（？～公元前 210），担任文官，位至上卿。为秦始皇出谋划策，被誉为忠信大臣。

成蛟，（公元前256～前239），嬴姓，名成蛟，秦始皇嬴政之弟，秦庄襄王异人之次子，号长安君。

■风云往事 I

◇秦国蒙氏家族开创者——蒙骜◇

蒙骜，战国后期秦国名将。官至上卿。他原是齐国人，在秦昭襄王时投奔秦国。

公元前249年，蒙骜为秦将，率师伐韩，夺取了中原要地成皋、荥阳，置三川郡。公元前248年率军进攻赵国，平定太原。公元前247年带兵攻打魏国，攻克了高都和汲。同年，一鼓作气，攻占赵国37城及其重镇晋阳，合置太原郡。

公元前246年，蒙骜率领军队又一次进攻魏国，魏国赦免并召回因窃符救赵事件而流亡在赵国的信陵君，信陵君因此组织了燕、赵、韩、楚、魏五国联军对抗秦军。蒙骜在河外同信陵君率领的五国联军作战失利，被迫退回秦国。公元前244年率军进攻韩，攻克13城。公元前242年攻魏国，得酸枣、燕、虚、长平、雍丘、山阳等20城，并建立了东郡。

信陵君魏无忌（？～公元前243），战国四君子之首。魏国第六个国君魏安釐王魏圉的异母弟。魏国自马陵之战惨败后，国势衰落，江河日下，而西邻秦国经商鞅变法、张仪略地，在列国中突起，有兼并六国之势，没有一个国家敢真正抗御秦国。魏无忌处于魏国走向衰落之际，开始效仿孟尝君田文、平原君赵胜的辅政方法，延揽食客，自成势力。

公元前240年，秦军分两路，一路由蒙骜统帅，北出太行，攻打赵国的龙（今河北行唐）、孤（今河北行唐北）、庆都（今河北行唐附近），使邯郸孤立无援。另一路则由秦始皇的弟弟长安君成蛟率领，预期从上党的屯留（今山西屯留南）东出太行，直逼赵国都城邯郸。

成蛟曾在赵国充当人质，对邯郸情况

相对熟悉，因此是攻打邯郸的不二人选。不过，秦王政似乎错信了这位年仅 18 岁的王弟，成蛟率领的大军在屯留长期逗留，止步不前，这就造成蒙骜的北路大军变成了孤军深入，赵国可以充分腾出手来歼灭北路的秦军。庞煖亲率大军北上打击蒙骜。蒙骜军队结寨于曲逆（今河北顺平）西南的都山。庞煖察看地形之后，觉得占据最高的尧山为有利位置。于是派扈辄率兵两万先行，军至尧山，先有秦兵 4 万在尧山驻扎，被扈辄冲上杀散，赵军确立了尧山的据点。蒙骜令张唐带兵两万前来争山，庞煖大军亦到，两军在山下鏖战。

庞煖，战国时代最后的合纵家。早在赵武灵王时，庞煖就曾经与武灵王论兵，为武灵王阐释了“百战而胜，非善之善者也，不战而胜，善之善者也”的深刻含义。

扈辄在山上举红旗为号，张唐往东，红旗东指，张唐往西，红旗西指，赵军潮水般向红旗指处围裹。庞煖激励将士称，有擒得张唐者，封以百里之地。赵军奋勇争先，士气大增，张唐则无力突出重围。危急之时蒙骜领军杀到，救出张唐，同回都山大营。这时成蛟一路仍然没有动静，蒙骜见形势不利，只得撤退。庞煖派兵埋伏于太行山密林深处，乱箭射杀蒙骜，秦军大败。

◇战场上的父子——蒙恬、蒙武◇

公元前 224 年，王翦、蒙武带兵攻击楚国，击破楚军，俘虏楚王负刍，占领了从陈到平舆的广大地区，很快灭楚。秦王政到郢、陈一带视察。楚国将军项燕立昌平君（昌平君原是楚国的王族，据记载公元前 238 年

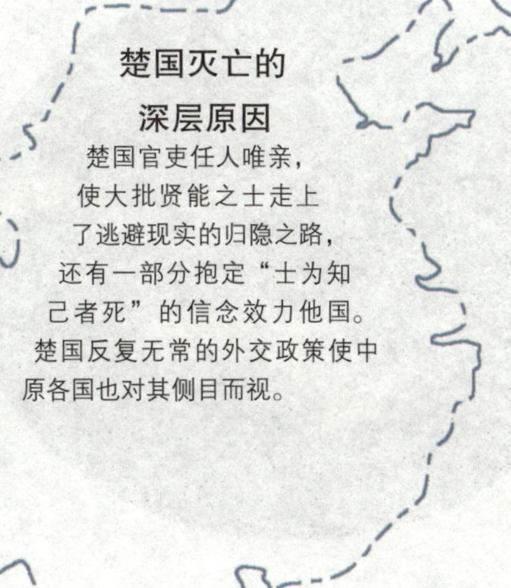

楚国灭亡的深层原因

楚国官吏任人唯亲，使大批贤能之士走上了逃避现实的归隐之路，还有一部分抱定“士为知己者死”的信念效力他国。楚国反复无常的外交政策使中原各国也对其侧目而视。

匈奴

古代蒙古大漠、草原上的游牧民族，大部分生活在戈壁大沙漠。最初在蒙古高原建立国家，公元前215年秦始皇时期，被逐出黄河河套地区。东汉时分裂，南匈奴进入中原内附，北匈奴从漠北西迁。

前后担任秦国的相国，前227年被迁到郢地）为楚王，在淮南（淮北已被秦军占领）起兵反秦，宣布楚国复国。公元前223年王翦、蒙武再次击败楚军，昌平君被杀，项燕自杀，楚国彻底灭亡，原属楚国的土地被划分为三郡。

公元前222年，蒙武率兵南征百越(今浙、闽、粤一带)，越君投降，秦遂在此置会稽郡(治吴县，今江苏苏州)。

公元前221年，蒙恬被封为将军，攻齐，因破齐有功被拜为内史(秦朝京城的最高行政长官)。

公元前215年，蒙恬作为主帅带领30万秦军与匈奴战斗。在黄河之滨，以步兵为主的秦军与匈奴骑兵展开了一场生死之战。蒙恬率领的军队以锐不可当之势，在黄河上游（今宁夏和内蒙古河套一带），击败匈奴各部大军，迫使匈奴望风而逃，远去大漠以北700里。蒙恬仅一战就使彪悍勇猛的匈奴遭到重创，溃不成军，四处狼奔。这次战斗给北方带来了十几年安定的社会环境，为河套地区的开发创造了条件。蒙恬统率重兵坐镇上郡（今陕西榆林境内）。为加强河套地区的防线，在河套黄河以北（今内蒙古乌拉山一带）筑亭障，修城堡，作为黄河防线前哨阵地。蒙恬作战勇敢，且能出奇制胜，击败匈奴，是他一生征战的最大战绩，人们称赞他是“中华第一勇士”。

在打败匈奴，拒敌千里之后，蒙恬带兵继续坚守边陲。他根据“用险制塞”，以城墙来制骑兵的战术，调动几十万军队和百姓筑长城，修整加固了战国时秦、赵、

▲ 长城

燕三国北边的防护城墙。由此，建起了西起临洮，东到辽东长达 5 000 多千米的长城，用来保卫北方农业区域，免遭游牧匈奴骑兵的侵袭。蒙恬在修筑长城的壮举中起了主要的作用，绵延万余里的长城给后人留下了巨大的文化瑰宝。

同时，蒙恬沿黄河河套一带设置了 44 个县，统属九原郡，还建立了一套治理边防的行政机构。又于公元前 211 年，发遣 3 万多名罪犯到洮河、榆中一带垦殖，发展经济，加强军事后备力量。这些措施使得秦朝的防御力量大大加强。

另外，蒙恬又派人马，从秦国都城咸阳到九原，修筑了宽阔的直道，克服了九原交通闭塞的困境。这不但加强了北方各族人民经济、文化的交流和融合，更重要的是对于调动军队，运送粮草器械物资等具有重要战略意义。蒙恬驻守九原郡十余年，风雨无阻，尽心尽力，秦始皇更加信任和推崇他。

◇能臣良将之死◇

中车府令赵高得宠于公子胡亥，他想立公子胡亥为帝，于是就同丞相李斯、公子胡亥暗中谋划政变，立胡亥为太子。胡亥即位，便遣使者以捏造的罪名赐公子扶苏、蒙恬死。扶苏自杀，蒙恬怀疑诏书有诈，不肯就范，被囚禁于阳周。

当年赵高犯了大罪，秦始皇让蒙毅审理。蒙毅依法判赵高死罪，但秦始皇却以赵高为人机敏的缘由饶恕了他。此后，赵高对蒙毅心生怨恨。胡亥即位，赵高怂恿

▲ 蒙恬画像

胡亥杀蒙毅，子婴进谏，胡亥不听，派人到代州把蒙毅杀了，又派使者前往阳周去杀蒙恬。

▲ 蒙毅画像

使者对蒙恬说："你罪过太多，况且蒙毅当死，连坐于你。"蒙恬说："自我先人直到子孙，为秦国出生入死已有三代。倘若我要背叛，早就统领30万大军叛变了。但我知道，我应守义而死。这样才不会辜负先人和先主的教诲、恩情。昔日周成王初立年幼，周公背负成王上朝，曾断指起誓忠心为主，终于平定了天下。及成王长大，却听信谣言，周公被诬逃往楚国。后来成王终于反悟，杀了进谗言的人，请回了周公。我蒙氏一家对君王忠心无二而反遭斩杀，这一定是有邪臣作逆谋乱。周成王犯了错误而能改过自新，终于使周朝昌盛；夏桀诛杀关龙逢，商纣诛杀王子比干而不后悔，最终身死国亡。所以我认为犯了过错可以改正，听从劝谏可以觉醒，反复考虑是圣君治国的法则。请您将我的此番话传给皇上。"使者说："我只是受诏来处死你，不敢把将军的话传报皇上。"蒙恬喟然长叹道："我怎么得罪了上天，竟无罪而被处死？"沉默良久又说："我的罪过本该受死，西起临洮，东到辽东，筑长城，挖沟渠一万余里，这期间不可能没挖断地脉，这便是我的罪过呀！"于是服毒自杀。

周公

古代周公，是周代的爵位，得爵者辅佐周王治理天下。历史上的第一代周公姓姬名旦，亦称叔旦，周文王姬昌第四子。因封地在周（今陕西岐山北），故称周公或周公旦。周公是西周初期杰出的政治家、军事家和思想家，被尊为儒学奠基人，是孔子一生最崇敬的古代圣人之一。

■历史影响

蒙骜是秦国蒙氏家族开创者，为蒙氏家族在秦国的立足奠定了良好的基础。其子蒙武，孙蒙恬、蒙毅等都相继为将、为卿，

显然都是与蒙骜的战功分不开的。蒙骜在其仅被史书记载的 9 年时间里，几乎每年都作为主将带兵出征，共攻克 70 余城。蒙武、蒙恬、蒙毅或征战，或守边，或处理国事，都为秦朝的建立和巩固做出了各自的贡献。

■大事坐标 |

公元前 249 年　蒙骜开始在秦国为将，为秦国征战。

公元前 240 年　蒙骜战死疆场。

公元前 224 年　王翦、蒙武带兵攻击楚国，次年灭楚。

公元前 222 年　蒙武率兵征服百越。

公元前 221 年　蒙恬被封为将军，攻齐，破齐。

公元前 215 年　秦始皇以蒙恬为帅，统领 30 万秦军北击匈奴。

公元前 210 年　蒙恬、蒙毅死。

■关系图谱 |

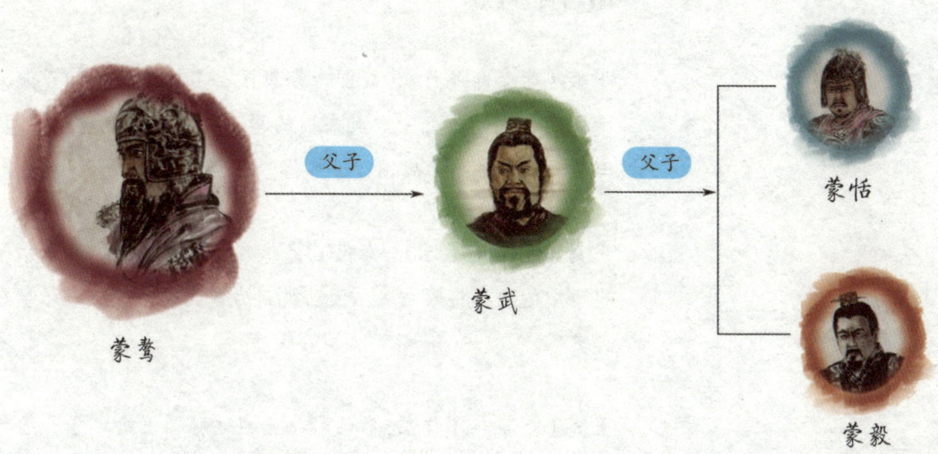

祖孙三将

王翦、王贲、王离

▲ 王翦像

▲ 王贲像

▲ 王离像

■名片春秋 |

王翦（生卒年不详），战国末期秦国著名战将，秦始皇兼灭六国的最大功臣之一。其杰出的军事指挥才能使他与白起、李牧、廉颇并列为战国四大名将。

王贲（生卒年不详），秦代名将，名将王翦之子，秦灭六国战争中的主要将领之一。因功被封为通武侯，曾随秦始皇东巡琅琊。

王离（生卒年不详），秦朝名将王翦之孙、王贲之子。继其父为秦将，率兵戍边备胡。秦末农民起义爆发，与章邯一起统率秦兵与陈胜吴广作战。后在巨鹿之战中被项羽俘虏。

■风云往事 I

李牧（？～公元前 229），嬴姓，李氏，名牧。柏仁（今河北隆尧）人，战国时期赵国将领，战国四大名将之一。李牧战功显赫，生平未尝有一次败仗。

◇秦国大将——王翦◇

王翦少年时期就喜好兵法。公元前 236 年，王翦领兵攻破赵国阏与（今山西和顺），拔九城，夺取赵漳水流域。公元前 229 年，王翦从郡上发兵，下井陉，与杨端和率领的军队互相呼应，准备一举攻灭赵国。不料对方是赵国名将李牧，双方实力相当，彼此抗衡一年多未分胜负。于是秦军用反间计，使赵王杀了李牧。李牧死后，王翦势如破竹，大败赵军，并杀了赵军主将赵葱，攻下赵国的东阳，俘虏赵王迁，赵国各处土地入为秦地，成为秦郡。

公元前 227 年，燕太子丹派荆轲刺杀秦王政。秦王政于是派王翦领兵攻打燕国，王翦击破燕军主力于易水西，燕王逃到了辽东，燕蓟平定，王翦得胜而归。

秦军节节胜利，士气大增，乘势灭三晋，破楚军。秦始皇欲灭楚，倾心于年少壮勇的秦将李信，认为他贤能果敢。李信曾领兵数千，追击燕太子丹至衍水，终破燕军，虏获太子丹。秦始皇曾问李信，欲破楚，须多少人马？李信表示 20 万即可。秦始皇又问王翦，王翦道："非 60 万不可。"始皇说："王将军老了啊，为什么这么胆怯呢！李将军非常年轻、勇敢，他的话是对的。"于是派李信及蒙恬领兵 20 万讨伐楚

秦朝人口

秦朝到底有多少人口没有具体统计过，战国时期也无人口统计，距离秦朝人口最近的一次人口统计是西汉末年（公元 2 年），当时汉朝有 6 000 万人口。如果以这个数字反推，按每年 6% 的速度增加，反推到汉朝初年人口是 1 300 万，按隋末到唐朝的战乱人口损失比 50% 来算损失，那么秦朝人口应该有 2 700 万。

▲ 王翦画像

楚王负刍（公元前265～前223），芈（mǐ）姓，熊氏，名刍当。祖父是楚国第41任王芈横，父亲是楚国第42任王芈完，哥哥是楚国第43任王芈悍、第44任王芈犹。战国时期楚国最后一任国君，公元前228年至前223年在位。公元前228年，负刍的门客杀死楚哀王，负刍自立为楚王。公元前223年，秦军攻入楚都寿春（今安徽寿县），楚王负刍被俘，楚国灭亡。

国。王翦见秦王政不听劝告，得知自己失去信任，便托病辞官回到老家频阳。秦军在李信的率领下攻打平舆（今河南平舆北），蒙恬攻打寝丘（今安徽临泉），大破楚军。李信又乘胜攻打鄢、郢，都取得了成功。于是率领军队向西与蒙恬的军队会师城父（今河南平顶山北）。此时，项燕率领的楚军乘机积蓄力量，尾随秦军三天三夜，最终攻破秦军大胜而归。

秦始皇闻秦军失败，大怒。这次失败也使他知道了王翦的确是有远见的。于是他亲自来到频阳向王翦道歉，并有意请他出山。说："我没有听从将军的话，李信终使秦军受辱，如今楚军逐日西进，将军虽有病在身，怎能忍心背弃寡人？"王翦辞谢说："老臣疲弱多病，狂暴悖乱，希望大王另择良将。"秦始皇坚持要王翦领兵，王翦说："若非要用老臣，必须给我60万大军。"秦始皇答应了。讨伐之前，秦始皇为了表示对王翦的器重，亲自将他送至霸上。王翦行前多求良田屋宅园地，始皇说："将军既已出兵，何患贫穷？"王翦说："为大王部将，虽立战功却终不得封侯，所以趁大王亲近臣下之时，多求良田屋宅园地，为子孙置业。"始皇大笑。王翦的军队行至关口后，又五次派使者回朝求良田。有人认为将军求赏实属过分。王翦却说："秦王政粗暴又不信任人，如今倾尽全国兵力，交付与我，我只有以多请田宅作为子孙基业的方法来打消秦王政对我的怀疑。"

楚军听说王翦率领60万大军前来攻打楚国，也把全国的兵力集中起来以抵抗秦军。王翦大军一至，立即坚壁而守，不肯出战。楚军屡次挑衅，但无奈秦军不派一兵一卒出战。王翦每日要求士兵休

息洗沐，安排好饭好菜安抚他们，同时与士卒同饭同食，意在养精蓄锐，消耗敌军，以待最后殊死一战。后来楚军粮草不足，没办法只好向东撤退，王翦趁此机会派兵出击，大破楚军，追至蕲南（今安徽宿州东南），斩杀将军项燕（一说项燕自杀），楚兵败逃。秦借胜势，一年就平定了楚国城邑，俘虏楚王负刍，楚地终成秦的一个郡县。王翦因功劳卓著而晋封武成侯。

王翦深谋远虑，自知福祸相依，灭楚以后，马上交出兵权，不问世事，过起了隐居生活。

◇将门虎子——王贲◇

▲ 王贲画像

公元前 226 年，秦国内部有昌平君发动叛乱，楚将项燕趁机拥昌平君为楚王，秦王政以镇压楚王为名，派王贲大举进攻楚国，大破楚军，占领十余座城池。公元前 225 年，王贲率兵攻打魏国，包围了魏国的都城大梁（今河南开封）。魏军依托城防工事，拼死防守。秦军强攻无效，于是引黄河、鸿沟之水灌城。三个月后，大梁城墙坍塌，魏王被迫投降，秦军尽取魏地。王贲善于结合战争实际情况调整战略方针，在不浪费一兵一卒的情况下逼迫魏投降，充分显示了他的军事才能和智慧。

齐国自公元前 283 年济西之战受到燕军重创以来，实力一直未能恢复。秦国在远交近攻的方针下，采取一切非军事手段，争取齐国中立，以削弱六国抗秦的力量。齐君为了自身的眼前利益，对秦亦采取结好政策，不敢支援其他五国抗秦。由于齐王建“事秦谨”，所以秦也很多年没有攻击过齐国。齐丞相后胜被秦国重金收买，只幻想与秦联盟，既不与各国合纵抗秦，

章邯的战略计划

章邯的战略计划是以巨鹿吸引天下诸侯，诸侯救巨鹿，则带本部攻击诸侯，一举扫荡诸侯；诸侯不救，则拿下巨鹿，尽歼赵军，打击诸侯士气！当时章邯是打定主意，要和诸侯决战，所以对巨鹿并没有急攻，而是围困；而自己却建立粮道，打持久战。

也不在本国加强战备。齐王完全听信后胜的主张。秦灭五国后，齐王才知防御之事迫在眉睫，慌忙派兵到西部防守。

公元前221年，秦王政以齐国拒绝秦国使者访齐为由，命王贲率领秦军由原燕国南部（今河北北部）南下进攻齐都临淄（今山东淄博临淄北），从而避开了齐国西部主力。齐军士气本不旺盛，对秦军突然从北攻来，更是措手不及，因此齐国迅速土崩瓦解。秦军一举攻占临淄，俘虏了齐王建，齐国灭亡。秦王政在齐设置齐郡和琅琊郡。至此，秦国完成了国家统一。王贲因功被封为通武侯。

◇名将之后——王离◇

秦始皇统一中国后，命蒙恬为主将，王离为副将，统帅秦帝国的30万正规军，北逐匈奴，修筑长城。公元前210年，秦始皇驾崩，秦二世听信宦官赵高的谗言，派人拿着假诏书逼迫蒙恬自杀，因此王离成为北部边防军主帅，接替了蒙恬的职务。

▲ 王离画像

公元前207年，王离奉命南下镇压起义军，进攻河北之地赵国，章邯在击败楚军杀掉项梁后，北上汇合王离军，准备拿下整个赵国。王离对赵国实行拉拢政策，诈为二世书信以招降赵将李良。李良因赵王的姐姐对其无礼，杀掉赵王的姐姐，击杀赵王，投靠秦军。王离军趁机包围巨鹿。章邯军驻扎在他的南部，一边为王离军护送粮草，一边虎视眈眈地守护侧翼。

巨鹿被围之后，赵相张耳以其外交特长求得诸侯援兵。诸侯纷纷带大军而来，但是来了之后却作壁上观。项羽到来后，破釜沉舟，开始猛攻。他把主力汇合在一起，直接进击甬道，切断王离军的粮

草。章邯听到消息后，立刻带军援救甬道，却正中项羽之计，项羽以逸待劳，大攻章邯。章邯哪里料到项羽此次背水一战，大败而归。

章邯遭遇大败，准备休整后再战。项羽又马不停蹄，杀向毫无准备的王离军。王离军围巨鹿，防诸侯，首尾难顾，突然听说项羽领军杀来，大吃一惊。由于此刻阵型松散，只好命大将苏角仓促迎战。项羽早做好战斗部署，对松散的秦军实行分割包围，并亲自带兵直接攻击秦军指挥中枢。秦军被冲得七零八落，项羽杀苏角，擒王离，大获全胜。

各路诸侯看到有利可乘，便纷纷参与到战斗当中，包围秦军。巨鹿城的赵军与诸侯军里应外合，全歼王离军，王离的大将涉间绝望放火自杀。曾经灭六国、败匈奴的雄师就这样烟消云散了！

■历史影响 |

王翦是秦代杰出的军事家，也是继白起之后秦国不可多得的将才。秦始皇统一六国的战争中，他与其子王贲发挥了极其重要的作用，六国中，除韩之外，皆为其父子所灭。

王翦、王贲、王离祖孙三代在立下盖世之功后，君王仍然对他们恩宠有加，历久不衰，他们同大秦帝国一同成长并走向灭亡，为历史留下了一抹浓重的色彩。

■大事坐标 |

公元前 229 年　王翦攻打赵国，历时一年，攻陷赵国都城，灭赵。

公元前 228 年　王翦领兵攻打燕国，击破燕军主力，燕王逃到了辽东。

公元前 226 年　秦王政派王贲大举进攻楚国，大破楚军，占领 10 余座城池。

公元前 225 年　秦王政派王贲率兵攻打魏国，灭魏。

公元前 224 年　王翦率 60 万秦军伐楚，次年灭楚。

公元前 223 年　秦王政派王贲率军进攻辽东，俘燕王喜，燕亡。

公元前 221 年　秦王政命王贲率领秦军伐齐，灭齐。至此完成统一。

公元前 207 年　王离参与镇压农民军，在巨鹿之战中被俘。

■关系图谱

项羽分封

章邯

■名片春秋 |

章邯（？～公元前205），字少荣，秦末少数民族大将。秦二世时任少府，为秦朝的军事支柱，秦王朝最后一员大将。公元前209年，受命迎击陈胜起义军周文部，屡战屡胜，巨鹿之战中被项羽击败，漳污之战再次败于项羽而投降，随项羽入关，封为雍王。楚汉战争中，与汉军屡战不利，公元前205年，城破自杀。经典之战为定陶之战。

■风云往事 |

公元前209年，秦二世胡亥东巡郡县，听信奸臣赵高的谗言，一路杀戮大臣，假借罪名互相株连。朝中大臣皆人心惶惶，那些进谏的都被认为是诽谤朝廷。从此大臣谄媚讨好，百姓惊恐。同年四月，秦二世下令重修阿房宫。为此征丁征粮，天下百姓民不聊生；严刑酷律，狱中刑徒人满为患。各地百姓苦于秦朝官吏的统治，纷纷揭竿起义。各路人马以讨伐秦朝为名，相互联合起来向秦廷进军。

章邯作为秦末著名将领带兵东征西讨，极力维

▲ 章邯画像

护秦朝政权，但在风起云涌的起义大潮中仍无力回天。

▲ 陕西西安临潼秦兵马俑坑出土的铜矛

◇打垮周文◇

公元前 208 年冬天，陈胜派遣的周文等将领率几十万军队到达戏水，打算攻打秦军。秦二世胡亥大为震惊，同群臣商量对策。少府章邯说："盗贼已经来到这里，兵众势强，现在调发近处县城的军队为时已晚。骊山刑徒很多，希望赦免他们，发给兵器，让他们出击盗贼。"于是秦二世大赦天下，派章邯为将领，率骊山（今陕西西安临潼东南）刑徒及奴隶 70 万之众，迎击周文。章邯打垮了周文的军队，周文出关，逃至曹阳，章邯追击破曹阳。周文再次败走渑池，十余日后，章邯大破渑池，周文自杀。打败了周文，章邯又向荥阳（今河南荥阳东北）进发。

◇交战陈胜◇

荥阳将军田臧派李归等守荥阳城，自己带精兵往西迎战秦军，在敖仓与秦军大战，田臧战死。章邯继续进兵荥阳城，城破，李归等战死。

接着章邯又连续破邓说败伍徐，迫陈胜遁走至陈（今河南淮阳）。陈胜命张贺出城西迎战章邯，自己亲自在城楼监战。城西一战，张贺战死。自此陈胜不敢再战，退守城父（今安徽涡阳）。在章邯围城的强大攻势下，车夫庄贾杀死陈胜，开城降秦。章邯屡战屡胜，使秦廷一时得以苟延残喘。秦二

秦始皇陵

秦始皇陵位于陕西西安市以东的骊山北麓。据史书记载秦始皇即位不久就开始营建陵园，由丞相李斯主持规划设计，大将章邯监工，修筑时间长达 38 年。兵马俑坑是秦始皇陵的陪葬坑，位于陵园东侧 1 500 米处。

世胡亥又增派长史司马欣、董翳协助章邯进攻义军。秦军向栗县进发，项梁派别将朱鸡石、余樊君出战。余樊君战死，朱鸡石军败，逃至胡陵。

◇横扫楚军◇

项梁曾率军击败章邯，斩秦将李由。但随后，自东阿出发，向西进军，到达定陶时，秦发动全部兵力增援章邯，攻打楚军。公元前 208 年，大破楚军于定陶，项梁战死。章邯打垮了项梁的军队后，攻杀反秦武装首领齐王田儋，在临济消灭了魏王魏咎。楚地名将已死，章邯便弃楚攻赵并大破赵军。这时赵歇为赵王，陈余为将，张耳为相，都跑进了巨鹿城。章邯命令王离、涉间围攻巨鹿，自己驻扎在巨鹿的南面，修筑甬道输送粮食。陈余作为赵军将领，统率士卒数万人，据巨鹿城北，秦将这就是“河北义军”。

▲ 陕西铜川出土的秦半两

◇投奔项羽◇

公元前 207 年冬，赵高做了丞相，专权朝政，残害忠良。因秦军的退却，秦二世派人责备章邯。章邯恐惧，派长史司马欣去请示。司马欣到了咸阳，留在司马门三天，赵高不接见，有不信任之意。司马欣心里害怕，急忙逃回军中。他怕有人来追杀，没有敢走原路。赵高果然派人追赶他，没有追上。司马欣到了军中，向章邯报告说：“赵高居中用事，下面的人不可能有所作为。如今仗能打赢，赵高必定嫉妒我们的功劳；仗打不赢，免不了被处死。希望将军深思熟虑。”陈余也送给章邯一封信说："白起为秦将，向南攻拔鄢、郢，向北坑杀马服。攻城略地，不可胜数，而最后竟然赐死。蒙恬大将击败匈奴，功不可没，为秦朝开辟几千里地域，最终未免一死。为什么呢？功劳太多，秦不能按功行封，因此罗织罪名，用国法杀死他们。现在将军为秦将三年了，所损失的士卒以十万计，而诸侯军同时并起，越来越多。赵高眼下形势危险，恐惧秦二世降罪于他，怕是他想嫁祸于将军，让将军做替罪之羊，以此摆脱祸患。将军在外时日已久，朝廷中很多人与你有隔阂，有功也是被杀，无功也是被杀。况且天要亡秦，无论是愚笨的人还是聪明的人全都知道。如今将军在内不能直言规谏，在外为即将灭亡的国家领战，孑然孤立而想长期存在，岂不可哀！将军何不倒戈与各路诸侯联合，签订和约，共同攻秦，割地为王，南向而坐，称孤道寡？这难道比自己伏砧受戮，妻子被杀，不是更好一些吗？"

白起（？～公元前257），芈姓，白氏，名起，又称公孙起，战国时期秦国郿县（今陕西眉县）人，楚白公胜之后。白起号称"人屠"，战国四将之一（其他三人分别是王翦、廉颇、李牧），战国时期秦国名将。中国历史上继孙武，吴起之后又一个杰出的军事家、统帅。

章邯犹豫不决，暗中派军候始成到项羽营中，想要签署和约。项羽令蒲将军昼夜领兵渡过三户津，扎营漳水南岸，与秦军交战，又一次打败了秦军。

然后，项羽召集军吏商量和约之事，说："军中粮少，或允许他签订和约。"军吏都说："好。"项羽就与章邯约定在桓水南岸殷墟（今河南安阳市西）相见，缔结盟约。章邯见到项羽，涕泪交下，向项羽诉说赵高的罪恶行径。项羽就立章邯为雍王，安置在楚军营中，使长史司马欣为上将军，率领秦军为西进攻秦的先行部队。不久，项羽担心秦军暴动，不受制服，就将20万秦军降卒坑杀于新安（今河南渑池城东）南，章邯由此背上了"秦奸"的骂名。

◇败于刘邦◇

公元前207年，项羽封章邯为雍王，称王于咸阳以西，建都废丘（今陕西兴平东南）。

公元前206年，汉王刘邦用韩信的计策，从古道回军，袭击雍王章邯。章邯在陈仓与汉军展开战斗，但无奈不及汉军，兵败退至废丘。

公元前205年，刘邦大将韩信用计以水淹城池而破废丘，章邯拔剑自刎。

“三秦”的由来

公元前206年，项羽自立为西楚霸王，以中国最高统治者自居，大封诸侯。其中将刘邦封汉王，都南郑，辖陕南及巴、蜀之地。为防刘邦势力扩张，牵制刘邦，他又将陕西的关中和陕北一分为三，分别封给原秦朝的三位降将：章邯为雍王，董翳为翟王，司马欣为塞王。这就是“三秦”的由来。

■历史影响 |

章邯初忠于秦，发骊山囚徒以拒农民军，挽救秦于危急之时，为将可算勇猛，领兵当属有方。但秦末赵高弄权，章邯虽有报国忠君之志，却无忠君之基。遂投降项羽，与司马欣、董翊奄有三秦，阻挡刘邦。但刘邦崛起非章邯能阻止，章邯在力战之后，败于刘邦，拔剑自刎，走完了他颇有争议的一生。

■大事坐标 |

公元前209年	陈胜、吴广起义。
公元前208年	发骊山囚徒打败周文，战死项梁。
公元前207年	巨鹿战败，投奔项羽，被封雍王，镇守关中。
公元前206年	被刘邦打败。
公元前205年	拔剑自刎。

■关系图谱丨

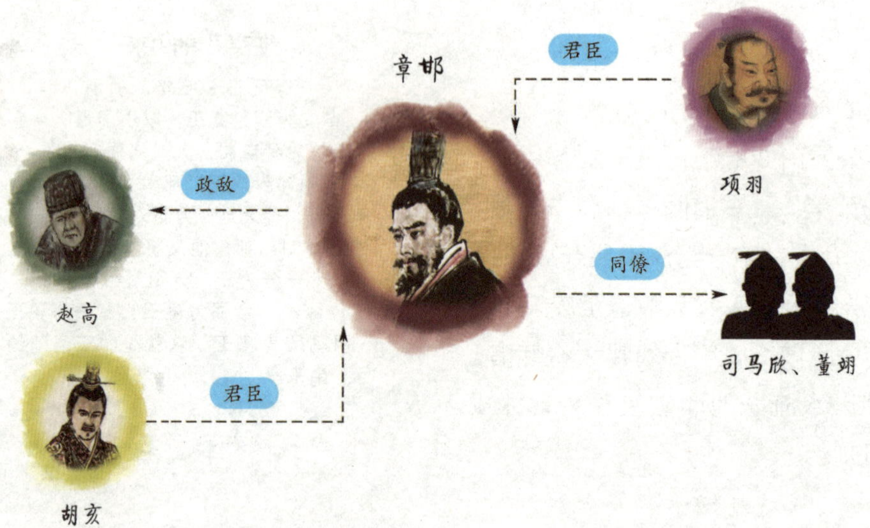

兴国名相

萧何

■名片春秋 I

萧何（？～公元前193），出生地在秦朝泗水郡丰邑县中阳里（即西汉沛郡丰邑中阳里，今属江苏沛县）。早年任秦沛县狱吏，秦末辅佐刘邦起义。攻克咸阳后，他接收了秦丞相、御史府所藏的律令、图书，掌握了全国的山川险要、郡县户口等信息，对日后制定政策和取得楚汉战争胜利起了重要作用。楚汉战争时，他留守关中，使关中成为汉军的巩固后方，对刘邦战胜项羽、建立汉朝起了重要作用。萧何采摭秦六法，重新制定律令制度，作《九章律》。他主张“无为”，喜好“黄老之术”。公元前196年，协助刘邦消灭韩信、英布等异姓诸侯王。刘邦死后，他辅佐惠帝。公元前193年卒，谥号文终侯。

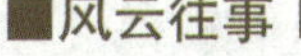

■风云往事 I

◇沛县起兵　追随刘邦◇

萧何年轻时在沛县（今江苏沛县）任功曹，即狱吏。他平时勤奋好学，思维敏捷，对历代律令颇有研究。他生性勤俭节约，从不奢侈浪费。他性格随和，善于

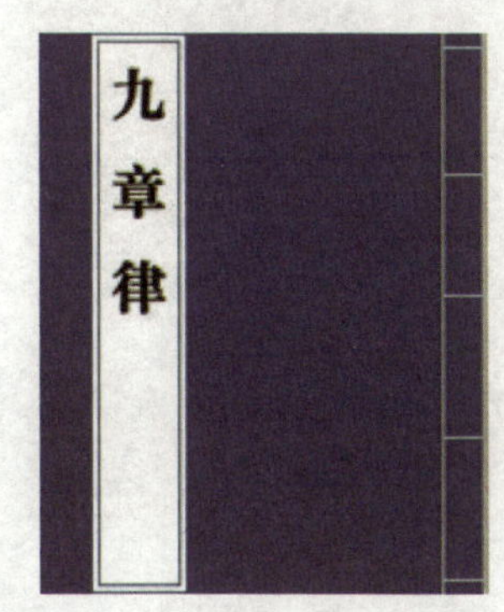

▲《九章律》

识人，结交了许多好朋友，其中有秦泗水亭长刘邦、捕役樊哙、书吏曹参、刽子手夏侯婴以及吹鼓手周勃（名将周亚夫的父亲）。由于他们年龄相仿，性格相合，成了莫逆之交。尤其是对刘邦，感情更不一般。萧何见刘邦器宇轩昂，风骨不凡，谈吐也有别于众人，所以对他格外佩服，并曾多次利用职权暗中袒护他。刘邦作为官吏到咸阳服徭役，县里的官员们每人都给他3枚礼钱，唯独萧何送给他5枚。

在陈胜、吴广起义军的威慑下，许多地方官吏也感到秦的暴政不能长久，于是纷纷反叛朝廷，归附义军。大家推举刘邦为县令，背秦自立。从此，萧何便为刘邦出谋划策，追随刘邦南征北战，屡立大功。

▲ 项羽谋士范增画像

◇坐镇关中　保障军饷◇

刘邦军到达咸阳后，将领们都争先恐后地跑到藏金银绸缎财物的仓库中去分东西，只有萧何先进宫去收取了秦朝丞相、御史掌管的法令书籍并保存起来。刘邦被封为汉王，让萧何担任了丞相。后来项羽和诸侯在咸阳烧杀抢掠一通后，刘邦仍能够详细地知道天下的险要关塞、各地的户口数量和经济状况等情况，就是因为萧何得到了秦朝的图书档案。

刘邦率兵向东平定三秦地区，萧何作为丞相留守巴蜀，他发布政令，让百姓供给军粮。三秦平定后，萧何又坐镇关中。萧何制定了各种法令制度，建立了宗庙、宫室和地方行政机构。他在关中征收赋税，为刘邦的军队提供源源不断的军需用品。刘邦几次损失军队，萧何都出动关中的兵员，随时补充刘邦兵力的不足。公元前203年，项羽由于连年战争，陷入了兵尽粮绝的困境。而此时的刘邦，由于萧何坐镇关中，不断地向前方输送粮食和兵力，形成了兵强粮多的好局面。后来，刘邦在萧何的帮助下，军队力量越来越强，

最终战胜项羽。

◇开国首功　位列三杰◇

消灭项羽、平定楚地后，诸侯联名上《劝进表》给刘邦，推举他为皇帝。公元前202年刘邦称帝，在洛阳南宫大宴群臣。席间，觥筹交错，君臣共饮。刘邦显得特别高兴，问："你们都说实话，我为什么能够夺取天下？项羽又为什么会失去天下？"群臣众说不一。刘邦说："你们只知其一，不知其二。运筹于帷幄之中，决胜于千里之外，我不比子房（张良）；镇国家、抚百姓、供军需、给粮饷，我不比萧何；指挥百万大军，战必胜，攻必克，我不比韩信。这三个人都是人中豪杰，他们为我所用，所以能取得天下。而项羽唯有范增却不重用，他又凭借什么来赢我呢？"刘邦认为张良、萧何、韩信是他最得力的功臣，这三人被称为"汉初三杰"。

▲ 陕西汉中萧何石像

刘邦论功行赏，定萧何为首功，封他为酂侯，食邑最多。许多功臣心里愤愤不平，私下里议论不休。他们觉得萧何不经沙场，没有战功，怎么能比他们这些身经百战，出生入死的人获得的食邑多呢？刘邦闻知此事后，对他们说："你们知道猎人吗？打猎的时候，追杀野兽的是猎狗，而指示行踪，放狗追兽的是人。如今诸位只是能猎获野兽，相当于猎狗的功劳。至于萧何，他能放出猎狗，指示追逐目标，那相当于猎人的功劳。况且你们只是一个人追随我，多的也不过带两三个家人，而萧何却是全族好几十人跟随我，这些功劳怎么能抹杀呢？"众人听罢，都无言以答。诸侯分封完毕，接着是排位次。刘邦认为萧何的功劳最大，对他及其家人大为封赏，并准许他穿鞋带剑上殿，信任万分。这样，萧何位列众卿之首，被称为"开国第一侯"。

▲ 陕西汉中留坝“萧何追韩信至此”碑

◇成也萧何　败也萧何◇

韩信年轻时带剑投奔项梁，默默无闻；后隶属项羽，也只做个郎中。刘邦入蜀时，韩信弃楚而投汉，依然默默无闻，是萧何发现了韩信的奇才，但仍未获重用。当楚军攻占南郑，此时众将无还手之力，韩信便随众将逃跑。萧何未及请示，便月下追韩信。有人向刘邦报告丞相也逃亡了，刘邦惊怒。过了两天，萧何回来，刘邦且喜且怒，问道：“你为何也逃跑？”萧何回答：“我不敢逃跑，是去追逃跑的人。”刘邦得知他去追韩信，说：“将领们跑了数十人，你不去追，却偏偏只追韩信一个，难道不是假的吗？”萧何说：“诸将易得。至如信者，国士无双。大王若只想称王汉中，就用不着韩信；若要争夺天下，除了韩信，没有第二个人可同您共谋大事的了！”于是劝刘邦选择吉日良辰，斋戒设坛，隆重拜韩信为大将。一夜之间，韩信从一无名小卒升迁为上将军，一统三军。这就是“成也萧何”的来源。

汉朝建立后不久，韩信被人诬陷而被免了军权。刘邦削了他的兵权。公元前 197 年，刘邦亲征陈豨。韩信称病不出，却暗中派人与陈豨联络。坐镇京城的吕后想召见韩信，又怕他拥兵不肯就范，就同萧何商议计策。她派人传旨韩信，声称陈豨已经被捉拿斩杀了，列侯、群臣都要进宫朝贺。萧何欺骗韩信道：“你尽管有病在身，也得勉强进宫朝贺，以免皇上生疑。”可怜韩信聪明一世，糊涂一时，一踏进宫门，即被吕后预伏的刀斧手劫持捆绑，架至长乐宫钟室处决。所以又说“败也萧何”。

英布（？ ~ 公元前 195 年），秦末汉初名将。因受秦律被黥，又称黥布。初属项梁，后为西楚霸王项羽帐下五大将之一。继而又叛楚归汉，被封为淮南王。与韩信、彭越并称“汉初三大名将”。最后因谋反罪被杀。

◇自污名节　以释君疑◇

萧何对汉室忠心耿耿，尽心尽责，深受百姓爱戴，但难免有些功高盖主，引起了刘邦的猜忌。

公元前195秋天，黥布造反，刘邦亲自率兵镇压，多次派使者回来问相国在做些什么。萧何因为高祖在军队中，便安抚勉励百姓，拿出所有的财物供应军需。有个客人对他说："你被灭族的时间不会很长了。你的地位是相国，功劳第一，还能再给你加官晋级吗？而你从刚入关中起就得到百姓的拥护，十多年了，百姓都归附你，你却还在努力地博得百姓的好感。皇上多次派人来问你的情况，是怕你颠覆关中。你现在为什么不多买田地，用低的价钱强行向人赊借，用这些方法毁坏自己的名誉，皇上才能对你放心。"萧何认为说得有道理也就照着做了。

▲ 萧何画像

刘邦结束了讨伐黥布的战事回来，百姓们拦路上书告状，说相国用低价强行购买百姓的土地房屋。刘邦到达长安，把百姓的揭发信全都给了萧何，对他说："你自己去向百姓认错吧。"萧何便为百姓请求说："长安地方狭小，上林苑中有很多空地，希望能允许百姓进去耕种。"刘邦愤怒地说："相国接受了商人的很多财物，倒来为百姓向我要上林苑！"便把萧何交给廷尉关押起来，给他戴上了镣铐。

▲ 陕西咸阳萧何墓

过了些时日，有个姓王的卫尉陪着刘邦，他问高祖说："萧相国犯了什么大罪？皇上怎么突然把他关起来了？"刘邦说："我听说李斯辅佐秦始皇时，有好事便归功于皇帝，有过失就自己承担责任。现在相国拿了商贩们的钱，却为百姓向我要上林苑，用这个办法讨好百姓，他的做法让我不可忍受。"王卫尉说："如果对百姓有利，相国向皇上请求，这真是宰相应该办的事，皇上怎么能怀疑相国是因为接受了商人的钱呢？

况且皇上抗击楚国好几年，陈豨和黥布造反，皇上亲自率兵去平息，当时，萧相国留守关中，只要动一下手脚，函谷关以西就不属于皇上所有了。萧相国不在那时候给自己谋利，现在反而会贪图商人的钱吗？”刘邦认为言之有理，也便不在追究萧何，把他放了。

■历史评价 |

萧何是西汉初年政治家，为开国丞相。他早年追随刘邦讨伐暴秦，为其出谋划策，帮助刘邦平定天下。汉王朝建立后，又勤勉有为，重新制定律令制度，采取各项稳定措施，且能自污名节，以释君疑，对汉王朝的巩固立下汗马功劳。萧何病重时，慧眼识人，向孝惠帝推荐曹参，曹参继任丞相，一切公务悉照旧章，清静治民，使西汉政治稳定、经济发展，人民生活日渐提高。萧何不愧为兴国名相。

■大事坐标 |

公元前 206 年　随刘邦率军进入秦都咸阳。

公元前 205 年　刘邦率大军出关东攻项羽，萧何坐镇关中，侍奉太子。

公元前 202 年　被拜为相。

公元前 197 年　参与设计杀害韩信。

公元前 193 年　病逝。谥号文终侯。

■关系图谱 |

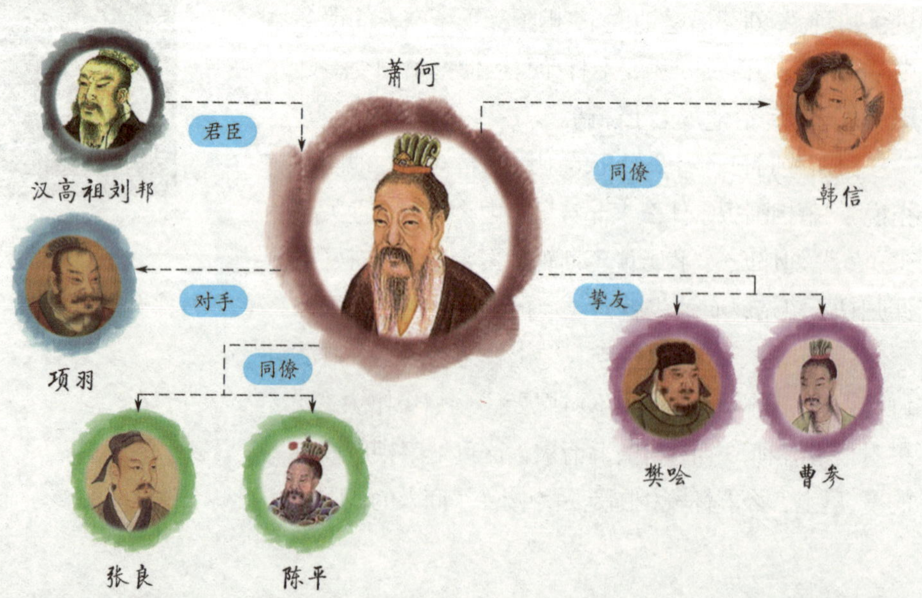

国士无双

韩信

■名片春秋 |

韩信（？～公元前196），淮阴（今江苏淮安）人，西汉开国功臣，中国历史上杰出的军事家，“汉初三杰”之一。曾先后被封为齐王、楚王，后贬为淮阴侯。为大汉江山立下赫赫功劳，但后来却遭到刘邦的疑忌，最后被安上谋反的罪名而遭处死。韩信是中国军事思想“谋战”派代表人物，被后人奉为“兵仙”“战神”。“王侯将相”韩信一人全任。“国士无双”“功高无二，略不世出”是楚汉之时人们对他的评价。

■风云往事 |

◇愧受漂母　胯下忍辱◇

韩信的母亲死后，穷得无钱来办丧事，然而他却寻找既高又宽敞的坟地，要让那坟地四周可住下一万家。当时下乡的南昌亭亭长见韩信非凡夫俗子，便邀其为门客，但不为妻子所容，韩信愤然离去，“钓于城下”，但所获不能果腹。一漂母见韩信饥饿，一连数十日，把自己带来的饭分给他吃。韩信十分感激地说：“吾必有以重报母。”漂母听后很气愤地

▲ 漂母饭信图

说："大丈夫不能自食，吾哀王孙而进食，岂望报乎！"韩信听后，深感惭愧。

淮阴有一个年轻的屠夫，他侮辱韩信，说道："你的个子比我高大，又喜欢带剑，但内心却是很懦弱的。"并当众侮辱他说："假如你不怕死，那就刺死我；不然，就从我的胯下爬过去。"韩信注视了他一会，俯下身子从对方的胯下爬过去。集市上的人都讥笑他，认为韩信的胆子真的很小。

▲ 韩信胯下受辱图

◇萧何举荐　登台拜将◇

秦末，韩信加入了项梁的起义军，但不被重视。于是在公元前 206 年，汉王刘邦进入巴蜀时，韩信逃离楚营，投奔刘邦。

韩信最初也未被汉营重用。因为韩信和萧何谈过数次话，萧何便对他有深刻的印象。到达南郑一段时间之后，韩信便估计萧何已经向刘邦推荐自己，却没有音讯，感到不受重用，于是离开汉营，准备另投明主。萧何闻讯，认为韩信这样的将才不能轻易流失，于是在来不及通知刘邦的情况下，便策马于月下追韩信，终于劝得韩信留下。

▲ 陕西汉中拜将坛韩信雕像

起初，刘邦听说萧何出逃，十分恼怒，后来听说他是为了追韩信，于是问他："这么多人逃回东方，你都不追，为何只追韩信？"萧何把韩信推荐给刘邦，称赞韩信"国士无双"，是一个非同寻常的人才。刘邦接纳了萧何的建议，模仿古代筑坛拜将，封韩信为大将，即汉军的总司令。拜将后，韩信立刻向刘邦剖析天下大势，并提出其战略。刘邦表示同意，并依照韩信的计划一一部署。

◇暗度陈仓　多谋制敌◇

项羽分封诸侯后，不足一年，齐国就发生内乱，

项羽亲率楚军北上平乱。公元前 206 年八月，刘邦出兵进攻关中，由韩信领军“暗度陈仓”，突袭雍王章邯。汉军大胜，很快便攻占咸阳，塞王司马欣和翟王董翳相继投降，关中大部分得以平定。

魏王魏豹附楚反汉，刘邦派韩信领兵攻魏，韩信突袭魏国都城安邑，擒得魏豹。随后韩信率军击败代国，这时汉营调走他旗下的精兵到荥阳抵抗楚军。韩信继续进军，在井陉背水一战，以少数兵力击败了号称 20 万人的赵军，擒获赵王赵歇。后来，韩信采纳广武君李左车的建议，派人出使燕国，成功游说燕王归附汉王。

刘邦为了稳定军心，拉拢大将，消灭项羽，分封了许多异姓诸侯王。韩信是第一个被分封的异姓诸侯王。

◇自立齐王　助汉灭楚◇

公元前 204 年，刘邦派郦食其游说齐国结盟，齐王田广同意结盟，并留下郦食其加以款待。此前韩信已奉刘邦的命令攻齐，在得知郦食其成功说服齐国以后，原本打算退军，但蒯通以刘邦并未发诏退军为由，说服韩信不要把功劳让给郦食其，韩信听从了蒯通的建议，攻击未作防备的齐国。田广得知消息后极为愤怒,烹杀了郦食其。韩信击败齐军，田广引兵向东撤退，并向项羽求援。韩信在潍水采用计谋击败田广和楚将龙且的联军，龙且战死，韩信陆续平定齐地。

公元前 203 年，韩信以齐地未稳为由，自请为假齐王（假，代理的意思），以便治理。当时刘邦正受困于楚军的包围，不得不听从张良和陈平的劝谏，将韩信封为齐王。

公元前 203 年，刘邦与项羽议和，两分天下，以鸿沟为界。不久刘邦听从陈平之计毁约，出兵追击东归的项羽，但韩信和彭越没有派兵助战，于是项羽在固陵打败了汉军。刘邦一方面固守，另一方

▲ 项羽自刎像

▲ 山西灵石城南韩信墓

面答应韩信及彭越事成之后封地为王。韩信和彭越便带兵会合刘邦，韩信以十面埋伏之计大破楚军，最后迫使项羽撤退到垓下。项羽被追击到乌江，感觉自己没有脸面前往江东，遂自刎而亡。

◇鸟尽弓藏　惨遭陷害◇

项羽死后，刘邦很快剥夺韩信的兵权，并改齐王为楚王，移都下邳。逃亡部将钟离昧素与韩信交好，韩信便将其收留藏匿。刘邦得知钟离昧逃到楚国后，要求韩信追捕，韩信反而派兵保护钟离昧。

公元前 201 年，有人告发楚王谋反，汉高祖刘邦采用陈平的计策，以出游为由偷袭韩信。韩信想派兵抵抗，来说明自己无罪，但又怕事情闹大。钟离昧自杀，韩信带着人头到陈（今河南淮阳）向刘邦说明原委，刘邦令人将其擒拿，韩信被降为淮阴侯。

▲ 韩信塑像

韩信知道刘邦猜忌自己，故常称病不出，长期怨恨不满。后来，陈豨升官至巨鹿，临走前，韩信与陈豨约定，如果陈豨若起兵造反，他将助一臂之力。

公元前 196 年，陈豨反叛，韩信便与家臣密谋从内部袭击吕后、太子等人，但遭亲人告密而走漏风声。吕后与萧何密谋，伪报陈豨已死，引韩信前来祝贺，遂将其逮捕。韩信被用刑后死于长乐宫钟室，并株连三族。

传说，刘邦曾允诺，只要韩信"顶天立地"于汉朝天下，就绝对不能用兵器杀他。故韩信被杀时，吕后吊之于大钟之内，头为大钟所罩，看不见天日；脚悬空于地面，无法顶天立地，然后用竹刀（削尖的竹子），或说是用桃木剑将其杀死。

■历史评价 |

韩信熟谙兵法，自言用兵"多多益善"。作为战术家，韩信为后世留下了大量的战术典故；作为军事家，韩信是继孙武、白起之后，最为卓越的将领，其最大的特点就是灵活用兵，是中国战争史上最善于灵活用兵的将领；作为战略家，他在拜将时的言论成为刘邦赢得楚汉战争胜利的根本方略；作为统帅，他是一人之下、万人之上的统帅，协助汉王刘邦一统天下。韩信还是军事理论家，他与张良整理兵书，并著有兵法 3 篇。韩信的用兵之道为历代兵家所推崇。

■大事坐标 |

公元前 208 年	项梁死后，成为项羽部下。
公元前 206 年	汉王刘邦进入巴蜀时，逃离楚营，投奔汉王刘邦。
公元前 206 年	刘邦出兵进攻关中，领军"暗度陈仓"，突袭雍王章邯。
公元前 203 年	以齐地未稳为由，自请立为假齐王。
公元前 196 年	被吕后所杀。

■关系图谱

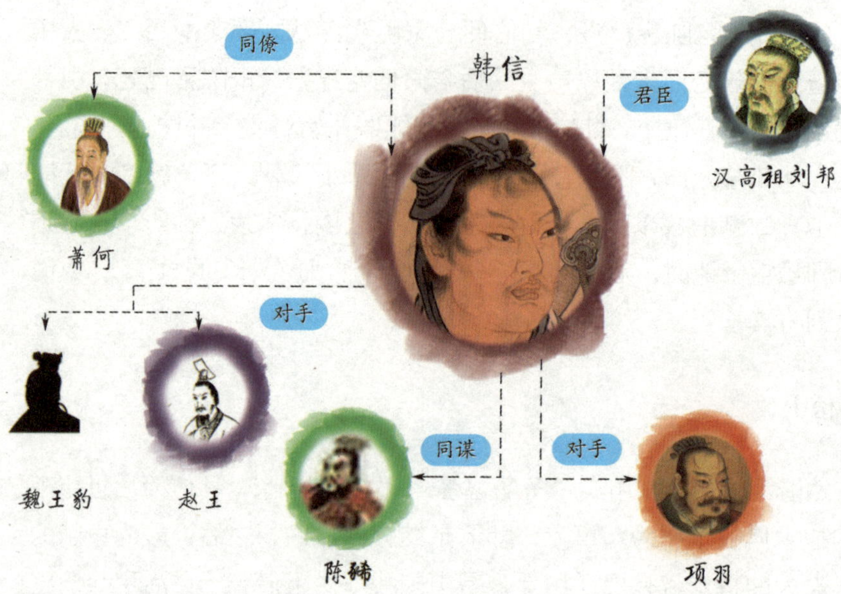

功成身退

张良

■名片春秋 |

张良（？～约公元前186），字子房，汉族，传为汉初父城（今河南宝丰）人，也有说为阳翟（今河南禹州）人。汉高祖刘邦的谋臣，秦末汉初时期杰出的军事家、政治家，汉王朝的开国元勋，“汉初三杰”之一。以出色的智谋，协助汉高祖刘邦在楚汉之争中最终夺得天下。张良功成身退，避免了像韩信、彭越等人那样的悲惨结局。张良去世后，谥为文成侯（也称谥号文成），世人也尊称他为“谋圣”。

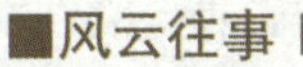

■风云往事 |

张良出身于贵族世家，父亲张平任韩国两朝宰相。至张良时代，韩国已逐渐衰落，后终被秦所灭。韩国的灭亡，使张良失去了继承父亲事业的机会，丧失了显赫荣耀的地位，故他心存亡国亡家之恨，并把这种仇恨集中于一点——反秦。

公元前230年，韩国降将内史腾率秦军灭韩国，俘韩王安，韩亡。所得韩地置颍川郡。

◇反秦复韩　圯上受书◇

青年时代的张良，怀着这种反秦复韩的雄心壮志，顾不上弟弟的丧葬，就悉散家财，招觅刺客。

后来得一力士并制铁椎。公元前 218 年，秦始皇率大队人马，离京东游。张良趁此机会，与力士椎击秦始皇于博浪沙，结果误中副车，不得不急速而逃。

张良椎击秦王未遂，被悬榜通缉，于是逃匿于下邳（今江苏睢宁北）隐姓埋名。一天，张良闲步沂水圯桥头，遇一穿着粗布短袍的老翁，这个老翁走到张良的身边时，故意把鞋脱落桥下，然后傲慢地差使张良道："小子，下去给我捡鞋！"张良十分吃惊，但还是强忍心中的不满，违心地替他将鞋取了上来。随后，老人又跷起脚来，命张良给他穿上。张良久历人间沧桑，饱经漂泊生活风霜，因此能够压住怒火，膝跪于前，小心翼翼地帮老人穿好鞋。老人仰面长笑而去。张良呆视良久，只见那老翁走出里许之地，又返回桥上，对张良赞叹道："孺子可教矣。"并约张良在五日后的凌晨再到桥头相会。张良不知何意，但还是恭敬地跪地应诺。五天后，鸡鸣时分，张良便急匆匆地赶到桥上。谁知老人故意提前来到桥上，此刻已等在桥头，见张良来到，愤愤地斥责道："与老人约，为何误时？五日后再来！"说罢离去。第二次老人还是先行张良来到。第三次，张良索性半夜就到桥上等候。他经受住了考验，用至诚和隐忍精神感动了老者。于是，老者便送给他一本书，说："读此书则可为王者师，10 年后天下大乱，你可用此书兴邦立国；13 年后再来见我。"说罢，扬长而去。这位老人就是传说中的"圯上老人"。张良惊喜异常，天亮时分，捧书一看，乃《太公兵法》。从此，张良日夜研习兵书，俯仰天下大事，终于成为一个深明韬略、文武兼备、足智多谋的"智囊"。

▲ 张良拜师图

◇出谋灭秦　谏主安民◇

秦末，各地纷纷起义。张良和刘邦一见如故，多次以《太公兵法》进说刘邦，刘邦多能领悟，并常常采纳张良的谋略。张良遂决定跟从刘邦，为刘

邦出谋划策。

公元前 206 年，刘邦进入秦的宫廷后，看到宫室、帷帐、狗马以及贵重宝物，美色宫女数以千计，他“好酒及色”的老毛病又犯了，想把这些占为己有。樊哙进谏，刘邦不听。张良又说：“夫秦为无道，故沛公得至此。夫为天下除残贼，宜缟素为资。今始入秦，即安其乐，此所谓‘助桀为虐’，且‘忠言逆耳利于行，毒药苦口利于病’，愿沛公听樊哙言。”刘邦这才领军队回到灞上。

▲ 樊哙（公元前242~前189），西汉开国大将军

◇精心策划　逃脱鸿门◇

刘邦顺利入关的时候，项羽正与秦将章邯的军队在巨鹿作战，等到项羽消灭秦军主力要入关时，刘邦已经派人据守函谷关，项羽闻之大怒，即派英布等攻打关口，很快破关进至戏西（今陕西西安临潼东）。曹无伤将刘邦想称王的消息告诉了项羽，项羽更为震怒，决定全力攻击刘邦军队。

这时，项羽的叔父、楚左尹项伯为报张良之恩，连夜奔往刘邦军营，私下会见张良，想把张良拉走，不让他跟刘邦一起死。张良知道这时项羽有兵 40 万，而刘邦不过 10 万，力量对比悬殊，就出主意让刘邦采取以屈求伸的策略，说：“让我去告诉项伯，说沛公是不敢背叛项王的。”于是张良邀请项伯会见刘邦，刘邦以兄长之礼接待了项伯，举酒向项伯祝福，又攀结婚姻，让项伯在项羽面前详细地说明自己不敢背叛他，之所以派兵把守函谷关，是为了防备其他强盗。项伯嘱刘邦“明天早些来亲自对项王道歉”。后刘邦到鸿门会见项羽，婉言卑辞对项羽表示臣服，表示忠心。项羽设宴招待，范增欲借项庄舞剑之机杀刘邦，却遭项伯“以身翼蔽”未果。

◇安抚韩信　乘势灭楚◇

▲ 陈平画像

陈平（?~ 公元前 178），西汉阳武（今河南原阳）人，以谋略见长。在楚汉相争时，初在项羽手下做谋士。早期被项羽重用，因得罪亚父范增，逃归汉王刘邦帐下。曾多次出计策助刘邦。西汉建立后，任右丞相，后迁左丞相，曾先后受封户牖侯、曲逆侯，死后谥献侯。“反间计”“离间计”，均出自其手。

公元前 203 年，韩信降服和平定了整个齐国，派人向汉王上书说：“齐国狡诈多变，是个反复无常的国家，南边又靠近楚国，如果不设立一个代理国王来治理它，那里的局势就不会稳定，我希望做代理齐王，这会对形势有利。”当时，楚军将汉王重重包围于荥阳，韩信的信使来了，刘邦打开书信，大发雷霆，骂道：“我被围困在这里，日夜盼望你来辅助我，你竟想自立为王！”张良、陈平忙暗中踩汉王的脚，凑近他的耳朵说：“汉军正处在不利的形势，怎么能够禁止韩信称王呢？不如趁机立他为王，好好对待他，让他自己镇守齐国。如果不这样，就可能发生变乱。”刘邦也醒悟过来，转口骂道：“大丈夫平定了诸侯，就做真王罢了，做什么做代理国王！”于是，刘邦派张良带着印信前去齐国，就地封韩信为齐王，并征调他的部队前去攻打楚军。

楚汉以鸿沟为界，中分天下之后，项羽引兵东归，以为可以太太平平地当他的霸王了。刘邦也想西行回国，张良、陈平建议说：“汉国已经有了大半个天下，诸侯又都归附。楚军兵疲粮尽，这是上天灭亡楚国的绝好时机，千万不能错过，应当趁此机会径直夺取楚地。如今放走项羽不攻，这就叫‘养虎自遗患’！”刘邦采纳了他们的建议，在垓下之战中全歼楚军，楚汉之争结束，刘邦一统天下。

◇劝都关中　稳定汉室◇

公元前 202 年二月，刘邦正式即帝位，史称汉高祖。同年五月，汉高祖在洛阳南宫举行庆功大典，大宴群臣。席间，觥筹交错，君臣共饮。刘邦显得特别高兴，当论及楚之所以失天下，汉之所以得天下时，刘邦盛赞张良能运筹帷幄之中、决胜于千里之外。

天下统一后，刘邦和大臣商议哪里适合建立国都。刘敬建议建都关中（长安）。而跟随刘邦左右的大臣大多是山东人，他们劝刘邦定都洛阳。刘邦犹豫不决。张良说："洛阳虽然坚固，但不过数百里，田地薄，四面受敌，此非用武之国。关中有沃野千里，且地处战略要地，是所谓的金城千里，天府之国。刘敬的建议很正确啊。"刘邦采纳了此建议。

▲ 河南兰考张良墓

刘邦称帝后，觉得吕后所生太子刘盈（即后来的惠帝）生性懦弱，不像自己，而喜爱戚姬所生赵王如意，因此想废掉太子刘盈而立如意为太子。在封建社会太子的废立与政权的稳定密切相关，所以当时的大臣叔孙通、周昌等都犯颜强谏，但都没得到高祖的肯定。吕后很恐慌，逼张良给出主意。张良认为，口舌之争解决不了这个问题，建议让太子刘盈去迎请高祖非常重看但总没请到的四位很有名望、须发皆白的四位老者——四皓，让他们跟随太子入朝，表明太子刘盈得到民众拥护。这一招果然见效，高祖见到四皓跟随太子，以为人心所向，大势所趋，就放弃了废立太子的主意。太子终得嗣位，吕后也因此特别敬重张良。

◇功成身退　修道养精◇

论功行封时，汉高祖刘邦令张良自择齐国 3 万户为食邑，张良辞让，谦请封始与刘邦相遇的留地（今江苏沛县），刘邦同意了，故人称张良为留侯。

▲ 河南宝丰张良雕像

由于张良的晚年活动鲜为人知，以至被人蒙上一层神秘色彩，而张良死后究竟葬于何处，也成为千古之谜。具体去世时间，史学家推断在公元前 189 年至公元前 186 年之间。

■历史评价 |

张良是一个军事家，但不掌军权，是一个政治家，但也不掌握国家的行政权力。他给人的印象，是一派谦抑自守的形象。张良虽系文弱之士，不曾挥戈迎战，却以谋略家著称。他一生反秦扶汉，功不可没；筹划大事，事毕竟成。历来史家，无不倾墨书写他那深邃的才智，交口称赞他那神妙的权谋。

■大事坐标 I

公元前 218 年	在博浪沙伏击秦始皇。
公元前 207 年	和韩王在颍川与刘邦会合。
公元前 206 年	保护刘邦逃脱鸿门。
公元前 206 年	向刘邦献计，烧去东进栈道。
公元前 203 年	协助刘邦在垓下打败项羽。
公元前 201 年	被封为留侯。
约公元前 186 年	去世。

■关系图谱 I

凿空西域

张骞

■名片春秋 |

张骞（？ ~ 公元前 114），字子文，汉中成固（今陕西城固）人，汉代探险家、旅行家与外交家，对丝绸之路的开拓有重大的贡献。张骞开拓了汉朝通往西域的东西道路，并从西域诸国引进了汗血马、葡萄、苜蓿、石榴、胡桃、胡麻等品种，加强了汉朝与西域各国的经济文化交流。

■风云往事 |

汉武帝刘彻即位时，张骞已在朝廷担任名为“郎”的侍从官。据史书记载，张骞具有坚韧不拔、心胸开阔、以信义待人的优良品质，这正是张骞之所以能战胜各种难以想象的危难，获取事业成功的一个重要因素。但如同历史上一切伟大人物一样，要导演出威武雄壮的戏剧，还得具有一定的历史条件和舞台。这就是所谓的“时势造英雄”。

西汉初期时，汉王朝迫于匈奴的威胁，一直采取和亲政策。汉武帝刘彻是中国历史上一位具有雄才大略的皇帝。他即位时，汉王朝已建立 60 余年，历经汉初几代皇帝的苦心经营，国家强盛。汉武帝正是凭

▲ 张骞画像

借雄厚的物力财力，及时反击匈奴的侵扰，力图从根本上解除来自北方威胁的历史任务。也正是这种历史条件，使一代英才俊杰得以施展宏图，建功立业。

◇凿空西域◇

大月氏

公元前 2 世纪以前居住在中国西北部、后迁徙到中亚地区的游牧部族。公元前5～前2世纪初，月氏人游牧于河西走廊西部张掖至敦煌一带，势力强大，为匈奴劲敌。

汉武帝即位不久，从来降的匈奴人口中得知，在敦煌、祁连一带曾住着一个游牧民族大月氏，他们备受匈奴欺凌。汉武帝了解这一情况后，便做出了联合大月氏共同夹击匈奴的决定。于是下令选拔人才，出使西域。当汉武帝下达诏令后，满怀抱负的年轻的张骞，毅然应募，挑起国家和民族的重任，勇敢地踏上了征途。

公元前 139 年，张骞奉命率领 100 多人，从陇西（今甘肃临洮）出发。一个归顺的“胡人”、堂邑氏的家奴堂邑父，自愿充当张骞的向导和翻译。他们西行进入河西走廊。这一地区自大月氏人西迁后，已完全被匈奴人控制。正当张骞一行匆匆穿过河西走廊时，不幸碰上匈奴的骑兵队，他们全部被抓获。当时的军臣单于（老上单于之子）得知张骞此行的目的后，无论如何也不容许他们通过匈奴地区，张骞一行便被软禁起来了。

匈奴单于为软化、拉拢张骞，打消其出使大月氏的念头而进行了种种威逼利诱，还给张骞娶了匈奴的女子为妻，生了孩子。但均未达到目的，张骞始终没有忘记汉武帝交给自己的神圣使命，没有动摇为汉朝通使大月氏的意志和决心。张骞一行人被匈奴软禁十余载。

▲ 河西走廊的石窟

至公元前 129 年，匈奴人的监视渐渐有所松弛。一天，张骞趁匈奴人不备，果断地离开妻儿，带领其随从，逃出了匈奴王庭。

这种逃亡十分危险和艰难，困难重重。幸运的是，在匈奴的 10 年留居，使张骞等人详细了解了通往西域的道路，并学会了匈奴人的语言，他们穿上胡服，

很难被匈奴人查获。因而他们较顺利地穿过了匈奴人的控制区。

但张骞在留居匈奴期间，西域的形势已发生变化。大月氏的敌国乌孙，在匈奴支持和唆使下，西攻大月氏。大月氏人被迫又从伊犁河流域继续西迁，进入咸海附近的妫水地区，征服大夏，在新的土地上另建家园。张骞大致了解到这一情况，他们经车师后没有向西北伊犁河流域进发，而是折向西南，进入焉耆，再溯塔里木河西行，过库车、疏勒等地，翻越葱岭，直达大宛（今中亚费尔干纳盆地）。路上经过了数十日的跋涉。

▲ 甘肃敦煌唐壁画《张骞出使西域》

这是一次极为艰苦的行军。大戈壁滩上，飞沙走石，热浪滚滚；葱岭高如屋脊，冰雪皑皑，寒风刺骨。沿途人烟稀少，水源奇缺。加之张骞等人匆匆出逃，物资准备又不足，风餐露宿，备尝艰辛，干粮吃尽了，就靠善射的堂邑父射杀禽兽聊以充饥。不少随从或因饥渴倒毙途中、或葬身黄沙、冰窟，献出了生命。

张骞到大宛后，向大宛国王说明了自己出使大月氏的使命和沿途种种遭遇，希望大宛能派人相送，并表示今后如能返回汉朝，一定奏明汉皇，送他很多财物，重重酬谢。大宛王本来早就听闻东方汉朝的富庶，很希望能和汉朝友好往来，但一直被匈奴从中阻碍,未能实现。汉使的意外到来使他非常高兴，张骞一席话更使他动心。于是他满口答应了张骞的要求，热情款待后，派了向导和翻译，将张骞等人送到康居（今乌兹别克斯坦和塔吉克斯坦境内）。康居王又遣人将他们送至大月氏。

不料，这时的大月氏人，由于新的国土十分肥沃，物产丰富，并且距匈奴和乌孙很远，外敌寇扰的危险已大大减少，态度发生了变化。当张骞向大月氏人提出建议时，他们已无意向匈奴复仇了。张

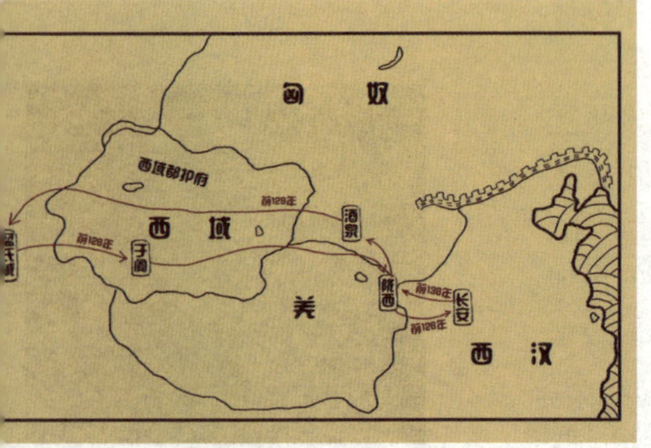

▲ 张骞出使西域路线示意图

骞等人在大月氏逗留了一年多，但始终没有达到说服大月氏与汉朝联盟夹击匈奴的目的。公元前 128 年，张骞决定动身返国。

归途中，张骞等人再次被匈奴骑兵所俘，又被扣留了一年多。后来张骞趁匈奴内乱之机，带着自己的匈奴妻子和堂邑父，逃回长安。这是张骞第一次出使西域。从公元前 139 年出发，至公元前 126 年归汉，共历 13 年。张骞出发时是 100 多人，回来时仅剩张骞和堂邑父二人，所付出的代价是何等高昂!

汉武帝为表彰张骞此次出使西域的功绩，特授张骞为太中大夫，授堂邑父为“奉使君”。张骞第一次出使西域获得了关于外部世界的丰富知识，这在以后西汉王朝的政治、军事、外交活动和对匈奴的战争中都发挥了积极的作用，并产生了深远的影响。

▲ 陕西汉中张骞雕像

◇开发西南◇

张骞在大夏时，偶然得知在中国的西南方有一个身毒（今印度）国的存在。回国后，张骞向汉武帝报告了这一情况并建议遣使南下，从蜀往西南行，另辟一条直通身毒和中亚诸国的路线，以避开通过羌人和匈奴地区的危险路径。汉武帝急于沟通同大宛、康居、大月氏和安息的直接交往，扩大自己的政治影响，彻底孤立匈奴，于是欣然采纳了张骞的建议，并命张骞去犍为郡（今四川宜宾）亲自主持此事。

公元前 122 年，张骞分别从四川的成都和宜宾派出四支探索队伍出发，向青海南部、西藏东部和云南境内前进。最后的目的地都是身毒。四路使者各行约一二千里，分别受阻于氐、筰（四川西南）和嶲、昆明（云南大理一带）少数民族地区，未能继续前进，先后返回。

张骞所领导的探辟由西南通往身毒新路线的活动，虽没有取得预期的成果，但对西南的开发有很大贡献。至公元前 111 年，汉王朝正式设置牂牁、越嶲、沈黎、汶山、武都等五郡，以后又置益州、交趾等郡，基本上完成了对西南地区的开拓。

▲ 陕西汉中张骞墓

◇抗击匈奴◇

张骞第一次出使西域返回长安后，汉朝抗击匈奴侵扰的战争已进入了一个新的阶段。探险西南的前一年，张骞曾参加了对匈奴的战争。公元前 123 年二月和四月，大将军卫青两次出兵进攻匈奴。汉武帝命张骞为校尉，跟从大将军出击漠北。当时，汉朝军队行进在千里塞外的茫茫黄沙和无际草原中，给养相当困难。张骞充分发挥他熟悉敌军并具有沙漠丰富的行军经验和地理知识的优势，为汉朝军队做向导，指点行军路线和扎营布阵，促成了战争的胜利。事后论功行赏，汉武帝封张骞为"博望侯"。颜师古在《汉书》注中认为，"博望"意"取其能广博瞻望"。这是汉武帝对张骞博闻多见、才广识远的恰当肯定。

◇二通西域◇

公元前 119 年，张骞又向武帝提出再次出使西域，联络乌孙东归河西地区共击匈奴的建议。武帝采纳了张骞的建议，任命他为中郎将，率领随从 300 人，每人给马两匹，并携带牛羊万头和价值数万的金帛，另有持节副使多人。

▲ 陕西汉中张骞纪念馆

张骞这次出使西域，虽劝说乌孙东归未果，但使汉朝同西域各国的联系更加密切。公元前 115 年张骞回长安后，被拜为大行，掌管各族事务。公元前 114 年病卒。他死后一年多，所遣副使也分别回到长安，各国使臣也随同前来，纷纷与汉朝建立联系。

■历史评价 |

张骞不仅开拓了汉与西域诸国贸易的丝绸之路，成为中国历史上第一个走出国门的使者；同时也通过他的外交实践，第一次提出起国与国之间平等、诚信交往的外交理念，为汉代昌盛和后世的对外开放奠定了坚实的基础。张骞两次出使西域，开辟了中西文化交流的通道，加强了西汉与西域地区的联系。当时的史学家司马迁称赞张骞出使西域为“凿空”，意即“开通大道”。汉能通西域，张骞创立首功。因张骞在西域有威信，后来汉所遣使者为了取信于诸国就多称张骞为博望侯。张骞对开辟从中原通往西域的丝绸之路有卓越贡献，至今举世称道。

■大事坐标 |

公元前 139 年　率领 100 多人，从长安出发第一次出使西域。
公元前 126 年　匈奴内乱，乘机逃回汉朝，被授以太中大夫。
公元前 121 年　与李广出右北平击匈奴。
公元前 119 年　被封为中郎将，率 300 人第二次出使西域。
公元前 115 年　返回长安。
公元前 114 年　去世。

■关系图谱 |

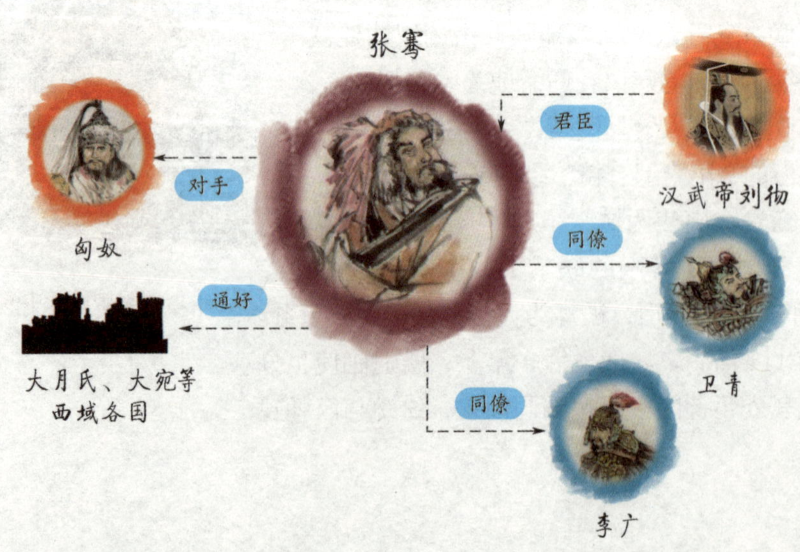

常胜将军

卫青

■名片春秋 I

卫青（？～公元前 105），字仲卿，河东平阳（今山西临汾）人。他是西汉时期能征善战、为汉朝北部疆域的开拓做出过重大贡献的将领，也是中国历史上为人熟知的常胜将军。率军与匈奴作战，屡立战功，但从不结党养士。他对士卒体恤较多，威信很高。

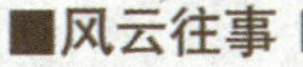

■风云往事 I

卫青的母亲在平阳公主的夫家做女仆，因丈夫姓卫，别人便称她卫媪。丈夫死后，她仍在平阳侯家中帮佣，与同在平阳侯家中做事的县吏郑季私通，生了卫青。卫家的生活十分艰苦，于是卫青被送到了亲生父亲郑季的家里。但卫青在郑季家中受尽了苦难，稍大一点后，不愿再做郑家的奴仆，便回到母亲身边，做了平阳府的骑奴。公元前 139 年春，卫青的姐姐卫子夫被汉武帝看中，带入宫中，卫青的命运也随之发生极大转折。

平阳公主，汉武帝刘彻同胞长姊。初嫁平阳侯曹寿（曹时），曹寿去世后改嫁汝阴侯夏侯颇，夏侯颇因罪自杀，平阳公主后改嫁卫青。

◇龙城大捷◇

公元前 129 年，匈奴又一次兴兵南下，前锋直

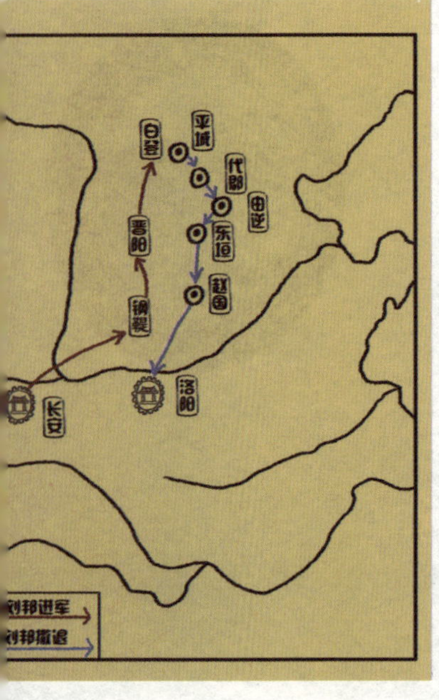

▲ 白登之围示意图

白登之围

公元前200年汉高祖刘邦被匈奴围困于白登山（今山西大同东北马铺山）。刘邦采用陈平之计贿赂匈奴阏氏（皇后），阏氏说服匈奴单于打开包围圈的一角，让汉军撤出，刘邦等人才得以脱险。

指上谷（今河北怀来）。汉武帝任命卫青为车骑将军，迎击匈奴。从此，卫青的戎马生涯便开始了。

这是卫青首次出征，他亲率1万骑兵，直捣龙城（匈奴祭扫天地祖先的地方），消灭匈奴数千人，取得胜利。汉武帝看到卫青凯旋而归，对其非常赏识，封其为关内侯。

龙城之役在汉匈交战史上具有划时代的意义。汉朝自高祖刘邦建国以来，屡屡受到北方匈奴的掠夺羞辱，如高祖“白登七日”之困，吕后受冒顿单于书信之辱，孝文帝时匈奴14万骑兵入关一度略至长安附近的甘泉，以及匈奴频频对汉朝边郡和百姓的烧杀劫掠等，可谓汉朝的心腹大患。龙城的胜利打破了自汉初以来“匈奴不可战胜”的神话，使汉军士气大大提升，成为汉匈战争的转折点，为以后汉朝的进一步反击打下了良好的基础。

◇再击匈奴◇

汉朝对匈奴的反击，使得匈奴的进犯更加猖狂了。公元前128年的秋天，匈奴骑兵大举南下，先攻破辽西，杀死辽西太守，又打败渔阳守将韩安国，劫掠百姓2 000多人。汉武帝派李广镇守右北平，匈奴兵则避开李广，而从雁门关入塞，进攻汉朝的北部边郡。汉武帝又派卫青出征，并派李息从代郡出兵，从背后袭击匈奴。卫青率3万骑兵赶往前线。卫青本人身先士卒，将士们更是奋勇争先，斩杀、俘获敌人数千名，使得匈奴溃不成军。

◇收复河朔◇

公元前127年，匈奴集结大量兵力，进攻上谷、渔阳。武帝派卫青率大军进攻久为匈奴盘踞的河南地（黄河河套地区）。这是西汉对匈奴的第一次大战役。卫青率领4万大军从云中出发，采用“迂回侧击”的战术，向西绕到匈奴军的后方，迅速攻占高阙（今

内蒙古杭锦后旗），切断了驻守河南地的匈奴白羊王、楼烦王与单于王庭的联系。然后，卫青又率精骑，飞兵南下，进到陇县西，对白羊王、楼烦王形成包围之势。匈奴白羊王、楼烦王见势不妙，率兵仓皇逃走。汉军活捉敌兵数千人，夺取牲畜100多万头，完全控制了河套地区。因为这一带水草肥美，形势险要，汉武帝在此修筑朔方城（今内蒙古杭锦旗西北），设置朔方郡、五原郡，从内地迁徙10万人到那里定居，还修复了秦时蒙恬所筑的边塞和沿河的防御工事。这样，不但解除了匈奴骑兵对长安的直接威胁，也建立起了进一步反击匈奴的前方基地。卫青功不可没，授予长平侯，食邑3 800户。

▲ 卫青作战图

◇奇袭高阙◇

匈奴不甘心在河南地的失败，一心想把朔方重新夺回去，由于汉军奋力抵抗，匈奴屡战屡败。公元前124年春，汉武帝命卫青率3万骑兵从高阙出发；苏建、李沮、公孙贺、李蔡都受卫青的节制，率兵从朔方出发；李息、张次公率兵由右北平出发。总兵力有10余万人。匈奴右贤王认为汉军离得很远，一时不可能来到，就放松了警惕。卫青率大军急行六七百里，趁着黑夜包围了右贤王的营帐。这时，右贤王正在帐中拥着美妾，畅饮美酒，已有八九分醉意了。忽听帐外杀声震天，火光遍野，惊慌失措的右贤王，忙把美妾抱上马，带了几百壮骑，突出重围，向北逃去。汉军轻骑校尉郭成等领兵追赶数百里没有追上，但俘虏了右贤王的小王10余人，男女1.5万余人，牲畜有几百万头。汉军大获全胜，收兵回朝。

高阙，阴山山脉在内蒙古巴彦淖尔市杭锦后旗西北有一缺口，状如门阙，故名。

汉武帝接到战报，喜出望外，派特使捧着印信，到军中拜卫青为大将军，加封食邑数千户，并将所有将领的指挥权交与卫青。卫青的三个儿子最小的甚至还在襁褓之中，也被汉武帝封为列侯。

◇漠北大战◇

▲ 汉武帝漠北大战

为了彻底击溃匈奴主力，汉武帝集中全国的财力、物力，准备发动对匈奴的第三次大战役。公元前 119 年春，汉武帝召集诸将，商讨进军方略。他说："匈奴单于采纳赵信的建议，远走沙漠以北，认为我们汉军不能穿过沙漠，即使穿过，也不敢多作停留。这次我们要发起强大的攻势，达到我们的目的。"于是挑选了 10 万匹精壮的战马，由大将军卫青、骠骑将军霍去病各率精锐骑兵 5 万人，分作东西两路，远征漠北。为解决粮草供应的问题，汉武帝又动员了私人马匹 4 万多，步兵 10 余万人负责运输粮草辎重，紧跟在大军之后。

原计划由霍去病率骁勇善战的将士专力对付匈奴单于，而远征大军从定襄北上。后来从俘获的匈奴兵口中得知匈奴伊稚斜单于远在东方，于是汉军重新调整了战斗序列。汉武帝命霍去病从东方的代郡出塞，卫青从定襄出塞。

赵信向伊稚斜单于建议："汉军不知道厉害，竟打算穿过沙漠。到时候，人困马乏，我们以逸待劳，就可以俘虏他们。"单于下令所有的粮草辎重，再次向北转移，而把精锐部队埋伏在了沙漠北边。

卫青大军北行 1 000 多里，跨过大沙漠，恰好碰到了严阵以待的匈奴军。卫青临危不惧，命令部队用武刚车（铁甲兵车）迅速环绕成一个坚固的阵地，然后派出五千骑兵向敌阵冲击。匈奴出动 1 万多骑兵迎战。双方激战在一起，非常惨烈。黄昏时分，忽然刮起暴风，尘土滚滚，沙砾扑面，顿时一片黑暗，两方军队互相不能分辨。卫青乘机派出两支生力军，从左右两翼迂回到单于背后，包围了单于的大营。伊稚斜单于发现汉军数量如此众多，而且人壮马肥，士气高昂，大为震动，知道无法取胜，就慌忙跨上马，

▲ 环境恶劣的大漠

在数行精骑的保护下奋力突围，朝西北方向飞奔而去。

这时，夜幕已经降临，战场上双方将士仍在喋血搏斗，喊杀声惊天动地。卫青得知伊稚斜单于已突围逃走，马上派出轻骑兵追击。匈奴兵不见了单于，军心大乱，四散逃命。卫青率大军连夜追击。天亮时，汉军已追出 200 多里，虽然没有找到单于的踪迹，却斩杀并俘虏匈奴官兵 1.9 万多人。

这次战役，汉军打垮了匈奴的主力，使匈奴元气大伤，丧失南下威胁汉朝的能力。此后，匈奴逐渐向西北迁徙，出现了“漠南无王庭”的现象，匈奴对汉朝的军事威胁基本上解除了。汉武帝为表彰卫青、霍去病的大功，特加封他们为大司马。

◇德才兼备◇

卫氏一门显赫后，京城中有歌谣说：“生男无喜，生女无怨，独不见卫子夫霸天下。”意思是说，卫皇后使卫氏一门变得显贵。其实不然，在两汉时期，左右朝政的外戚大多是靠裙带关系窃居高位，而卫青、霍去病却是出生入死，浴血奋战，为国家做出了重大贡献。因此，即使后来卫皇后失宠，二人在朝廷的地位也丝毫未受影响。

卫青为人谦让仁和，敬重贤才，从不以势压人。汉武帝希望群臣见大将军行跪拜之礼，汲黯却依然行揖礼，卫青还经常向汲黯讨教国家大事，非常尊重汲黯。

卫青率军与匈奴作战，屡立战功。虽然战功显赫，权倾朝野，但从不结党，更不养士，苏建曾经劝告卫青养士以得到好名声。卫青认为养士会让天子忌讳，而且作为臣子只需要奉法遵职就可以了，何必去养士呢？而骠骑将军霍去病很认同舅舅卫青的这种看法。

▲ 陕西西安卫青墓

公元前 105 年，大司马大将军卫青去世，谥号烈侯。取《谥法》“有功安民曰烈。以武立功。秉德尊业曰烈”之意。汉武帝命人在自己的茂陵东边特地为卫青修建了一座像阴山（匈奴境内的一座山）的坟墓，以象征卫青一生的赫赫战功。

■历史评价 |

卫青是汉武帝时期抗击匈奴的主要将领，是霍去病的舅舅，二人并称“帝国双璧”。卫青从公元前 129 年被封车骑将军开始，共有七次领兵打击匈奴，立下了赫赫战功。卫青揭开了汉匈战争的新篇章，七战七捷，无一败绩，为历代兵家所景仰。

■大事坐标 |

公元前 129 年	任车骑将军，出征上谷迎击匈奴。
公元前 127 年	率大军进攻久为匈奴盘踞的河南地（黄河河套地区）。同年，加封大将军。
公元前 124 年	春，率 3 万骑兵从高阙出发出征匈奴。
公元前 123 年	统率六路大军从定襄出发，北进数百里，出击匈奴。
公元前 119 年	与骠骑将军霍去病各率精锐骑兵 5 万人，分作东西两路，远征漠北。
公元前 105 年	去世。谥号烈侯。

■关系图谱 |

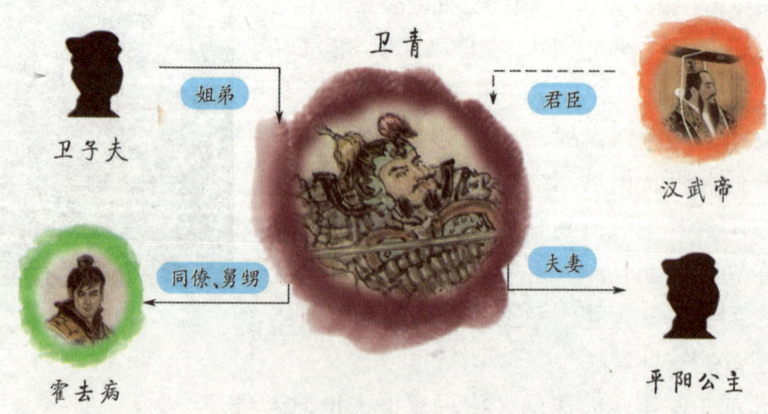

封狼居胥

霍去病

名片春秋

霍去病（公元前140~ 前117），河东郡平阳县（今山西临汾西南）人。西汉武帝时期的杰出军事家，是名将卫青的外甥，任大司马骠骑将军。好骑射，善于长途奔袭。霍去病多次率军与匈奴交战，在他的带领下，汉军将匈奴军杀得节节败退，霍去病也留下了“封狼居胥”的佳话。

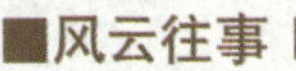

风云往事

霍去病出生的家庭颇具传奇性。他是平阳公主府的女奴卫少儿与平阳县小吏霍仲孺的儿子，这位小吏不敢承认自己跟公主的女奴私通。一个父亲不敢承认的私生子，母亲又是女奴，看起来霍去病永无出头之日，然而奇迹却降临在他身上。

大约在霍去病刚满周岁的时候，他的姨母卫子夫进入了汉武帝的后宫，怀孕后发生了遭馆陶公主绑架且欲杀卫青一事，事情败露后，卫子夫很快被封为夫人，地位仅次于皇后。卫青被任命为建章监，与长兄卫长君一起加官侍中，卫氏家族从此改变了命运——这时候恐怕没有人想到被改变的不仅仅是卫青和霍去

▲ 霍光（？~公元前68），霍去病同父异母的弟弟、汉代重臣

病的命运，还有多年来汉匈之间的攻守易势。

◇漠南之战　横空出世◇

在卫青建功立业的同时，霍去病也渐渐地长大了。在舅舅的影响下，他自幼精于骑射，虽然年少，却不屑于像其他王孙公子那样待在长安城里放纵声色，享受长辈的荫庇。他渴望能够早一些杀敌立功。

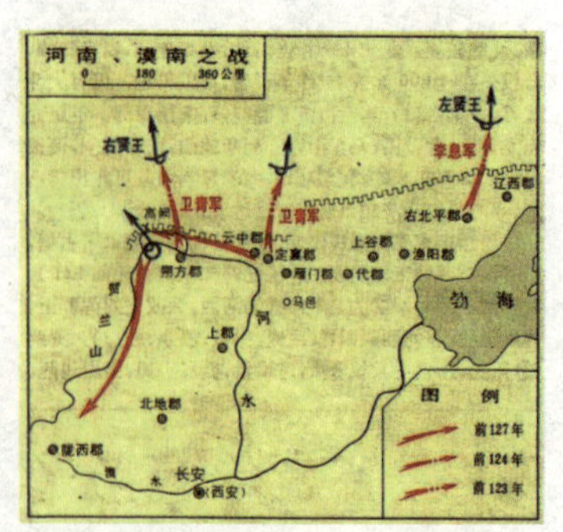

▲ 漠南之战示意图

公元前 123 年，卫青领军第二次出定襄，史称漠南之战。霍去病跟从卫青出征。卫青任命霍去病为骠姚校尉，带领 800 名骑兵，脱离大军在茫茫大漠里奔驰数百里奇袭匈奴，打击匈奴的软肋。此仗霍去病斩敌 2 028 人，杀匈奴单于祖父，俘虏单于的国相及叔叔。霍去病首战告捷，汉代耀眼的一代名将横空出世。

为表彰霍去病的功绩，汉武帝封他为“冠军侯”，赞叹他功冠诸军。特意割穰县的“卢阳乡”和宛县的“临駣聚”地为冠军县，作为霍去病的封地。

◇河西受降　列郡祁连◇

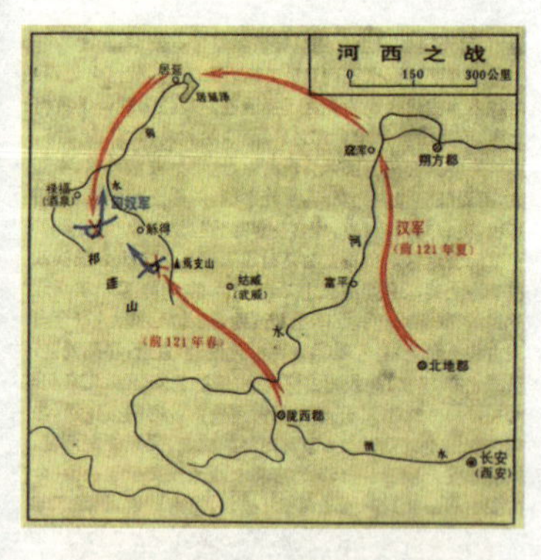

▲ 河西之战示意图

公元前 121 年，汉武帝决定乘胜追击，展开收复河西之战。

此战，霍去病被任命为汉军统帅，而作战多年的老将李广等人只作为他的策应部队。但是，李广所部被匈奴左贤王包围，配合作战的公孙敖——这一常跑大漠的“老马”居然在大漠中迷了路，没有起到应有的助攻作用。霍去病遂再次孤军深入。就在祁连山，霍去病率部斩敌 3 万余人，俘虏匈奴王爷 5 人，匈奴大小阏氏、匈奴王子 59 人，相国、将军、当户、都尉共计 63 人。汉武帝加封霍去病 5 000 户。

经此一战，匈奴被迫退到焉支山北，汉王朝收复了河西平原。

从此，汉军军威大振，而霍去病成了令匈奴人

闻风丧胆的战神。

公元前 121 年秋天的“河西受降”事件，更使霍去病声威大震。

两场河西大战后，匈奴单于想对节节败退的浑邪王狠狠处理一番。消息走漏后，浑邪王和休屠王便想投降汉朝。汉武帝不知匈奴二王投降的真假，遂派霍去病前往黄河边受降。当霍去病率部渡过黄河的时候，匈奴降部中发生了哗变。面对这样的情形，霍去病只带着数名亲兵就冲进了匈奴营中，直面浑邪王，命令他诛杀哗变士卒。此刻，浑邪王完全有机会把霍去病扣为人质或杀之报仇，只要他这样做了，单于不但不会杀他，反而要奖赏他。然而，最终浑邪王放弃了杀掉霍去病的念头，霍去病用其孤身犯险不惧生死的气势镇住了浑邪王。霍去病的气势不但镇住了浑邪王，同时也镇住了 4 万多名匈奴人，哗变没有继续扩大。此战后霍去病被封邑上千户。

▲ 霍去病画像

汉王朝的版图上，从此多了武威、张掖、酒泉、敦煌四郡。河西走廊正式并入汉王朝。

◇饮马瀚海　封狼居胥◇

公元前 119 年，为了彻底消灭匈奴主力，汉武帝发起了规模空前的漠北之战。

这时的霍去病，已经成为汉军的王牌。汉武帝对霍去病无比信任，在策划此战时，原本安排霍去病打单于，结果由于情报错误，这个对局变成了卫青的，而霍去病碰上了左贤王部。

霍去病的巅峰之作便是此战。在深入漠北寻找匈奴主力的过程中，霍去病率部奔袭 2 000 多里，歼敌 7 万多人，俘虏匈奴王爷三人以及将军、相国、当户、都尉 83 人。大约是渴望碰上匈奴单于，霍去

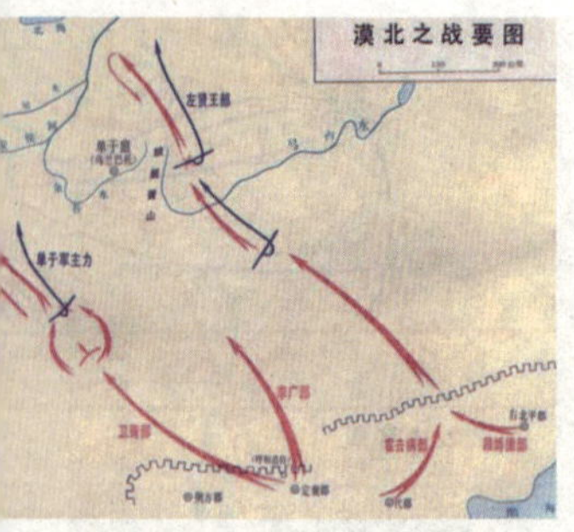

▲ 漠北之战示意图

病一路追杀，来到了今蒙古肯特山一带。霍去病在这里稍作停顿，并率大军进行了祭天地的典礼——祭天封礼于狼居胥山，祭地禅礼于姑衍山。

此后，霍去病继续率军深入追击匈奴，一直打到瀚海（今俄罗斯贝加尔湖），方才回兵。

漠北之战后，“匈奴远遁，漠南无王庭”。汉武帝益封霍去病 5 800 户。

至此，霍去病总封邑户数，《史记》记载 16 100 户，《汉书》记载 17 600 户。

◇英年早逝　名传后世◇

公元前 119 年，汉武帝设置大司马位，大将军卫青、骠骑将军霍去病皆加官为大司马。同时下令，骠骑将军秩禄与大将军相同。秩禄，即俸禄。大司马这一加官称号使得卫青和霍去病有了名正言顺地管理日常的军事行政事务的理由。汉武帝于公元前 139 年罢太尉之位，直到设置大司马位，是加强中央集权的重大举措，大司马除外掌兵政外，更可进入内朝参决政事，秉掌枢机，以代替太尉职权。所以卫、霍二人，不仅仅是汉武帝的军事将领，也是内朝首臣。

霍去病成长起来之后，逐渐代替卫青领军出征。在“无功不得封侯”的汉代，追求军功的将领纷纷离开不再出征的卫青，转投霍去病门下，而且经常得到官爵。有人依此推断卫霍二人感情不好，但从霍去病请立三子封王而维护太子刘据地位可以看出，他和卫青的政治立场是一致的。我们从李敢事件中可以看出，霍去病和卫青亲厚如初。漠北之战一年后，继其父李广之职成为郎中令的李敢因为错怨是卫青导致了父亲的自杀，于是击伤了大将军。霍去病知道后，射杀了李敢，为舅舅报仇。至于那些转

大司马

《周礼·夏官》有大司马，掌邦政。汉承秦制，置丞相、御史大夫、太尉。汉武帝罢太尉置大司马。西汉一朝，常以授掌权的外戚，多与大将军、骠骑将军、车骑将军等联称，也有不兼将军号的。东汉初为三公之一，旋改太尉，东汉末年又别置大司马，位在三公之上。魏晋为上公之一，位在三公之上，第一品。南北朝或置或不置，北朝魏、齐的大司马与大将军并为“二大”，典武事，亦在三公之上。陈但为赠官。明清用作兵部尚书的别称。

投到霍去病门下的人，卫青认为这是人之常情，而是否能加官晋爵，依靠的是当时赏罚分明的军功制度，卫、霍二人并不能决定。

霍去病是霍仲孺的私生子。其父未曾尽过一天当父亲的责任。霍去病长大后，知道了父亲的事，他为父亲置办田宅奴婢，并在领军归来后将同父异母的弟弟霍光带到长安栽培成才。

公元前 117 年，骠骑将军霍去病去世。谥封景桓侯，取义“并武与广地”，彰显其克敌服远、英勇作战、扩充疆土之意。

霍去病的死令汉武帝悲伤不已。他调来铁甲军，列成阵，沿长安一直排到茂陵霍去病墓地。他还下令将霍去病的坟墓修成祁连山的模样，彰显他力克匈奴的奇功。

▲ 陕西兴平霍去病墓

■历史评价 I

霍去病生为奴子，长于绮罗之家，却从来不曾沉溺于富贵豪华，他将国家安危和建功立业放在首位。汉武帝曾经为霍去病修建过一座豪华的府第，霍去病却拒绝收下，说：“匈奴不灭，无以家为？”这短短的 8 个字，言之有物，震撼人心，刻在历朝历代保家卫国将士们的心里。少年将军霍去病并不是完人，他曾经射杀李敢，也曾经御下严峻。然而，他是一位杰出的将领，汉朝士兵都向往成为他的部下，跟随他杀敌立功。他一生 4 次领兵出击匈奴，都以大胜回师，灭敌 11 万，降敌 4 万，开疆拓土，战功比他的舅舅卫青还要卓著。霍去病的墓至今仍然矗立在茂陵旁边，墓前的“马踏匈奴”石像，象征着他为汉朝立下的不朽功勋。

▲ 霍去病石刻雕像

■大事坐标 |

公元前 140 年　出生。
公元前 123 年　跟从卫青出征匈奴。
公元前 121 年　被任命为骠骑将军，独自率领精兵出征匈奴。同年展开收复河西之战。
公元前 119 年　发起了规模空前的漠北之战，被封为大司马。
公元前 117 年　去世。谥封景桓侯。

■关系图谱 |

投笔从戎

班超

■名片春秋 |

班超（公元 32 ～ 102），字仲升，汉族，扶风平陵（今陕西咸阳东北）人，是东汉著名的军事家和外交家。班超是著名史学家班彪的幼子，其长兄班固、妹妹班昭也是著名的史学家。班超为人有大志，不修细节，但内心孝敬恭谨，审察事理。他曾出使西域，为平定西域、促进民族融合做出了巨大贡献。

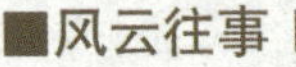

■风云往事 |

班超的父亲班彪、哥哥班固、妹妹班昭，都是很有成就的史学家。班超生活在这样一个被人们誉为“班史”的家庭。然而班超对历史的贡献，不在于承父兄之业，而是他威扬西域，扫除匈奴势力，重开丝绸之路的丰功伟业。

西汉末年至新莽时期，曾纳入中国版图的西域分裂成五十五国，匈奴乘虚而入，控制了这一地区，由此中断了著名的丝绸之路。东汉王朝失去了玉门关、阳关以西大片国土，被迫中断了与西域和中亚各国的交往联系。东汉初期，国力羸弱，无暇西顾。到明帝时，日益强大的帝国已兵马强健，国力雄厚，明帝"欲遵武帝故事，击匈奴，通西域"，班超正是在这样的背景下，走上了历史舞台。

▲ 窦固（？~公元88），东汉大将

◇投笔从戎◇

公元 62 年，班超随母亲和哥哥班固来到洛阳。当时父亲已死多年，家境贫寒，迫于生计，他只得给官府抄书。这差事枯燥、辛苦且薪水低。一天，他在得知匈奴犯边的消息后，把笔一扔，发出誓言，要像西汉张骞、傅介子那样，建功西域，以图封侯，报效国家。他说身为大丈夫，怎么能一直安心于写些文章？同事听到后笑其痴狂，他反唇相讥："你们怎么能知道壮士的志向呢？"

时机终至。公元 72 年，班超跟随同乡、奉车都尉窦固离开洛阳，出击匈奴，于当年冬天到达凉州（今甘肃清水北），开始了他的战斗生涯。这时他已 41 岁，过了不惑之年。

◇建功西域◇

班超是一个指挥得当、善出奇招的军事家。他首次立功，是在公元 73 年以假司马（代理司马）的身份，在窦固大军出酒泉塞时，率偏师（别于主力的部分军队）击伊吾（今新疆哈密），与匈奴大战在蒲类海（今新疆巴里坤湖），斩杀匈奴众多。窦固非常赏识他的勇敢与才能，又让他挑起了出使西域的重担，其目的是要联络、说服西域各属国（附汉并向汉纳贡的边地民族政权）君长摆脱匈奴控制而再次依附汉朝，使丝绸之路得以重新开通，中西交流也恢复如初。

丝绸之路

简称丝路，是指西汉时，由张骞出使西域开辟的以长安（今西安）为起点，经甘肃、新疆，到中亚、西亚，并联结地中海各国的陆上通道。因为由这条路西运的货物中以丝绸制品的影响最大，故得此名（而且有很多丝绸都是从中国运的）。其基本走向定于两汉时期，包括南道、中道、北道三条路线。

这次班超未带军队，只率吏士 36 人为随从。班超首先来到地处丝绸之路南道的鄯善（今新疆若羌）。国王首鼠两端，在接待班超的同时也偷偷接待匈奴使团。这一伎俩很快被班超识破，他以"不

入虎穴，焉得虎子”的气概，用激将、纵火、鸣鼓、夜袭相结合的手段，以仅有的 36 人，全歼匈奴使者 130 多人，迫使鄯善王归附汉朝。班超由此晋升为军司马。在于阗（今新疆和田），国王因受到匈奴使者监护，对班超甚为冷淡。有一当地巫师诡称，天神已被于阗王接待汉使的行为激怒而欲降灾其国，要想免灾，只有杀掉班超的坐骑祭神。班超假意应允，让巫师单独来牵马。巫师到了之后，班超将其杀死并以首级示于阗王。于阗王终于下决心，杀了匈奴监使而降汉。接着，班超又使疏勒（今新疆喀什）内附于汉。

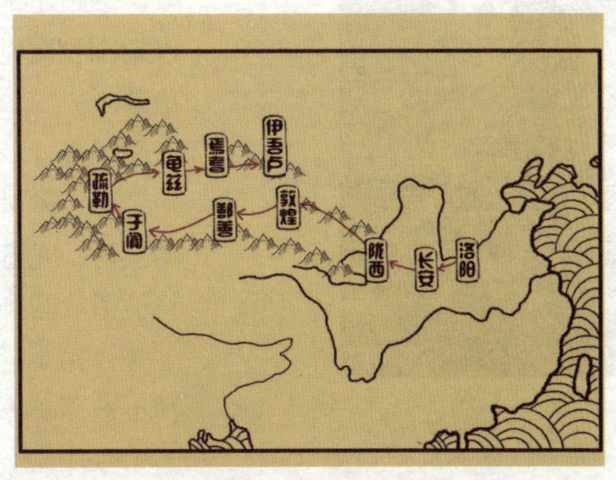

▲ 班超出使西域示意图

公元 75 年，汉明帝卒。匈奴乘东汉国丧之机大举反攻，汉朝又陷于被动。在朝廷无援的不利日子里，班超在西域采用攻守结合的战术，硬是坚持五年之久，站稳了脚跟。公元 80 年和 84 年，汉章帝先后给班超增兵 1 800 余人。班超以此作为基本力量，联合亲汉的诸国军队，开始了反击。公元 87 年，他采用分兵术来分散、调动敌人，以 2.5 万人破敌 5 万，拿下了莎车（今新疆莎车）。公元 90 年，他用坚壁清野的办法，以少胜多，击退了企图染指西域的大月氏（今阿富汗北）兵 7 万。公元 91 年，龟兹（今新疆库车）降，班超被任命为西域都护，这是东汉政府管理西域地区的最高军事行政长官。公元 94 年，班超以 7 万人的绝对优势，攻下焉耆（今新疆焉耆）这一丝绸之路北道的大国。至此，他用 22 年时间使西域 50 余国全部归附于东汉，重新开启了丝绸之路，使中西方的交流通畅无阻。公元 95 年，班超被封为定远侯，食邑千户，终于实现了“立功异域，以取封侯”的理想。

▲ 班超画像

▲ 班超塑像

◇机智灵活◇

班超还是一个机智灵活的外交家。公元 74 年，班超刚到疏勒时，疏勒王并非本国人，是亲匈奴的龟兹所立。该王无道，疏勒人皆怨恨之。班超顺应人心，设计将其抓获，改立疏勒人为王。兵不血刃地换王，疏勒国人大悦。当众人请杀那个被废的疏勒王时，班超为了以情感人，以德服人，力排众议，将他遣放回国。

公元 84 年，当班超第一次进攻莎车时，新疏勒王被莎车人贿买后反叛，班超回兵讨伐。因康居国（今中亚巴尔喀什湖至咸海一带）派兵支援叛军，班超久攻不下，遂送给与康居王有着姻亲关系的大月氏王大量锦帛，让他劝说康居王退了兵。公元 80 年，朝廷给班超增兵后，他想乘机进攻龟兹。当时，乌孙国（今新疆伊犁河至天山一带）是个大国，有“控弦之士”（能拉弓射箭的人）10 万。班超欲借助它的力量进攻龟兹，就上疏汉章帝，请朝廷“遣使招慰，与共合力”。皇帝采纳了这一建议。班超又给乌孙的大小昆弥（王）以下官员送去锦帛，并使人护送乌孙使者回国。

班超最让人称道并永载史册的外交活动是在丝绸之路开通后，公元 97 年派属吏甘英出使大秦（罗马帝国）。甘英一直走到条支国（今伊拉克）海滨，受阻后返回。甘英是中国首次到达波斯湾地区的使者。这次远行虽然没有到达目的地，但他为开辟中西方交流做出了重要贡献。

甘英（生卒年不详），字崇兰，东汉人。曾于公元 97 年奉西域都护班超之命出使大秦（罗马帝国）。他率领使团一行从龟兹（今新疆库车）出发，经条支（今伊拉克境内）、安息（即波斯帕提亚王国，今伊朗境内）诸国，到达了安息西界的西海（今波斯湾）沿岸。这次出使虽未到达大秦，但增进了中国人当时对中亚各国的了解。

◇运筹深远◇

班超也是一个善于审时度势、运筹深远的战略家。班超于公元 80 年给汉章帝的上疏充分体现了

他具有深邃的战略眼光。那时，他已在疏勒孤守五年，“胡夷情数，臣颇识之”。他首先全面分析了西域的形势，指出西域诸国并非铁板一块，它们受匈奴奴役，多数国家是“复愿归附”“莫不向化”的，只要“与诸国联兵”，分而击之，分而治之，就能从根本上解决问题。接着，他提出了“以夷狄攻夷狄”的战略方针。“以夷攻夷”思想,不是班超首创，早在西汉初期，著名政论家晁错就说过“以蛮夷攻蛮夷，中国之形也”。但这一思想最成功实践者非班超莫属。朝廷对班超的军力支援很少。以此区区之兵对彼芸芸之敌，取胜谈何容易！他正是不断地“与诸国联兵”，“以夷攻夷”，才终获成功。上疏中还确定了进攻重点，指出“若得龟兹，则西域未服者百分之一耳”。龟兹是位于丝绸之路北道入口、兵力最多的大国，在北道处于重要的战略地位，但也是东汉最主要的“麻烦制造者”，拿下它，是实施整个战略规划的关键所在。他在上疏的最后提议建立军事行动后勤保障基地，以“田地肥广，草牧饶衍”的疏勒、莎车为依托，这样“兵可不费中国（指中原内地）而粮食自足”。

▲ 新疆喀什东南郊盘橐城班超城内浮雕

在战略实施的具体步骤上，也可以看出班超过人的谋略。第一步，他选择了地处塔里木盆地以南的丝绸之路南道诸国。这里距匈奴中心地较远，便于行动的展开和迂回。第二步，他开拓巩固了以疏勒为中心的根据地。疏勒，地处丝绸之路南道与北道会合后的西端，由此向西可达中亚诸国，向东可达西域诸国直至中原腹地，战略地位之重要不言自明。第三步，将疏勒根据地与南道的人力物力集中，并在匈奴完全控制的塔里木盆地以北的丝路北道与匈奴展开最后决战，夺取全局的胜利。这种先易后难、先简后繁的攻防之略，彰显了他的卓越才华和过人胆识。

▲ 河南洛阳班超墓

◇垂暮归土◇

班超还是一个不忘故土、老而弥坚的恋乡人。班超在西域前后达 31 年。中国西部的苍野荒漠、烽堠边关，既是他立功的战场，也消损了他的健康。正如他的妹妹班昭所言，多年的“胸胁疾”，已将他折磨得“头发无黑，两手不仁，耳目不聪明，扶杖乃能行”。班超不是洛阳人，但在洛阳生活的 11 年中，他记忆中太多、太深的都是东汉帝都的巍峨壮丽、繁华富庶。洛阳已成了他的第二故乡。公元 100 年，班超给和帝上疏，表明了自己落叶归根之情，暮年终于回到故乡。

■历史评价 |

西北方匈奴不断入侵中原，是两汉 400 多年来在边境上一直存在的隐患。如何正确处理这个问题，关系到汉代政治经济的发展和与西域各国的经济文化交流，因此历世统治者甚为看重。班超正是在这种历史条件下出现的一位杰出将领。他以非凡的政治和军事才能，在西域的 31 年中，正确地执行了汉王朝“断匈奴右臂”的政策，自始至终立足于争取多数，分化、瓦解和驱逐匈奴势力，因而战必胜、攻必取。他不仅维护了汉王朝的安全，而且加强了与西域各族的联系，为我国多民族国家的形成、巩固和发展做出了卓越贡献。

■大事坐标 |

公元 32 年	出生。
公元 73 年	随窦固伐北匈奴，为假司马。
公元 91 年	龟兹、姑墨皆降，被汉廷任命为个人西域都护，驻龟兹境。
公元 95 年	封为定远侯。
公元 100 年	以年老上疏请归，获准返回。
公元 102 年	回到洛阳，拜射声校尉，当年去世。

■关系图谱 |

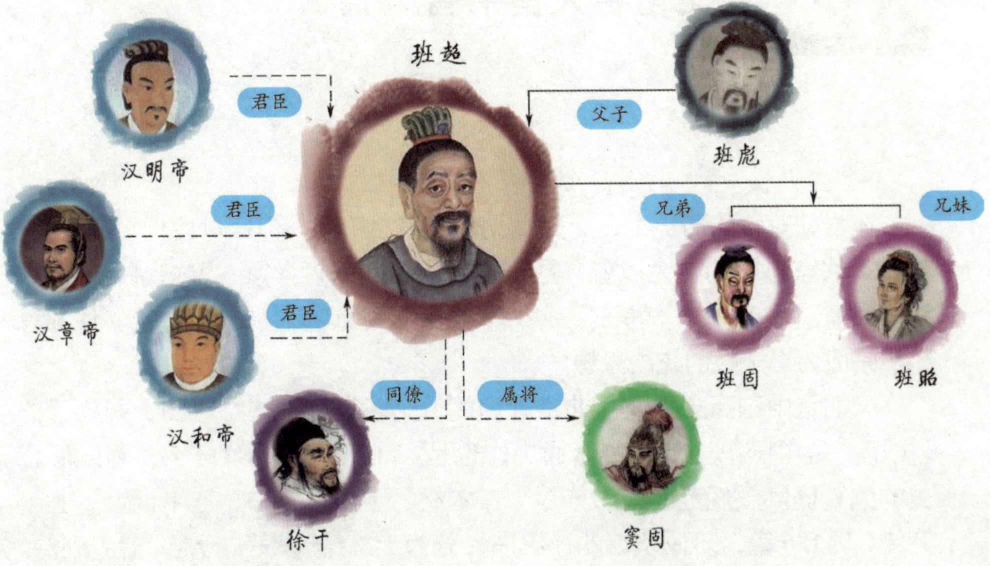

第三编

文化名人留书香

在秦朝短暂的历史中，历史文化名人虽然不多，但却对后世影响很大。韩非是法家思想的集大成者，是中国古代著名的哲学家、思想家、政论家和散文家。后世称其“韩子”或“韩非子”。著作有《韩非子》等。他的思想后来成为秦王政的统治思想。

汉朝是中国历史上文化非常辉煌的一个时期。在史学方面，司马迁的《史记》是中国第一部纪传体通史，也是二十五史中的第一部，为以后正史的编纂提供了规范。全书分为十二本纪、十表、八书、三十世家、七十列传，共130篇。班固所编的《汉书》分为十二纪、八表、十志、七十列传。全书体例仿效《史记》，唯改“书”为“纪”，废“世家”入“列传”，还开创了刑法、五行、地理、天文、艺文四志和《百官公卿表》。《汉书》是中国历史上第一部内容完整的断代史，更是以后历代王朝撰写本朝历史的范本。

汉朝在立国时采用“无为而治”，文景时期以道家黄老思想为主，并辅以儒家和法家思想为指导思想，在强调无为的同时，还注重礼与德的作用，既承认法律的重要性，又坚持约法省简，务在安民。而从汉武帝之后，统治者又确立儒家思想为正统思想，并辅之以法家思想为指导思想，其中心是“德主刑辅”，即先用德礼教化，教化无效再施之以刑罚。这一思想对后世历代王朝的立法影响很大。秦始皇焚书坑儒所毁坏的很多文献书籍，通过汉朝学者的不懈努力和发掘记录也得以重现，包括五经当中的古文尚书，也是这时候发掘整理出来的。汉武帝采纳董仲舒的“罢黜百家，独尊儒术”之后，经学成为学术主流。赋在汉朝是一种新的文学体裁，司马相如的《子虚赋》《上林赋》、张衡的《二京赋》等均为千古传颂的文学名篇。让我们领略一下秦汉文化名人的风采吧。

法家思想集大成者

韩非

■名片春秋 |

韩非（约公元前 280～前 233），战国末期韩国人，为韩国公子（即国君之子）。中国古代著名的哲学家、思想家、政论家和散文家，法家思想的集大成者，后世称其“韩子”或“韩非子”，著有《韩非子》等。

■风云往事 |

◇劝谏韩王　变法图强◇

公元前 453 年，晋国实际上已经被韩、赵、魏三个卿大夫瓜分，从此韩、赵、魏称为三晋。公元前 403 年，周王室正式承认韩、赵、魏三家为诸侯。公元前 376 年，韩、赵、魏三国废掉晋静公，晋国彻底灭亡。韩国开国君主是晋国大夫韩武子的后代，建都于阳翟（今河南禹州）。公元前 375 年，韩哀侯灭郑，迁都郑（今河南新郑）。韩国国势最强的时期是韩昭侯在位时，他用法家的申不害为相，内政修明，韩国成小康之治。由于地处中原，韩国被魏国、齐国、楚国和秦国包围，完全没有发展空间。韩国国土面积是战国七雄之中最小的一个，实力也是战国七雄中最弱

法家

中国历史上提倡以法制为核心思想的重要学派，先秦诸子中对法律最为重视的一派。他们以在法律界及法理学方面做出了卓越贡献而闻名，并提出了一整套的理论和方法。这为后来建立中央集权的秦朝制定各项政策提供了相当有效的理论依据，汉朝继承了秦朝的集权体制以及法律体制，这就是我国古代封建社会的政治与法制主体。

的。到韩非时期，韩国已日渐衰落。

韩非师从儒家大师荀况，但他的思想与荀况却有很大的不同，他没有承袭儒家的思想，却“喜刑名法术之学”（申不害主张君主应用权术而不是刑法来督责臣下，所以申不害的理论称为“术”；商鞅主张君主要用刑法来治理国家，所以商鞅的理论称为“法”。这两种理论统称“刑名”，即“刑名法术之学”），“归本于黄老”（指韩非的理论与黄老之法相似，都不尚繁华，清简无为）。他继承并发展了法家思想，成为战国末年法家思想的集大成者。韩非反对复古，主张因时制宜。韩非根据当时的形势，主张法治，提出重赏、重罚、重农、重战四项政策。

▲ 荀况（约公元前313～前238），战国时期思想家、文学家

韩非目睹韩国日趋衰弱，身为韩国公子的他忧心忡忡，曾多次向韩王安上书进谏，希望韩王安励精图治，变法图强，但韩王安思想保守，昏庸无为，他对韩非的进谏置若罔闻，始终都未采纳。这使韩非非常悲愤和失望。

据说韩非有口吃的毛病，口才较差，韩王安不接受他的建议，除了与韩王安自身的眼光有关系外，也可能与韩非的口语表达能力有关——他缺少的是那种能把国君说动的三寸不烂之舌。但韩非是热爱韩国的，即使他在韩国政坛上碌碌无为的他，也没有像当时的其他人那样去往他国施展自己的才华，而是选择了著书立说。

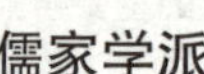

儒家学派

儒家，先秦思想流派之一，以孔子为代表。儒家学说，或称为儒教，是对中国以及东方文明发生过重大影响并持续至今的意识形态。儒家思想以仁为核心，主张礼治，强调伦常关系。

◇著书立说　论法治国◇

韩非注意研究历史，认为历史是不断发展进步的。他认为如果当今之世再去赞美尧、舜、汤、武的治国方法，肯定会遭到世人耻笑。因此他主张因时制宜，根据当今的实际情况来制定政策，实行变法革新。他的历史观为当时统治者的改革变法提供了理论根据。

在人性论上，他吸收了其老师荀况的“性本恶”

理论，认为民众的本性是“恶劳而好逸”，要以法来约束民众，施刑于民，才能把犯罪行为扼杀于萌芽之中。因此他认为施刑法恰恰是爱民的表现。他的严刑峻法理论后来成为秦朝残暴统治的理论基础。容易让人忽视的是，韩非主张减轻人民的徭役和赋税。他认为严重的徭役和赋税不仅不利于君王统治，反而会让百姓强大起来，所以秦朝对老百姓征收苛捐杂税与韩非的理论无关。

韩非继承和总结了战国时期的法家思想和实践，提出了君主专制中央集权的理论。他主张将法、术、势相结合，建立一个君主专制的中央集权国家。他认为，法律是处理国家政事的根本，权术是君主控制群臣的工具，势力是君主的政权、威势，即权威。法、术、势三者不可分离，势是法和术的前提，法是臣子必须遵守的，术是君主时刻不能离开的。

对于君主，他主张“事在四方，要在中央；圣人执要，四方来效”，意思是国家的大权要集中在君主（“圣人”）一人手里，君主要想有效治理天下就必须有权有势。

韩非的哲学思想主要反映在《解老》《喻老》两篇中。韩非借解释道家《老子》一书，对《老子》哲学体系的核心“道”，进行了唯物主义的改造，赋予其客观物质性的内容。韩非第一次提出了“理”的概念范畴。他认为“道”是世界万物的总规律，“理”是区别各种事物的特殊规律。“道”是“理”的依据，“理”是“道”的体现。各种事物客观存在的原

唯物主义

唯物主义是一种哲学思想。这种哲学思想认为在意识与物质之间，物质决定意识，意识是客观世界在人脑中的反映。也就是说“物质第一性、精神第二性，世界的本原是物质，意识是物质的产物和反映”。

▲ 有权有势的君主晋武帝司马炎

因，都是由它的特殊规律即“理”决定的，而各种事物的特殊规律即“理”又必然受到总规律即“道”的支配。各种特殊规律即“理”的总和，就构成了总规律的“道”。

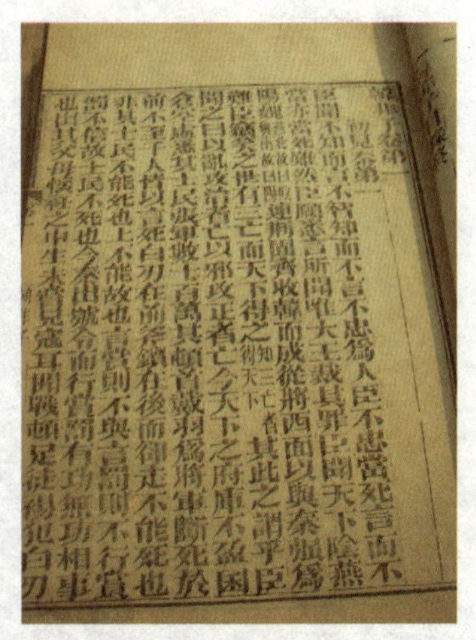

▲《韩非子·初见秦》书影

韩非的朴素辩证法思想也比较突出，他首先提出了矛盾学说，用矛和盾的寓言故事，说明“不可陷之盾与无不陷之矛不可同世而立”的道理。虽然韩非的主观意图是说明法治与礼治的根本对立，着意批判儒家宣扬的礼治思想，为法治战胜礼治制造理论根据，但它确实客观地揭示了当时儒法两种思想根本对立的现实。当然，韩非的矛盾学说也有过分强调对立，把斗争绝对化的倾向，这也是不能忽视的。韩非对矛盾的转化条件也作了辩证的解释。如国家的强弱，他认为关键是实不实行法治。“国无常强，无常弱。奉法者强则国强，奉法者弱则国弱”。他还以水火为例，说明矛盾转化的条件性。水本来能够克火，但若把水盛在锅里，火就可以反过来克水，把水烧干，这是因为条件不同的缘故。

韩非的思想经过后人整理，被收集在《韩非子》一书中。值得一提的是，《韩非子》中记载了大量脍炙人口的寓言故事，最著名的有“自相矛盾”“守株待兔”“讳疾忌医”“滥竽充数”“老马识途”“画鬼最易”等。这些

▲ 滥竽充数

蕴含着深隽的哲理的生动的寓言故事，将思想性与艺术性完美结合，给人们以智慧的启迪，具有较高的文学价值。

◇入秦宣法　君主专制◇

韩非在政治上不得志，便退而著书，写出了《孤愤》《五蠹》《内外储》《说林》《说难》等著作，洋洋洒洒 10 万余言。韩非的书在一次偶然的机会传到了秦国，被秦王政看到了。秦王政读了韩非的文章，极为赞赏。公元前 233 年，秦国出兵 30 万攻打韩国，韩王安不知秦王政为何无缘无故地这般来势汹汹，待秦使来说明只要派韩非出使秦国，秦国就退兵，韩王安才明白其中缘由：不就是想要韩非吗？为了韩非，大动干戈，有必要吗？不过，30 万大军着实把韩王安吓得不轻。事实证明，韩非之于秦王政、秦国和即将到来的崭新时代有多重要。有人认为，韩非的理论不仅作为秦王政的治国方略付诸统一实践而大获成功，而且由此主宰了中国整个封建时代王朝和政权的更迭与运行。在中国整个封建君主时代，严格说来，只有两位圣人，一位是孔子，另一位则是韩非。中国封建社会的统治思想明为儒家思想，实为外儒内法，二者相辅相成。儒家思想的三纲五常被历代君主所尊崇；而韩非的法治思想及其整套君主专制的政治策略则与其相辅相成，且更有利于封建专制时代的政权巩固和独裁统治。只是君主帝王们一贯在暗地里运用和操作韩非的思想理论，不似孔子道德文章那般张扬与彰显。其实他们大多都从韩非那里得到了实际、实用、实质的权术，实在、实惠、实效的好处，只是他们都心照不宣，只做不说罢了。

韩非到了秦国以后，故国情结很重，他一心维护韩国，他在秦国上的唯一一篇奏折是

韩非出使秦国

韩王安毫不怜惜、毫不犹豫地就派了韩非出使秦国。戏剧性的一幕是，这边一确定韩非出使秦国，那边 30 万秦兵立即如潮水般退去，就连韩非自己也觉得这个秦王政如此兴师动众，用这种大肆铺张的方式迎他入秦，未免太夸张了。

三纲五常

三纲指君为臣纲，父为子纲，夫为妻纲，它反映了封建社会中君臣、父子、夫妇之间一种特殊的道德关系。五常即仁、义、礼、智、信，是用以调整规范君臣、父子、兄弟、夫妇、朋友等人伦关系的行为准则。

《存韩》。每当大臣们讨论先进攻哪个国家的时候，韩非总是为韩国辩护，他主张首先进攻赵国，这与秦国的高官李斯背道而驰，李斯极力主张首先进攻韩国。韩非对韩国的态度让李斯恼火，也让秦王政心里很不爽。所以秦王政一直没有重用韩非。

于是，和在韩国一样，韩非主要做的还是著书立说。

李斯与韩非曾是同学，老师是在战国时期与孟子齐名的荀子，所不同的是孟子主张人性是善的，荀子却认为人性是恶的，应人为地使之向善。可是既然人性是恶的，善的原动力何在呢？这些问题非常难解。韩非、李斯把荀子的思想向极端方向发展，形成了自己的政治思想。

◇陷入内斗　身死秦国◇

韩非来到秦国后，其实秦王政还是很重视他的。另外，还有一个人在暗地里对韩非的到来也给予了密切的重视和关注，那就是李斯。李斯知道，虽然均是师承荀况，但是韩非的思想、文采、人格、学识、才华都在他之上，这一切都无形中对他构成了潜在的威胁和实际的影响。

▲ 李斯和韩非

李斯从来都不会放过任何机会，在他得知秦王政还没有决定重用韩非的消息后，就开始算计韩非了。韩非是一个不懂得变通的人，在做人方面有一些缺陷，不像儒家学者，会调和人际关系。不只韩非，法家的代表人物也多是如此。比如商鞅，虽然为秦国的强大立下了汗马功劳，但最终被车裂而死；再比如吴起，他有功于楚国，最后却被楚国的贵族用箭射杀。

李斯对韩非不满意，一部分原因是嫉妒韩非，另一部分是韩非不够尊重李斯，在政见上与李斯不合。

后来，姚贾来到秦国，为秦国效力，破坏了赵、燕、齐、楚四国联盟，并使韩国处于危机之

中。为了维护韩国，韩非弹劾了姚贾，从而又得罪了一个狠角色，这为他后来被逼服毒自杀埋下了伏笔。与李斯争论，主要是因为两人政见不合；而与姚贾交恶，弹劾姚贾，则含有人身攻击的成分，比如说人家出身微贱，说人家曾犯盗窃，说人家被赵国驱逐过，说人家拿公家的财物贿赂诸侯，着实有些不厚道。故后来韩非被姚贾反咬一口，也就有些咎由自取了。

姚贾在秦王政面前大肆诋毁韩非。无非是说韩非是韩国贵族出身，韩非终究还是会替韩国效命，不会替秦国出力的，这是人之常情。大王把他留在秦国，就等于给自己留下后患，不如给他定个罪名，把他杀掉。就这么简单，秦王政竟相信了姚贾的毫无根据临时编造的鬼话，将韩非下狱囚禁，不久李斯的毒酒也就端了过来。

不过，秦王政很快就后悔了，急忙派人赦免韩非，但为时已晚，韩非已死。

■历史影响

韩非的主张，为结束诸侯割据，建立统一的中央集权封建国家，提供了理论依据。秦始皇统一中国后采取的许多政治措施，就是韩非理论的实践和发展。

■大事坐标

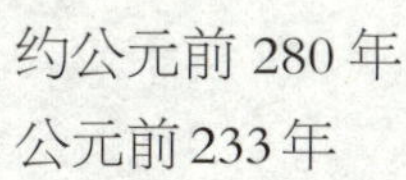

约公元前 280 年	出生。
公元前 233 年	出使秦国。为李斯、姚贾陷害入狱，被迫服毒自杀。

■关系图谱

滑稽多智

东方朔

■名片春秋 |

东方朔（公元前154 ~ 前93），字曼倩，平原厌次（今山东惠民东，一说山东陵县东北）人。西汉著名辞赋家、政治家。汉武帝即位，征四方士人。东方朔上书自荐，诏拜为郎。后任常侍郎、太中大夫等职。他曾言政治得失，性格诙谐，言辞敏捷，滑稽多智，常在武帝前谈笑取乐，得武帝赏识。但武帝始终把他当俳优看待，没有得到重用。于是他写《答客难》《非有先生论》，以陈志向和抒发自己的不满。东方朔一生著述甚丰，后人汇为《东方太中集》。

■风云往事 |

◇上书三千片　自荐汉武帝◇

武帝登基不久，便征召天下贤良方正和有文学才能的人。各地士人、儒生纷纷上书应聘。著名的诙谐大师东方朔也在其中。在自我推荐书中，他说："我东方朔少年时就失去了父母，长大成人全都依靠兄嫂的扶养。我13岁才读书，勤学刻苦，三个冬天读的文史书籍已够用 了。15岁学击剑，16岁学

《诗》《书》

分别指的是四书五经中的《诗经》和《尚书》。

《诗》《书》，读了22万字。19岁学孙吴兵法和战阵的摆布，懂得各种兵器的用法以及作战时士兵进退的钲鼓。这方面的书也读了22万字，总共44万字。我钦佩子路的豪言。如今我已22岁，身高九尺三寸。双目炯炯有神，像明亮的珠子，牙齿洁白整齐得像编排的贝壳，勇敢像孟贲，敏捷像庆忌，廉俭像鲍叔，信义像尾生。这样的我，应该够得上做天子的大臣吧。臣朔冒了死罪，再拜向上奏告。”

在众多自荐书中，像东方朔这样往自己脸上贴金的还是头一份，自然得到武帝的关注。但武帝也不会那么傻，命令他待诏在公车署中，比规规矩矩应付的公孙弘、主父偃等要差一个档次，俸禄也菲薄得多，而且未能拜见天颜。

东方朔对公车令的微薄俸禄，和一直未见天颜甚是不满。为了让汉武帝尽快召见自己，他故意吓唬给皇帝养马的几个侏儒：“皇帝说你们这些人既不能种田，又不能打仗，更没有治国安邦的才华，对国家毫无益处，因此打算杀掉你们。你们还不赶快去向皇帝求情。”侏儒们大为惶恐，哭着向汉武帝求饶。汉武帝问明原委，即召来东方朔责问。静待时机的东方朔终于能够面见皇帝。他风趣地说：“我是不得已才这样做的。侏儒身高三尺，我高九尺（约两米），所挣俸禄却一样多，总不能撑死他们而饿死小臣吧！圣上如果不愿意重用我，就干脆放我回家，我不愿再白白耗费京城的白米。”东方朔诙谐风趣的语言，逗得汉武帝捧腹大笑，遂任命他待诏金马门，不久又擢为侍郎，侍从左右。

◇性格诙谐　滑稽多智◇

有一天，正是三伏，汉武帝下诏赏赐侍从官肉，但主持分肉的御膳总管天很晚了也没有来。东方朔

▲ 东方朔画像

东方朔自荐书（节选）

臣朔少失父母，长养兄嫂。年十三学书，三冬文史足用。十五学击剑。十六学《诗》、《书》，诵二十二万言。十九学孙吴兵法，战阵之具，钲鼓之教，亦诵二十二万言。凡臣朔固已诵四十四万言。又常服子路之言。臣朔年二十二，长九尺三寸，目若悬珠，齿若编贝，勇若孟贲，捷若庆忌，廉若鲍叔，信若尾生。若此，可以为天子大臣矣。臣朔昧死再拜以闻。

▲ 明吴伟《东方朔偷桃图》

传说汉武帝寿辰之日，宫殿前一只黑鸟从天而降，武帝不知其名。东方朔回答说："此为西王母的坐骑'青鸾'，王母即将前来为帝祝寿。"果然，顷刻间，西王母携七枚仙桃飘然而至。西王母除自留两枚仙桃外，余五枚献与武帝。帝食后欲留核种植。西王母言："此桃三千年一生实，中原地薄，种之不生。"又指东方朔道："他曾三次偷食我的仙桃。"据此，始有东方朔偷桃之说。东方朔并以长命一万八千岁以上而被奉为寿星。

拔出宝剑对他的同僚们说："伏天热，肉容易坏，应当早点将肉拿回家去，请你们赶快接受赏赐吧。"说完，用剑砍块肉拿着走了。主管分肉的御膳总管向皇帝告状，皇帝责问。东方朔来了后，汉武帝问："昨天我赏赐给你们肉，为什么不等着总管去分，反而自己割一块拿走？"东方朔摘下帽子表示敬意。汉武帝说："你起来，自己责备自己吧。"东方朔再次拜谢，说："朔来朔来，东方朔来，受赏赐不等待分，怎么是无礼呢？拔出宝剑割肉是何等豪壮的义举啊！没有多割肉，又是何等廉洁啊！回到家中交给妻子，又是何等的仁爱啊！"汉武帝笑着说："本来是让先生自己责备自己，你反而自己夸奖自己了啊！"汉武帝说完，又赏赐给东方朔酒一石，肉百斤，让他拿回家中交给妻子。

汉武帝好大喜功，也喜欢臣下歌功颂德。一天，汉武帝问东方朔："先生以为朕是一位什么样的君主呢？"东方朔回答说："圣上功盖三皇，德过五帝，使众多贤人都来辅佐您。譬如周公、邵公都来做丞相，孔丘来做御史大夫，姜子牙来做大将军……"东方朔一口气将古代32个治世能臣都说成了汉武帝的大臣。他语带讽刺，但又装出一副滑稽相，使汉武帝欲恨不能，破涕为笑，笑恨之余又确实感到自己不如圣王。

有关东方朔的传说还有很多，其中比较有趣的还有"君山不死酒"的故事。据说君山上有美酒，喝了就可以不死。武帝派人去求，后被东方朔偷喝一空。武帝大怒，下令推出斩首。东方朔就说："假如酒灵验，陛下杀我，我也不死；要是不灵验，这酒有什么用呢？"武帝思索片刻，便笑着饶了他。

◇直言不讳　敢于进谏◇

东方朔因滑稽多智，很快就得到汉武帝的宠

幸。东方朔利用接近皇帝的机会，屡屡向汉武帝谏诤国政。

公元前 138 年，汉武帝为了田猎游乐，拟划出关中方圆百里的良田，建造规模宏大的林苑。朝中众臣大多迎合帝意，表示赞同，东方朔却据理力谏："听说谦虚谨慎，天将降福，骄傲奢侈，天将降灾。现在圣上嫌宫殿不高大，苑林不宽广，要建上林苑。试想，关中一带，土地肥美，物产丰饶，国家赖以太平，小民赖以富足。划地为苑，将上乏国家，下亏小民；为建造虎鹿乐园而毁人坟墓，拆人房屋，将使小民无家可归，伤心流泪，怨恨朝廷。昔殷纣王建九市而诸侯叛乱，楚灵王造章华台而楚民离心，秦始皇修阿房宫而天下大乱。前事之鉴，不可不察。"汉武帝虽不愿停修上林苑，但十分欣赏东方朔的胆识和忠诚。下诏赐给黄金百斤，并授予太中大夫给事中的官衔。

▲ 山东陵县东方朔塑像

◇辞赋大家　著述丰富◇

东方朔聪明机敏，很有才情。他关心政事，热衷仕进，常直言进谏，但武帝始终将他当作俳优一类的弄臣而不予重用，因此他内心忧愤，越发放诞，嬉笑怒骂，玩世不恭，被视为狂人。东方朔写的赋便映射出了他的内心世界。他写的《答客难》中说："东周时期，天下相争，未有雌雄，得士者昌，失士者亡，所以各诸侯尊崇士人，无所不及；如今天下已定，四夷宾服，士人又何足轻重哉。""尊之则为将，卑之则为虏；抗之则在青云之上，抑之则在深泉之下；用之则为虎，不用则为鼠。"这些话道破东方朔的内心世界，让我们看到在其滑稽的外表下，仍心怀远大抱负，却苦于不能施展。东方朔一生著述甚丰，写有《答客难》《非有先生论》《封泰山》《责和氏璧》《试子诗》等，后人汇为《东方太中集》,收入《汉魏六朝百三家集》中。

▲ 山东陵县东方朔墓

■历史评价 |

东方朔擅长辞赋，其作品丰富且文采优美，在古代文学史上占有一定地位。同时，他又在政治上有所作为。他上书自荐，诏拜为郎，性格诙谐，滑稽多智，司马迁在《史记》中称他为“滑稽之雄”，得到武帝赏识，任常侍郎、太中大夫等职。在任期间，他多次利用接近汉武帝的机会，直言进谏，语言敏捷，是汉武帝时期一位较有个性的人物。但武帝始终把他当俳优看待，没有重用他，使其远大抱负不能施展，他在狂放的外表下透出一丝不得志的伤感之情。

■大事坐标 |

公元前 154 年	生于平原厌次。
公元前 140 年	上书自荐，被汉武帝命为待诏公车。
公元前 138 年	为上林苑事进谏。
公元前 110 年	作《答客难》。
公元前 93 年	去世。

■关系图谱 |

汉赋大师

司马相如

■名片春秋 |

司马相如（约公元前179 ~ 前118），字长卿，蜀郡成都（今四川成都）人，西汉大辞赋家。小时名犬子，好读书，喜击剑。因仰慕战国蔺相如的为人，改名司马相如。其代表作品有《子虚赋》《上林赋》等。文章辞藻富丽，结构宏大，代表了汉代辞赋的最高成就。他是汉赋的代表作家，后人称其为“赋圣”。鲁迅就曾评述汉武帝时的文人，说作赋莫若司马相如。他与卓文君私奔的故事也广为流传。

▲ 卓文君（公元前175~前121），汉朝才女

■风云往事 |

◇琴挑文君　文君夜奔◇

汉景帝时，司马相如担任郎官，但由于其服侍的汉景帝并不喜欢辞赋，令司马相如备感英雄无用武之地。后来梁孝王刘武入京朝见，司马相如才得以结交邹阳、枚乘、庄忌等辞赋家。后来他因病退职，便到梁孝王处充当宾客，与志趣相投的文士共事，就在此时他为梁孝王写了那篇著名的《子虚赋》。

梁孝王去世后，司马相如便离开梁地回到家乡

四川临邛，生活清贫。临邛县令王吉与相如交好，临邛富人卓王孙得知“(县)令有贵客”，便设宴请客结交，相如称病不能前往，王吉亲自相迎，相如只得前去赴宴。卓王孙有女卓文君，新寡，那时也没有什么守节到老的陈腐框框，听说有名客到，不免靠窗户窥视一番。司马相如也早知卓文君貌美，好音乐。于是在酒酣耳热之际，司马相如持琴弹奏一曲《凤求凰》，打动了卓文君。文君不由得为他的气派、风度和才情所吸引，对其产生了敬慕之情。宴毕，相如又通过文君的侍婢向她转达心意。于是文君深夜逃出家门，与相如私奔到了成都。卓王孙大怒，声称女儿违反礼教，便将她逐出家门未给分文。

▲ 司马相如琴挑文君图

司马相如的家境穷困不堪，家徒四壁。卓文君在成都住了些时日，对司马相如说：“其实你只要跟我到临邛去，向我的同族兄弟们借些钱，我们就可以设法维持生活了。”司马相如听了她的话，便跟她一起到了临邛。他们把车马卖掉做本钱，开了一家酒店。夫妻两人虽衣履粗布，却过得十分自得。

女儿所为令卓王孙感到羞耻。他的弟兄和长辈都劝他说：“你只有一子二女，又不缺少钱财。如今文君已经委身于司马相如，司马相如一时不愿到外面去求官，虽然家境清寒，但毕竟是个人才，文君的终身总算有了依托。而且，司马相如还是我们县令的贵客，你怎么可以叫他如此难堪呢？”卓王孙也相信相如日后必有成就不再追究，派遣仆人送

▲《上林赋》与《子虚赋》

《谕巴蜀檄》（节选）

告巴、蜀太守：蛮夷自擅，不讨之日久矣，时侵犯边境，劳士大夫。陛下即位，存抚天下，集安中国，然后兴师出兵，北征匈奴，单于怖骇，交臂受事，屈膝请和。康居西域，重译纳贡，稽首来享。移师东指，闽越相诛；右吊番禺，太子入朝。南夷之君，西僰之长，常效贡职，不敢惰怠，延颈举踵，喁喁然，皆乡风慕义，欲为臣妾，道裏辽远，山川阻深，不能自致。

百万铜钱与相如。于是，卓文君和司马相如双双回到成都，购买田地住宅，过着富足的生活。

◇偶得赏识　新开仕途◇

汉武帝是偏爱辞赋之人，他即位后，有一次看到《子虚赋》，非常喜欢，以为是古人之作，叹息自己不能和作者同时代。当时侍奉刘彻的狗监（主管皇帝的猎犬）杨得意是蜀人，便对刘彻说："此赋是我的同乡司马相如所作。"刘彻惊喜之余，马上召司马相如进京。司马相如向武帝表示说："《子虚赋》写的只是诸侯王打猎的事，算不了什么，请允许我再作一篇天子打猎的赋。"于是挥笔写就一赋，这就是与《子虚赋》相接的《上林赋》，不仅内容可以相衔接，文字辞藻也更华美壮丽。《上林赋》恰得汉武帝喜欢，便赐相如郎官一职。

公元前135年，相如为官多年，功绩显著，深得武帝亲信，正逢唐蒙受命掠取和开通夜郎及其西面的僰中，征发巴蜀二郡的官吏士卒上千人，征调陆路及水上的运输人员一万多人。唐蒙又用战时法规杀了当地人的首领，巴蜀百姓大为震惊恐惧。皇帝听到这种情况，就派相如去责备唐蒙，趁机告知巴蜀百姓，唐蒙所为并非皇帝的本意。相如发布了《谕巴蜀檄》的公告，并采取恩威并施的手段，收到了良好的效果。

相如出使完毕，回京向汉武帝汇报并回答汉武帝的咨询，汉武帝任命相如为中郎将，再次出使西南地区，将遥远的部落划归大汉疆域。此时的相如是皇帝直接派出的专员，到蜀地，太守以下都到郊外迎接，县令则背负着弓箭在前面开路，蜀人都以此为荣。卓王孙大涨面子，高兴之余，重新分割财产，便把一份丰厚的财物给了文君，使其与儿子所分均等。这次的司马相如，略定西南夷，邛、筰、冉、駹、斯榆的君长都请求成为汉王朝的臣子，为汉王

朝的扩疆做出了历史性的贡献。相如还京报告皇帝，皇帝特别高兴。他的一篇《难蜀父老》以解答问题的形式，阐明了和少数民族相处的道理，其文苍劲优美，说理透彻，成功地说服了众人，使少数民族与汉廷合作，为开发西南边疆做出了贡献。可惜好景不长，有人告发他接受贿赂，遂遭免官。后又被重新起用，仍为郎官。

封禅（shàn）

封为“祭天”，禅为“祭地”，是指中国古代帝王在太平盛世或天降祥瑞之时祭祀天地的大型典礼。

◇因病免官　上言封禅◇

司马相如因病免官，家住茂陵。才德之人必受大用，一天汉武帝想起这位得意文臣，吩咐说：“司马相如病得很厉害，可派人去把他的书全部取回来；如果不这样做,以后就散失了。”故派所忠前往茂陵。而当所忠到达时，相如已经死去，家中没有书。所忠询问相如之妻卓文君，她回答说：“长卿本来不曾有书。他时时写书，别人就时时取走，因而家中总是空空的。长卿还没死的时候，写过一卷书，他说如有使者来取书，就把它献上。再没有别的书了。”他留下来的即《言封禅事》。所忠把书进献给天子，天子惊异其书。此书上写的是有关封禅的事，论述了汉武帝时期的丰功伟绩，认为其功德不逊于先王，举行封禅典礼以示皇帝的崇高无上地位，迫在眉睫。汉武帝看后，甚为感激和陶醉。司马相如死后五年，汉武帝始祭后土，八年后封禅于泰山。

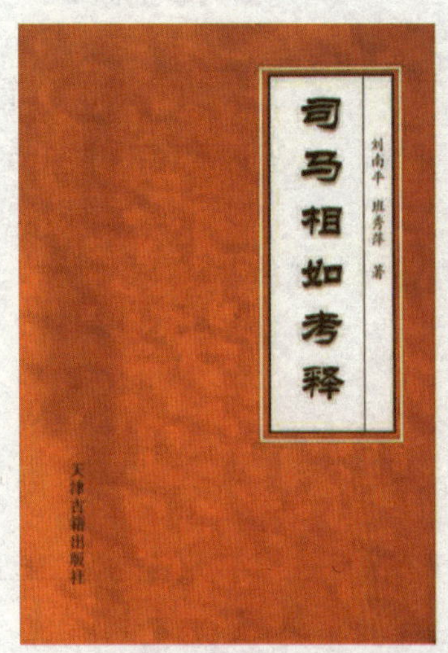

▲《司马相如考释》封面

◇“犬子”由来◇

相如本不是其真名，“犬子”本是司马相如的乳名。就像“二毛”“小胖”之类，难登大雅之堂。他长大后，也觉得名字不好听，加上又仰慕蔺相如的为人，自己便更名为相如。

“犬子”之称，其实并无小名之意，只是司马相如的父母为了小儿好养活，便特意选一个低贱的字词为之命名，以远离鬼魅，并无他意。但因为司马相如长大后自己改了名字，“犬子”才成了小名。

随着司马相如的成名，其乳名也广泛传知。自此而后，因为司马相如有文化影响，人们谦称自家儿郎，便纷纷使用“犬子”一词，争相仿效，附庸风雅，竟一时蔚然成风，传至今日，成为中国人的日常用语。

■历史评价 |

司马相如是汉代著名的文学家，是公认的汉赋代表作家和赋论大师。他的赋结构宏伟，富丽堂皇，绘声绘色。现存《子虚赋》《天子游猎赋》《大人赋》《长门赋》《美人赋》《哀秦二世赋》6 篇。两千多年来司马相如在文学史上一直享有崇高的声望，并对中国文学产生了深远的影响。两汉作家，绝大多数对他十分佩服，其中最有代表性的是历史学家司马迁。在整部《史记》中，专为文学家立传的只有两篇：一篇是《屈原贾生列传》，另一篇就是《司马相如列传》，并且在《司马相如列传》中，全文收录了他的 3 篇赋、4 篇散文。由此，也可看出司马相如在太史公心目中的重要地位。

■大事坐标 |

约公元前 179 年　生于蜀郡成都。
公元前 135 年　被派去云南之地责备唐蒙。
公元前 118 年　去世。

■关系图谱 |

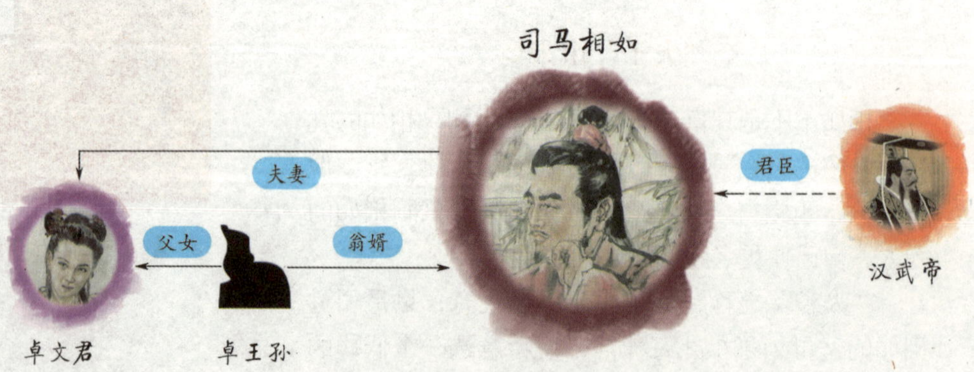

一代大儒

董仲舒

■名片春秋 |

董仲舒(公元前179～前104),信都广川(今河北景县西南)人。汉代儒学大师、哲学家、政治家、教育家。董仲舒以《公羊春秋》为依据，杂糅阴阳五行，发挥阐扬先儒思想，建立新的思想体系。公元前134年，汉武帝下诏征求治国方略。董仲舒上奏“天人三策”,阐扬“天人感应”“君权神授”“天谴论”和“罢黜百家，独尊儒术”等思想。这些思想为汉武帝所重视和采纳，使儒学成为汉代的官方统治哲学，开创并奠定了汉儒思想的基础。他的著作汇集于《春秋繁露》一书。

风云往事 |

◇韬光养晦　待时而出◇

《春秋》是孔子依据鲁史编写的一部政治史。孔子晚年借著作史书褒贬历史的方法来寄托自己的政治理想和伦理观念。为避免政治迫害，孔子常用隐晦的语言著述，而将微言大义口授给弟子。孔子死后，弟子各以所闻辗转传授,于是逐渐形成不同的《春秋》师说。公羊春秋即为其中一说。

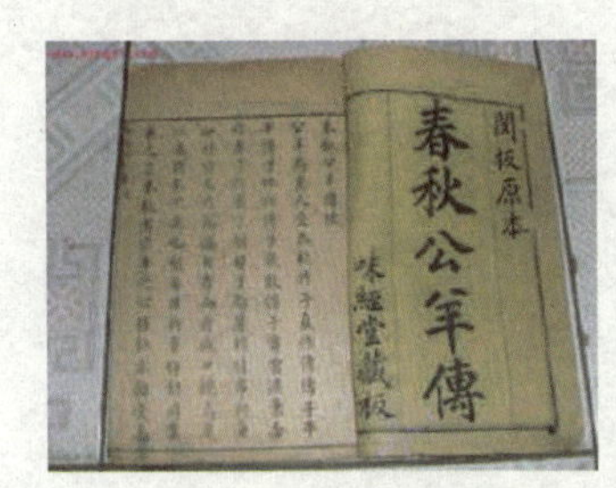

▲《春秋公羊传》书影

董仲舒对《春秋》公羊学研究颇深，对其大明于汉世，卓有贡献。但由于文景之时多重视黄老之学，提倡“无为而治”，大儒并没有受到重用。汉武帝即位初期受到窦太后的制约，窦太后也好黄老之学，董仲

孝文窦太后（？~公元前135），传说名为窦漪房，是西汉时期汉文帝刘恒的皇后，汉景帝的母亲。后世评价她是中华帝国最后一位拥附“黄老思想”的统治者。

舒不仅难以儒业得幸，而且还受到窦太后的处罚。董仲舒在此期间，一方面广招生徒，私相传授，为汉朝培养了一批推行儒学的人才；另一方面，他又细致地观察时局，潜心地钻研百家学说，特别是汉初以来一直占统治地位的黄老之学，构建了一个兼容诸子百家的新儒学体系，以适应西汉社会大一统的局面。董仲舒在待价而沽，应时而出。

◇上奏武帝“天人三策”◇

汉代经过“文景之治”后，国家富足，人民安居乐业。但文景之时提倡的黄老无为之学，也让诸侯骄恣，豪强坐大，匈奴不断寇边，暗藏社会危机。公元前141年，汉武帝即位。他一改文景时代无为的施政方针，对各方面意欲改革，但在其即位初期，由于受到窦太后的制约，许多政策并未得到实施。公元前135年五月，窦太后死，汉武帝真正获得独立处理国家大事的权力，开始加强中央集权。儒学开始真正走向复兴。

▲ 董仲舒塑像

公元前134年，汉武帝亲自召见董仲舒，征求治国方略。董仲舒上奏“天人三策”，得到汉武帝的赏识，也为儒家成为封建社会的统治思想奠定了基础。

董仲舒在“天人三策”中主要阐释了“天人感应”“君权神授”“天谴论”“罢黜百家，独尊儒术”和“三纲五常”等思想。董仲舒认为帝王受命于“天”，帝王应秉承“天意”而统治天下，故称“天子”。帝王因此有绝对的统治权威，人民应该无条件地服从帝王。君主也应集威德大权于一身，绝不可分权。同时天和人同类相通，相互感应。国家治理不好，上天就会制造各种灾难来谴责、警告世人。“君权神授”在一定程度上对君主起到了制约、鞭策的作用。董仲舒希望汉武帝坚持天道，在不变的天道之下，让君臣、父子、夫妇、兄弟之间遵守严格有序的上下尊卑关系，以保持永恒的封建秩序。他还提出利用儒家思想维持封建统治秩

序，实现思想统一。

董仲舒十分重视教育。他认为，国家要想长治久安，就必须重视儒家的“礼乐教化”，不能滥用私刑。君主要教化百姓，就要在国都设立太学，作为“教化之本”。董仲舒要求汉武帝不但要“求贤”，而且更重要的是要“养士”。要兴太学，重选举。汉武帝听取了董仲舒的三项建议，先后采取了立五经博士、开设太学和确立察举制三项措施。

▲ 汉代讲学画像砖

◇仕途平淡　辞官著书◇

董仲舒受到汉武帝的赏识，开启他的仕途之路。公元前 134 年始，董仲舒任江都易王刘非国相 10 年；公元前 125 年，任胶西王刘端国相，但其仕官生涯并无多少政绩可言。之所以如此，与其性格有很大关系。

▲ 太学

董仲舒不善阿谀奉承，为人清廉正直，与当时的另一大儒公孙弘形成鲜明对比。公孙弘除了在学术上有所修养外，还善于迎合取荣。董仲舒对此曾批评公孙弘的阿谀奉承，遭到公孙弘的报复。恰严厉的胶西王那里缺相，公孙弘就建议汉武帝，只有董仲舒适合去当胶西相。所幸，胶西王刘端也知道董仲舒是位非同寻常的大儒，不是一般的俗吏，对他颇为照顾。但董仲舒深知此地为是非之地，不宜久居。于是很快以生病为借口，匆匆辞官归去。董仲舒回家后，日以修学著书为事。朝廷里如有大事要议论，也常遣使者前来征询意见。公元前 104 年，董仲舒病于在家中。他的著作汇集于《春秋繁露》一书。

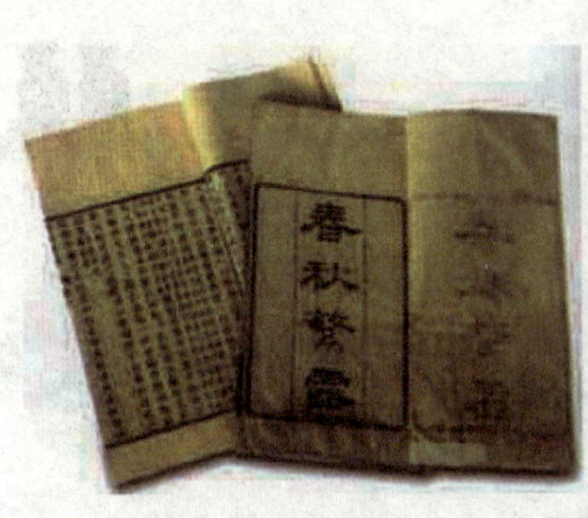

▲《春秋繁露》书影

■历史评价 |

董仲舒的思想以儒家学说为基础，并引入阴阳五行理论，形成崭新的思想体系。董仲舒以“天人感应”的神学思想宣称帝王受命于天，秉承天意而统治天下，因此称为“天子”。按此，帝王自然就具有绝对的统治权威，这是汉武帝最需要的精神武器。董仲舒从天人关系出发，又根据“阳尊阴卑”的思想，建立一套“三纲五常”的伦理学。董仲舒还建议统一学术、统一思想，直截了当地提出了“大一统”的政治思想，为维护封建帝王的绝对统治服务。

儒家思想是西汉皇朝总结历史经验，经历了几十年的选择，最终固定下来的官方哲学，对巩固其统治秩序与维护大一统的局面起了积极的作用。董仲舒不仅是正宗神学的奠基者，也是著名的经学家。他在新的历史条件下复兴被扼杀达百余年之久的儒家文化，是一位承前启后、继往开来的思想家，为以后的封建统治者提供了专制统治的思想理论基础。

■大事坐标 |

公元前 179 年　出生。
公元前 134 年　上奏“天人三策”。任江都易王刘非国相。
公元前 125 年　任胶西王刘端国相。
公元前 121 年　以病辞官归家，家徙茂陵。
公元前 104 年　病死于家中。

■关系图谱 |

史家绝唱

司马迁

■名片春秋 |

司马迁（约公元前145 ~？），字子长，夏阳（今陕西韩城西南）人。西汉史学家、文学家。他参与制订的《太初历》，为其后中国两千年的农耕社会奠定了历法基础。他撰写的《太史公书》，又称《史记》，被认为是中国史书的典范，因此被后世尊称为史迁、太史公。至今韩城人仍有每逢节日就祭拜司马迁的习俗。

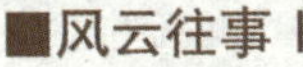

■风云往事 |

相传司马迁的祖先自唐虞至周朝，都是世代相传的史官。其父司马谈曾担任汉武帝时期太史令一职。史官世家的浓厚风气，影响了司马迁的一生。他不负众望，不仅完成了父亲的遗志，更是青史留名，为后人留下了一阕彪炳千古的史家绝唱——《史记》。

◇读书游历◇

司马迁出生于夏阳（今陕西韩城西南）。那里不仅有气势雄浑的山河名胜，还蕴含着丰富悠久的历

太史令

也称太史。官职名，传夏代末已有此职。西周、春秋时太史掌记载史事、编写史书、起草文书，兼管国家典籍和天文历法等。秦汉时称太史令，掌天时星历等。

史文化。少年时代的司马迁，就是在这样美丽壮阔的自然环境中成长起来的。他随家人耕种放牧，对民间生活有一定的体验，又饱览故乡名胜，有机会听到许多历史传说故事，渐渐形成了勤学深思的好习惯。再加上父亲司马谈博学多识，他从小就受到良好的文化熏陶，打下了坚实的古文基础。

▲ 汉长安城遗址

10 岁时，司马迁跟随父亲迁居到京师长安。那时的长安城，正是人文荟萃、繁荣兴盛的大都邑。于是，司马迁既可以向有名的儒学大家伏生、孔安国、董仲舒学习，又在长安城中交游际遇，丰富了见闻，结识了形形色色的社会人物。同时，因为司马家族世代为史官，可以接触丰富的国家典籍，司马迁广泛阅读了皇家图书馆石室金匮里的宝贵典藏。他涉猎广泛，但并不意味着浮光掠影式地浏览，司马迁以其求知求实的心态，对这些文献认真鉴别，比较异同，常有非同寻常的收获。读其书，识其人，知人而论世。司马迁产生了为著者立传的强烈冲动，他相信，过往的历史、逝去的人物，通过书籍语言的传承，定会重视生动鲜活的风采。

丰富的读书经验与宽泛的阅读交游面，极大地拓展了司马迁的视野和胸怀，他广泛涉猎，博采诸家，以开放求实的心态孜孜不倦地学习着，探寻着。这时的司马迁正逐渐成长为一个见识广博、文采飞扬、意气风发的少年郎。

▲ 孔安国（约公元前156~前74），孔子第11代孙

古谚说："读万卷书，行万里路。"司马迁正是这句话的极佳实践者。爱读书的他，并没有把自己局限于此。事实上，他热爱游历名山大川，热爱探访奇人异事，热爱追寻历史真迹，是一个生动鲜活、健康自然的读书人。

大约 20 岁时，司马迁便已游览了很多地方。他南游江淮地区，去过会稽（今浙江绍兴）探访大禹

遗迹，到过长沙水滨凭吊屈原，在楚地参观过春申君的宫殿，到汉朝发迹的丰沛之地，参观过萧何、曹参等人的故居，听老人们讲述楚汉相争时的逸闻轶事。他还跋涉汶水、泗水流域，瞻仰孔子遗风，途经孟尝君故乡薛城时考察民风，探寻史闻。这一路的漫游，每到一地，他都通过当地知晓旧事的老人、遗留民间的碑刻及传闻，收获了许多古籍中觅不到的真实史料，这也为《史记》所撰写提供了大量历史材料。

入仕之后，司马迁获得更多机会外出游览。司马迁曾奉命出使西南，远至昆明。后来还随汉武帝东巡至海，西抵崆峒（今甘肃平凉），北达边塞，登上秦长城，在广阔的地域上留下了自己的足迹。这种长途游历，既使司马迁直接感受到各地民风的差异，深化了对过往历史的认知，同时，拓展了视野，为《史记》的写作奠定了基础。

▲ 司马迁著书图

◇父危受命◇

司马迁的家族，早于虞夏之际就世代为史官。其父司马谈更是有着自觉的史家意识，把修史作为自己的神圣使命，认为自己有责任来整理天下的遗文古事，记载帝王圣贤的言行，展现海内一统的盛世气象。

可惜的是，公元前 110 年，汉武帝前往泰山举行规模空前的封禅大典，司马谈却因病滞留洛阳无法参加，壮志未酬而与世长辞。临终前，他拉着司马迁的手泣不成声，既遗憾于自己无缘参加封禅大典，更为修史未成一事而抱憾终生。他嘱托司马迁，一定不要辜负先辈的荣耀，不要忘了修史的天职。生死诀别之际，司马迁俯首流涕，郑重地答应父亲自己定会竭尽全力，完成父亲未竟的事业。

司马谈是汉武帝初期的著名学者，他流传下来的文章是《论六家要旨》。在这篇论文里他概括出阴阳、儒、墨、名、法、道六家，并加以论述。他第一次分析出自春秋战国以来重要的学术流派。也反映出汉武时代以儒家思想为主，兼用阴阳家、法家和道家“黄老”的学说，即所谓“汉家自有制度，本以霸王道杂之”，而并不“纯任德教”的思想。

司马谈是西汉时期的知名学者，博采六家要旨。除却父子情深，他更是司马迁自童年时代起的第一位榜样。司马迁深厚的古文功底、博览群书的胸怀气度、对历史的天然兴趣和缘始察终的不竭动力，无不受益于父亲的言传身教。可以想见，父亲壮志未酬，其临终嘱托会在司马迁心中留下多么深刻的印记，激励他克服困难、发愤著史。自所谓“虎父无犬子”。

▲ 李陵（？~公元前74），西汉将领

◇忍辱著史◇

父亲逝世 3 年后，司马迁继任太史令，利用皇家图书馆石室金匮的便利资源，继续筹备《史记》的写作。出身于史官世家的深厚积淀、长期以来父子两代的扎实准备，再加上司马迁本人的卓识远见，使得这项浩大的个人著史工程最终启动。

正当司马迁倾心于《史记》的创作之时，一场意外的灾难降临了。公元前 97 年，“飞将军”李广的孙子李陵主动请缨出击匈奴，不幸兵败被俘。司马迁站在客观公正的立场上，为李陵说了几句公道话，却触怒了汉武帝。事实上，朝廷上下虽然心知李陵罪不至死，却无人敢为李陵辩护，更无人敢为司马迁求情。因为李陵兵败的最大责任者，是毫无将才的李广利，而李广利正是汉武帝宠妃李夫人的哥哥。责任的终由是汉武帝任人唯亲。

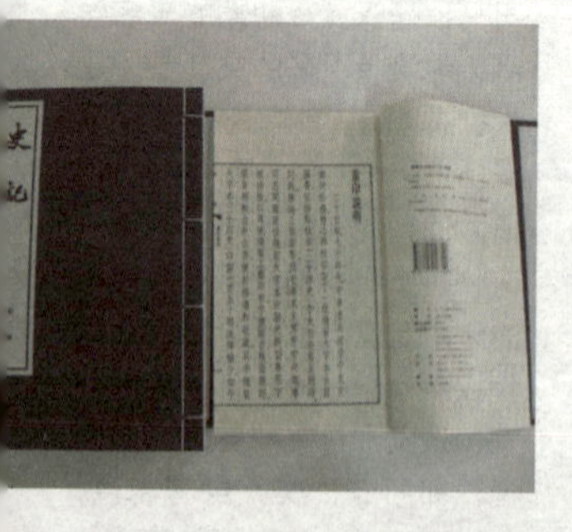

▲《史记》

司马迁的仗义执言，不仅没有得到汉武帝的理解，反而使汉武帝觉得颜面失尽，震怒不已，不仅斩了李陵全家，更将司马迁投入牢狱，判处死刑。当时法律规定，死刑可以通过两种方式减免，赎钱 50 万或者屈辱地接受腐刑。司马迁不过是一个官职六百石的太史令，根本没有足够的钱财赎身。可悲的是，慑于当时皇帝的暴怒与皇亲的威势，亲朋好

友里竟也没有一人敢借钱帮助司马迁赎身。

铁骨铮铮、正义秉直、满腹经纶、才华卓绝的司马迁，不得不接受腐刑这样一种践踏尊严、摧残形体的残忍方式继续活下去。唯一支撑他的是父亲的遗愿和自己未竟的志业。他也想过一死了之，但那样就可以解脱了吗？“人固有一死，或重于泰山，或轻于鸿毛。”所受的困难更加坚定了他的决心。出狱后，面对周围人的白眼与嗤笑，司马迁忍辱含垢，淡漠仕途，排除万难，更加坚定执着地写作《史记》。

从公元前 108 年被封为太史令后开始准备写作，到公元前 91 年完成，可以说《史记》是司马迁一生心血的寄托。他以一人之力，经过艰苦卓绝的不懈努力，并忍受了肉体和精神上的巨大屈辱，成就了这部不朽的著作。

▲ 陕西韩城芝川南司马迁墓地与司马迁祠

纪传体通史巨著《史记》由本纪、表、书、世家、列传五种体例相互补充而成，在设计上颇具匠心，展示了波澜壮阔的时代风貌。其中，本纪按照帝王世代的顺序，记叙了各朝的兴衰终始；表排列了帝王侯国间的大事；书是有关经济、文化、天文、历法等方面的专门论述；世家主要是贵族之家的历史；列传则是不同阶层、不同类型的人物传记。司马迁文笔卓越，识见广博，《史记》一书更是兼具历史回顾的壮阔感和文学阅读的美感，折服了历代无数读者。

▲ 司马迁塑像

■历史评价 |

后世对司马迁的评价极高，有“西汉文章两司马，南阳经济一卧龙”的说法，影响力可于司马相如、诸葛亮相媲美。

司马迁更是我国古代伟大的史学家、思想家、文学家。他以其“究天人之际，通古今之变，成一家之言”的史识创作了中国第一部纪传体通史《史记》，被公认为是中国史书的典范。该书记载了从上古传说中的黄帝时期到汉武帝长达 3 000 多年的历史，是“二十五史”之首，被鲁迅誉为“史家之绝唱，无韵之离骚”。他本人也被尊称为“史迁”“太史公”，成为中国古代史学家中的经典人物。

■大事坐标 |

约公元前 145 年	出生。
公元前 118 年	入仕，任郎中。
公元前 110 年	司马迁接受父亲遗命。
公元前 108 年	继承父职，任太史令，筹备《史记》。
公元前 104 年	参与制订《太初历》。
公元前 99 年	李陵兵败，司马迁为之辩护。
公元前 97 年	入狱，受腐刑。
公元前 96 年	出狱，任中书令，致力于写作《史记》。
公元前 91 年	完成《史记》。

■关系图谱 |

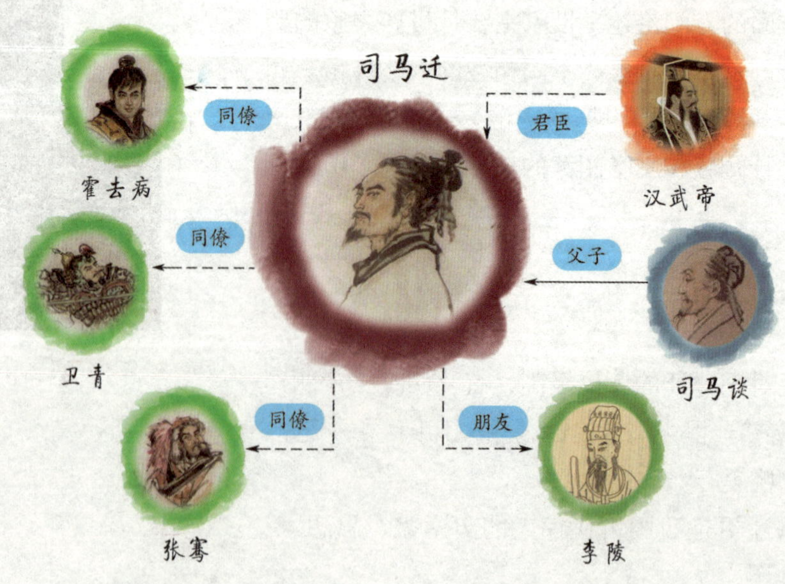

倡古文经

刘向、刘歆父子

▲ 刘向像

■名片春秋 |

刘向（约公元前77 ~ 前6），沛郡（今江苏沛县）人。原名刘更生，字子政，西汉经学家、目录学家、文学家。楚元王刘交第4世孙。汉宣帝时，为谏大夫。汉元帝时，任宗正一职。因为反对宦官弘恭、石显入狱，后被释放。后又因此入狱，免为庶人。汉成帝即位后，得到任用，被任命为光禄大夫，改名为“向”，官至中垒校尉。所撰《别录》，为我国最早的图书分类目录。著《春秋穀梁传》《九叹》等辞赋33篇，大多亡佚。今存《新序》《说苑》《列女传》等书。

刘歆（约公元前50 ~ 公元23），字子骏，西汉后期著名学者、刘向之子。公元前6年改名刘秀。他不仅在儒学上很有造诣，而且在目录校勘学、天文历法学、史学、诗歌等方面都堪称大家。刘歆的著作大多已亡散，仅《移书太常博士》保存于《汉书·刘歆传》中，《七略》基本保存于《汉书·艺文志》中，《三统历》在《汉书·律历志》中也尚存梗概。此外，《尔雅注》《钟律书》等书均佚失。明代人曾辑有《刘子骏集》。

▲ 刘歆像

■风云往事|

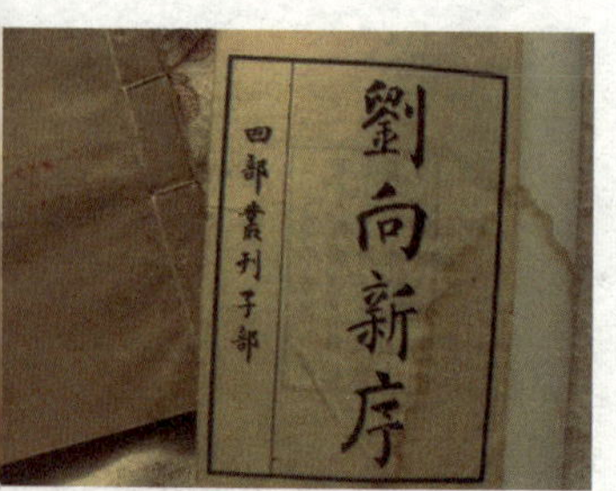

▲《新序》

◇宦官弄权 著书伤叹◇

刘向年轻时曾误信《淮南子》中的炼金之术，还向汉宣帝献术。汉宣帝命其炼金，结果不成。于是刘向被人弹劾有欺君之罪，下狱当死。他的父亲上书为他辩解，活活急死。幸好他的哥哥把家内封地的一半献给朝廷为他赎罪，才得以免死。后来汉宣帝爱惜他的才华，命他研究《春秋谷梁传》，又命他为皇室子弟讲授“五经”，并被任命为郎中给事黄门（宫中行走的专员）。后又任散骑谏大夫给事中。到汉元帝时升为散骑宗正给事中（宗人府代理主管），和太傅萧望之、少傅周堪、侍中金敞，四人同心辅政。那时外戚在外放纵，而宫中又被宦官弘恭、石显弄权，加之汉元帝为人懦弱，四人对此十分担忧。

刘向与萧望之、周堪等同谋弹劾弘恭、石显，却被对方先发制人，周堪、刘向入狱，萧望之被免官。幸亏后来地震，元帝感悟天象有异样，才恢复刘向、周堪等人的官职。但弘恭、石显等宦官仍手握大权，于是刘向暗地里指使他的外亲上书，建议皇帝远离小人，重视贤人。被弘恭、石显发现后，刘向被免为庶人。刘向只好以在野之身，通过著书聊以自慰。

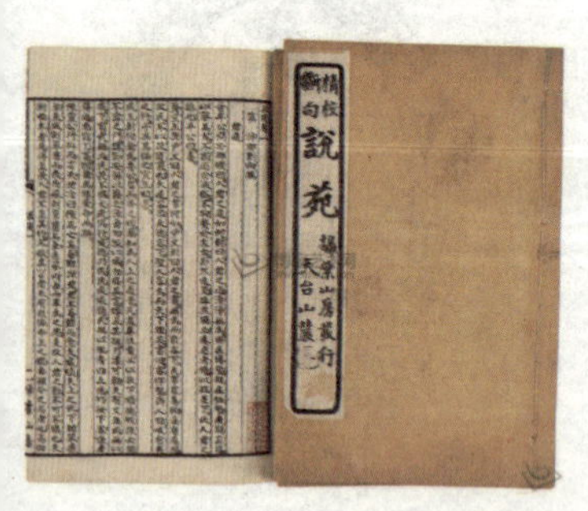

▲《说苑》

◇成也王莽 败也王莽◇

刘歆是西汉皇室宗亲，其父亲刘向是当时的知名学者，博通经史，在天文学方面，造诣也很深，曾在朝廷中做过官。刘歆生长在这样一个学术气氛浓厚的书香门第，自幼便开始读书，其非凡的才华逐渐显露出来。少年时代，他已精通《诗经》《尚书》等当时被认为是最古老、最经典的书籍。汉成帝听

说刘歆小小年纪就学识渊博，特意召见他，让他做黄门郎。这是刘歆走上天文学研究的第一步。

公元前 28 至前 25 年，皇帝令刘歆与其父一同负责整理校订国家收藏的书籍，这使刘歆有机会接触到当时皇家的各种稀见之书。刘歆坐拥这些皇室典藏，如饥似渴地钻研起来。公元前 6 年，刘歆的父亲刘向去世，皇帝任命刘歆为中垒校尉，统领校书工作，以完成他父亲的未竟之业。

在长期校理国家书籍的过程中，刘歆接触到大批外人无法看到的古文经籍，从而对古文经学产生了浓厚的研究兴趣，做显出了空前未有的成绩。但在西汉时期，由于今文经学的盛行，今文博士很看不起古文经学，拒绝刘歆设立古文经博士的建议。汉成帝死后，汉哀帝继位，西汉王朝的统治权逐渐落入外戚王莽手中。刘歆曾与王莽共过事，二人关系十分密切。王莽就推举他做了侍中太中大夫，此后又逐渐升其为骑都尉奉车光禄大夫，刘歆成为显赫的人物。王莽自比周公，号“安汉公”，追封周公和孔子的后代，追谥孔子曰“褒成宣尼公”，重用刘歆，提倡古文经学，推动了古文经学的发展。但这时倡导古文经学，已经丧失了学术意义，它成为王莽政治阴谋的一部分。王莽篡汉建立“新”朝后，刘歆成为国师，号“嘉新公”。王莽改制时，始称《周官》为《周礼》，根据《周礼》而采取了一系列措施。同样，古文经学也被应用于朝制中，建置《周官经》博士，也就无学术价值可言。刘歆陷入政治漩涡后，又想极力挣脱。他谋诛王莽，事泄自杀。

▲ 刘向《列女传》。刘向不满于赵飞燕姐妹把汉宫弄得体制荡然，作《列女传》进献给汉成帝，希望起到劝诫作用

古文经学

经学中研究古文经籍的学术流派。与“今文经学”相对。古文经，指秦始皇统一中国以前的儒家经书。秦始皇焚书期间，民间儒生将一些古文经书埋藏起来，至汉代前期，才被相继发现。如汉景帝时，河间献王以重金在民间征集所得古文经书，以及汉武帝时，鲁恭王从孔子故宅壁间所发现的古文经籍。

◇编目典范　传世古文◇

经过 20 多年的努力，刘向、刘歆父子圆满地完成了中国历史上第一次由政府组织的大规模图书整理编目工作。在这次校理群书的工作中，他们创造

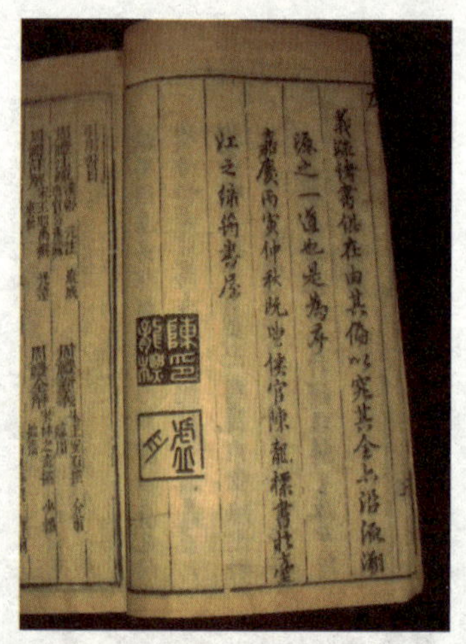

▲《七略》书影

出一整套科学的方法。为了对书籍的篇章文字等进行校正和勘定，他们首先兼备众本，广搜异本；然后选定篇目，去除重复；再后纠理错简，校对文字；最后勘定书名，誊清新本，总共整理出图书 33 090 卷，收藏于天禄阁、石渠阁，并建立了第一个国家图书馆，为先秦古籍的流传及图书由官府收藏走向民间的普及做出了重大贡献。这一举措让更多民间图书收为官府。

刘歆在其父刘向编纂《别录》的基础上进一步加工，编成了一部综合性的图书分类目录——《七略》，这也是中国第一部图书分类目录，具有极高的学术价值。《七略》计 7 卷，《辑略》为全书的叙录，其余 6 卷有《六艺略》《诸子略》《诗赋略》《兵书略》《术数略》《方技略》。它将著录的图书分为 6 个大类、38 种、596 篇，13 269 卷。《七略》对每种每类都加小序，说明其学术源流、类别含义等，不仅对当时的学术发展有很大的推动作用，而且对后世的目录学更有着深远的影响，成为中国目录书的典范。

刘歆在经学史上的首要贡献是发现了一批晚出先秦经书，使之免于佚失。由于刘歆的倡导宣扬，使这批古文经书为社会和世人广泛得知，遂转相传习不辍，尤其是《周礼》《左传》《毛诗》等传流至今，成为经学的重要文献。

刘歆在经学史上的第二个贡献是开辟了以文字和历史解经的新方法。为了发扬古文经，刘歆等人重视训诂，不仅凭此以读经，而且根据古文的字体笔意来解经。

刘歆在经学史上的第三个贡献是打破了今文经学对儒学的垄断，开启了古文经学的发展道路。如果说是董仲舒开创了以微言大义说经的今文经学的话，那么重视名物制度的古文经学就是刘歆开其山

《周礼》，儒家经典，西周时期著名政治家、思想家、文学家、军事家周公旦所著。

《左传》原名为《左氏春秋》，汉代改称《春秋左氏传》。旧时相传是春秋末年左丘明为解释孔子的《春秋》而作。

《毛诗》指西汉时鲁国毛亨和赵国毛苌所辑和注的古文《诗》，即现在流行于世的《诗经》。

门了。

■历史评价 |

刘向、刘歆父子，是汉代著名的经学家、目录学家、文学家，他们在图书整理等方面做出了突出贡献，尤其是刘歆在其父刘向编纂的《别录》的基础上编成的《七略》，是我国第一部图书分类目录。刘歆推动了古文经学的兴起，是西汉今文经学的异军，东汉古文经学的宗师。章太炎说“孔子以后的最大人物是刘歆”，顾颉刚则称刘歆为“学术界的大伟人”。

■大事坐标 |

约公元前 77 年	刘向出生。
约公元前 50 年	刘歆出生。
公元前 28 年 ~ 前 25 年	汉武帝令刘歆与其父刘向一同负责整理校订国家收藏的书籍。
公元前 6 年	刘向去世，皇帝任命刘歆为中垒校尉，统领校书工作。刘歆改名刘秀。
公元 9 年	王莽篡汉，推举刘歆做侍中太中大夫。
公元 23 年	刘歆谋诛王莽，事泄自杀。

■关系图谱 |

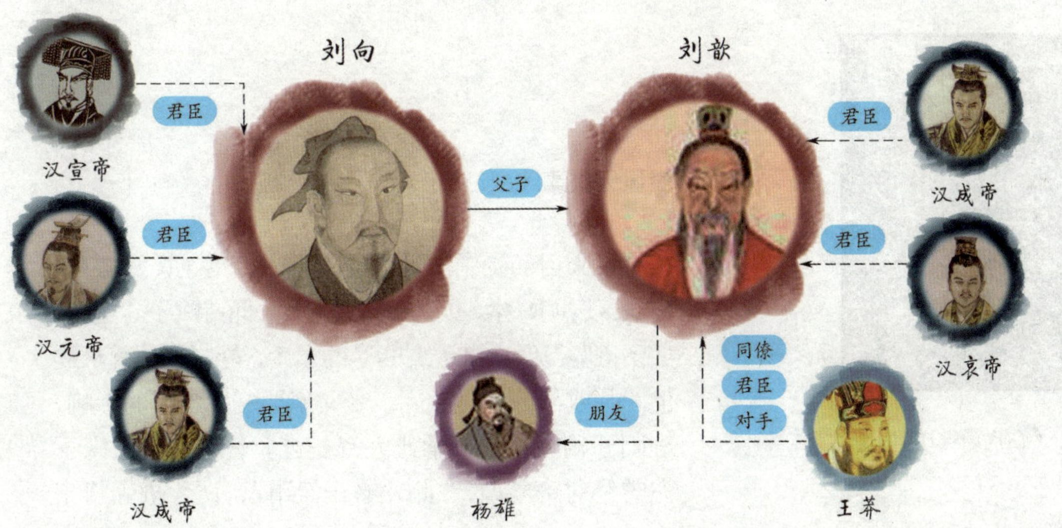

文史大家

班固

■名片春秋 |

班固（公元 32 ~ 92），字孟坚，扶风安陵（今陕西咸阳）人。东汉辞赋家、史学家。年少时，就能写文章，16 岁入洛阳太学。性情宽和谦让，深为儒者钦重。他的父亲班彪是东汉著名学者，曾作《史记后传》65 篇，补写《史记》以后西汉的历史。班彪死后，班固想要补完全书，但有人告发他私改国史，因此被捕入京兆狱。他的弟弟班超上书辩解，才被释放。汉明帝很赞赏班固的才能，召他做兰台令史，后来迁为郎，典校秘书。自明帝永平中奉诏修史，经过多年努力，于公元 82 年基本完成了《汉书》的写作。汉章帝时，班固任玄武司马，纂成《白虎通义》。公元 89 年，班固随大将军窦宪征匈奴，为中护军。窦宪骄横获罪，班固被牵连入狱，死于狱中。

白虎通德論卷第一

臣班　固　纂集

爵

天子者爵稱也爵所以稱天子者何王者父
天母地爲天之子也故援神契曰天覆地載
謂之天子上法斗極鉤命決曰天子爵稱也
帝王之德有優劣所以俱稱天子者何以其
俱命於天而王治五千里內也尚書曰天子
作民父母以爲天下王何以知帝亦稱天子

▲《白虎通德论》书影

■风云往事 |

班固自幼受儒学世家的熏陶，接受了良好教育，自身又聪明好学，9 岁就能写文章、诵诗赋了。当时，父亲班彪已经成了远近闻名的学者，好多人都前来拜他为师或与他探讨学问，受父亲朋友辈学者的影响，班固开阔了眼界，学业大有长进。著名的思想家王充曾经对班彪说，“此儿必记汉事”，认为班固将来

必定会完成撰著汉代历史的重任。

随着年龄的增长，班固开始不满足于儒学世家的家庭教育。为了进一步深造，班固进入洛阳太学学习，在这里，他埋头苦学，贯通各种经书典籍，并结识了崔胭、李育、傅毅等一批同学。由于班固性格宽容随和，平易近人，不因为自己才能出众而骄傲，所以得到了同学及士林的一致称赞。到班彪死时，班固虽然年仅 23 岁，但已具备颇高的文化修养和著述能力。

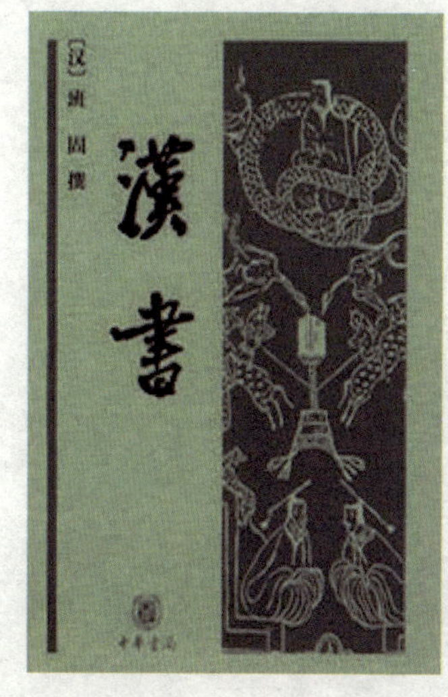

▲《汉书》封面

◇私撰《汉书》◇

父亲去世后家境每况愈下，生计困难，班固只好从京城迁回扶风安陵老家居住。从京城官宦之家一下降到乡里平民的地位，这对上进心很强的班固来说是一个沉重打击。但他毫不气馁，立志继承父亲未尽之业的决心并没有改变。班固认为，父亲已经撰成《史记后传》的部分，内容还不够详备，布局也尚待改进；没有撰成的部分需要续写。于是他在父亲已成《史记后传》的基础上，利用家藏的丰富图书，正式开始《汉书》的撰写。

公元 62 年，正当班固全力以赴地撰写《汉书》之时，有人告发班固"私修国史"。于是，班固被捕，被关进了京兆监狱，书稿也被官府查抄。当时，不仅"私修国史"是被严格禁止的，甚至"国史"一般也不能为个人所拥有。汉元帝时东平王刘宇上书求赐《太史公书》被拒绝之事，即可证明。

杨雄（公元前 53~ 公元 18），字子云，成都人，是继司马相如之后，西汉最著名的辞赋家。代表作品有《长扬赋》《甘泉赋》《羽猎赋》等。

班固被告"私修国史"，身陷囹圄，不知将被如何处置，更为担心的是其母亲和家人的安全。但他明白自己根本没有什么"罪"。他立志著史，不仅是为了继承父亲的遗志，而且也是要继承司马迁、刘向、杨雄以来修史的传统，更是为了宣扬"汉德"。西汉一代 210 余年，有过赫赫功业，也有过许多弊政，其中治乱兴衰，使人慨叹，给人启发，写出一部“汉史”，正是当今学者的责任。何况王莽灭亡至今已40年了，再不及时撰成史书，后人所能获得的史料岂不更少！所以他才拿起笔来，立志完成父亲的未竟事业。不料遭人诬告，如果此番不明不白地被处死，那么父子两代人的心血岂不尽付东流！为此，班固忧愤交加，心痛欲裂。

兰台

汉代宫内藏书之处，以御史中丞掌之，后世因称御史台为“兰台”。

班固的弟弟班超为了营救哥哥，骑上快马，赶到洛阳上书为班固申冤，引起汉明帝对这一案件的重视，特旨召见班超核实情况。班超将父兄两代人几十年修史的辛劳以及宣扬“汉德”的意向全部告诉了汉明帝。这时，扶风郡守也把在班固家中查抄的书稿送至京师。明帝读了书稿，对班固的才华感到惊异，称赞他所写的书稿确是一部奇作，下令立即释放，并加以劝慰。汉明帝赞赏班固的志向，器重他的才能，立即召其到京都皇家校书部供职，拜为兰台令史。

▲汉明帝刘庄（公元28~75），东汉第二任皇帝

◇受诏修史◇

班固最初受任与他人共同编撰东汉光武帝的事迹《世祖本纪》，得到了汉明帝赞扬，被晋升为“郎”官，负责整理校对皇家图书。他继续修撰光武一朝的史事，又撰成东汉功臣、平林、新市起义军和公孙述的事迹，共成列传、载记28篇。

这期间，班固的职务虽低，却使班固得到较为安定的生活，更为重要的是，使他有条件接触并利用皇家丰富的藏书，这就为他日后完成《汉书》提供了重要条件。

班固在撰写光武一朝君臣事迹期间，显露出卓越的才华，得到汉明帝的赏识。汉明帝鉴于班固具有独力修撰汉史的宏愿，也希望通过班固进一步宣扬“汉德”，特下诏，让他继续完成所著史书。班固从私撰《汉书》到受诏修史，是一个重大转折，对《汉

书》的完成是一个有力的推动。从此，班固不仅有了比较稳定的生活，有皇家图书资源可用，而且有了明帝的支持，使他著史的合法性得到确认，从此再也不用担惊受怕了。由于具备了这些条件，班固开始全身心地投入到撰史的事业之中，因此撰史进度加快。

▲ 匈奴士兵画像

◇从窦宪北征匈奴◇

班固“潜精研思”25 年，撰成《汉书》，但由于《汉书》长期未能脱稿，没有产生广泛的社会影响。班固主要是在默默无闻中生活，如果说有一些影响的话，就是曾得到皇帝和部分士人的赏识，然而也不过是做了个兰台令史、校书郎、玄武司马之类的小官。他看到那些才能不如自己的人，纷纷从政，获得进身之阶，风光一时，真有些不甘心。因此，班固也在等待时机，以求建功立业。在当时，建立军功是实现这一愿望的最佳途径，而班氏家族向来有与边疆事务打交道的经验，于是，班固也想通过边境立功，获取功名，以便施展才能。

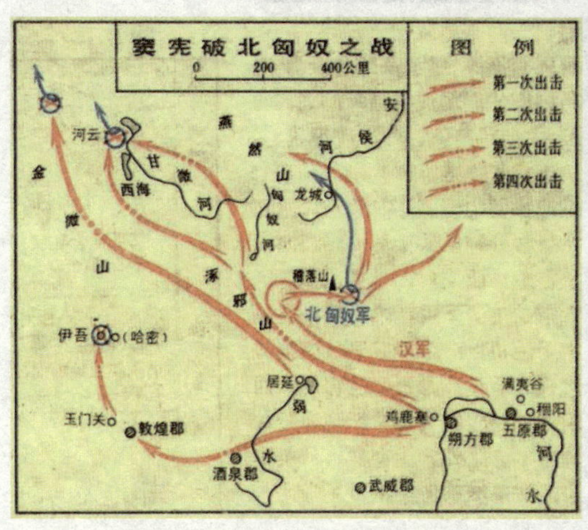

▲ 窦宪北击匈奴示意图

公元 89 年，班固因遭母丧，辞官守孝在家，一时无事可做，当得知窦宪被任命为将军，率大军攻伐匈奴的消息，便决定投附窦宪，随大军去北攻匈奴。

大军从朔方三路北袭，窦宪遣各部将及匈奴左谷蠡王等，率精骑万余，在稽落山（今蒙古达兰札达加德西北）大破北匈奴军队。窦宪与副将等登上远离边塞 3 000 余里的燕然山（蒙古杭爱山脉），由班固撰写《封燕然山铭》文，刻石纪功。班固还撰有《窦将军北征颂》一文，对窦宪北征匈奴大加歌颂。班固算是达成了自己的抱负。公元 91 年，窦宪派部将出兵北击，此后北匈奴向西远徙，解除了匈奴对东汉的威胁。

◇含冤被害◇

▲ 班固雕塑

班固从窦宪北征匈奴以后，进入窦宪幕府。此时的窦宪，因为平匈奴有功，威名大震，心腹众多，官员进退都由他一人决定，朝臣震慑。尚书仆射郑寿、乐恢由于招致他的不满，被迫相继自杀。窦宪一族在京城无法无天，奴仆肆意强夺民财，侵害百姓，抢夺民女。

公元 92 年，窦宪的爪牙邓叠、女婿郭举等阴谋在宫中杀死汉和帝。和帝察觉到他们的阴谋，事先与中常侍郑众定计，将邓叠、郭举等收捕斩首，并将窦宪等人革职，送回封地，窦宪等被迫自杀。班固本来与窦宪案件毫无关系，但在封建社会，一人有罪，株连甚广，班固因与窦宪关系密切而被免职，之后又被冤枉逮入监狱。当时的洛阳县令种兢因为班固的家奴曾经冲撞了他的车骑，而对班固一家怀有私仇。窦宪案发后，种兢借机报复，将班固关进监狱。在狱吏的拷打折磨下，这位对中国文化史做出杰出贡献的人物竟冤死狱中，卒年 61 岁。后来，和帝曾下诏谴责这种公报私仇的恶劣做法，并将害死班固的狱吏处死抵罪。

班固冤死之时，《汉书》还有八表和《天文志》没有写成，汉和帝令班固的妹妹班昭补作，马续协助班昭完成了《天文志》。班昭是“二十五史”中绝无仅有的女作者。

《汉书》包括本纪 12 篇、表 8 篇、志 10 篇、列传 70 篇，共 100 篇，后人划分为 120 卷。范围远至刘邦元年，近至王莽地皇四年。

马续（生卒年不详），字季刚，是马融的哥哥。幼时聪明好学，博览群书，还擅长《九章算术》。公元 93 年，班固著《汉书》未成而死于狱中，皇帝命马续补写了《天文志》。

■历史评价 |

班固编纂的《汉书》开创了我国断代纪传表志体史书，奠定了修正史的体例。《汉书》尤以史料丰富、

闻见博洽著称。《汉书》的语言庄严工整，多用排偶、古字古词，遣词造句典雅远奥，与《史记》平畅的口语化文字形成了鲜明的对照。中国纪史的方式自《汉书》以后，历代都仿照它的体例，纂修了纪传体的断代史。《汉书》是我国第一部断代史，为后世封建王朝官修正史的楷模。班固也是东汉时期最著名的辞赋家之一，著有《两都赋》《答宾戏》等。班固的作品，无论是史学还是文学著作，都体现了他浓厚的忠于皇室的正统思想。

■大事坐标丨

公元 32 年	出生。
约公元 47 年	入洛阳太学，博览群书。
公元 54 年	其父班彪卒，自太学返回乡里为父亲服丧，其间开始编写《汉书》。
公元 62 年	被人向朝廷上书告发班固“私修国史”。
公元 78 年	升为玄武司马。
公元 79 年	撰集《白虎通义》。
公元 89 年	大将军窦宪奉旨远征匈奴，被任为中护军随行，参与谋议。
公元 92 年	因窦宪在政争中失败自杀，被罗织罪名，死于狱中。

■关系图谱丨

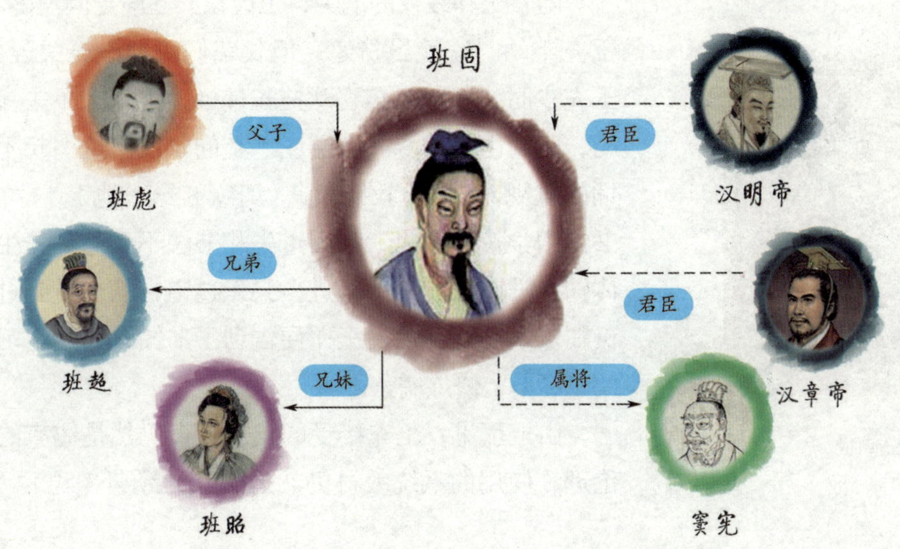

思想大儒

王充

■名片春秋 |

王充（公元 27 ～ 约 97），字仲任，会稽上虞人（今浙江绍兴）。王充 10 岁时，父亲去世，就成了孤儿。乡里人都称赞他孝顺。后来往京城，到太学（中央最高学府）里学习，拜扶风（地名）人班彪为师。《论衡》是王充的代表作品，也是中国历史上一部不朽的无神论著作。

■风云往事 |

随着王莽政权的消失，王氏家族逐渐走向没落。王充年幼时家境虽贫寒，但长辈们对他十分关爱。王充少时，其他小孩喜欢掩雀捕蝉，他从来不去参与，表现出孤介寡和、端庄严整的气质。这引起王诵的重视，6 岁便教他读书写字，8 岁送他上小学。书馆中学童百余人，都因过失和书法不工遭到先生体罚，唯有王充书法日进，又无过错，从未受到过责罚。学会写字后，王充便告别了书馆，开始学习儒家经典，修炼儒家道德。

▲ 王充画像

由上可见，王充接受的正规教育仍然是儒家的伦理，使用的系统教材仍然是儒家的经典《论语》

《尚书》，与常人并无两样。乡学既成，王充乃负笈千里，游学于京都洛阳。在洛阳，王充入太学，访名儒，阅百家，观大礼，学问大增，眼界大开，初步形成了他博大求实的学术风格。

◇负笈京师◇

东汉的京师洛阳，当时是全国政治、经济、文化的中心。东汉的开国皇帝刘秀（即光武帝）本是南阳的一位书生，即帝位后，特别注重文雅，尤为推崇儒术。为了安抚饱学通经之士，光武帝特立太学，设博士，用他们来教授生徒，造就人才。太学既是当时全国的最高学府，典籍丰富，名流云集，也是全国最权威的学术活动中心。因此四方郡县都挑选优秀青年进入太学深造，王充亦因成绩优异被保送到太学学习。

王充到太学的时间，大约在公元 44 年。王充风华正茂，正是学知识、长见识的大好时机。不过，当时太学受今文经学的影响，盛行章句之学。传经注重家法师承，先生们将先师的遗教记下，章有章旨，句有句解，称为“章句”。弟子们反复记诵，味同嚼蜡；恪守师训，不敢越雷池一步。加之光武帝沉迷纬书谶记，事无巨细，皆决于图谶，神学迷信，充斥学坛。太学教育，不仅方法僵死，而且内容虚诞。好在这时王充的前辈学者社林、郑众、桓谭、班彪等人都在京师，他们都是古文经学家，号称大儒。在数家之中，王充对桓谭和班彪最为推崇，受他们的影响也最深。

王充得益于桓谭，在思想方法上颇具求实精神，喜好古文经学，常与刘歆、扬雄辩论分析有疑义的地方，尤其反对当时盛行的谶纬神学。他曾在光武皇帝面前冒着杀头的危险非议谶纬神学，对俗儒的

▲ 桓谭画像

桓谭(公元前 23 ~ 公元 50 年)，字君山，东汉哲学家、经学家、琴家。爱好音律，善鼓琴，博学多通，遍习五经。

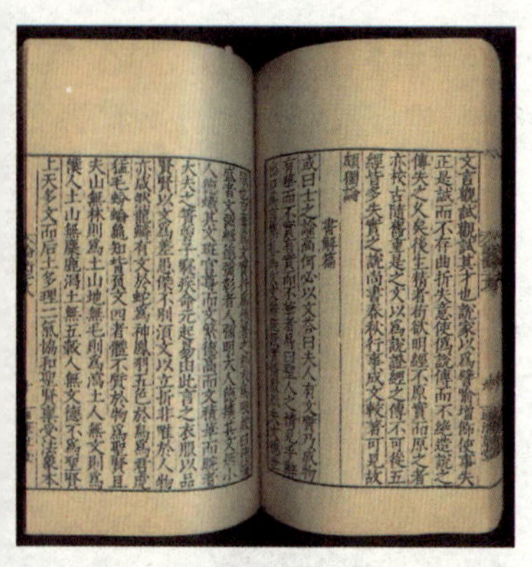

▲ 王充《论衡》书影

鄙俗见解更是深恶痛绝，常常调笔讥讽。他后来撰著《论衡》一书，其主旨也是“解释世俗之疑，辨照是非之理”（《对作》），与桓谭《新论》的主题如出一辙。

当时在京师的青年学者还有班固、贾逵、傅毅、杨终。四人都恰同学少年，共在兰台，风华正茂，酬酌诗文，好不风光！公元 74 年，五色雀群集，明帝下诏群儒学士各献《神雀赋》。百官众僚，纷纷响应，结果只有他们四人和侯讽的赋受明帝欣赏。王充亲睹其盛，好不羡慕！一再赞美说：“兰台之史，班固、贾逵、傅毅、杨终，名香文美。”到了晚年，王充穷居陋巷，仍希望朝廷有朝一日也把他征在兰台，一则以还平生未遂之愿，二则报主隆恩。

◇博览百家◇

▲ 王充在书市苦读图

王充在洛阳除了从名师、交胜友外，还广泛博览，穷读群书。《后汉书》说王充在洛阳常常光顾卖书的地方，看过之后就能背诵，逐渐能贯通百家之言。在熟读经史之余，王充还兼及百家，通诸子之学。王充通过对儒书与诸子百家的对比研究，认为诸子与儒经同等重要，有时诸子书甚至比经书还要可靠。他说：“五经遭秦朝燔烧禁防，经书本身的正误已难以辨别，更莫说经师讲解的是是非非了。相反的是，诸子书就没有受到如此多的焚烧限制。由此看来，经书有遗篇，而诸子无缺文。孰劣孰优就不辨自明了。对一个希望成为心胸开阔、知识渊博的人来说，博涉经书以外的众流百家更显必要。

王充还注意训练自己通博致用和造书属文的能力，他将当时的儒学之士分为四等，即：儒生、通儒、文人、鸿儒。他说：“能说一经者为儒生，博览古今者为通人，采掇传书以上书奏记者为文人，能

精思著文连结篇章者为鸿儒。”他认为儒生托身儒门，治圣人之经，学圣人之道，远远胜过不学无术的俗人；然而儒生仅能死守一经，不知世务，不通古今，远不及博览古今的通人；通人识古通今，诚然可贵，但是识古通今，只是一种知识的象征，只要“好学勤力，博闻强识”即可做到，能力如何不得而知。如果学而不能用，犹如鹦鹉学舌，文人能草章属文，正是“博通能用”的人，故贵于通人。但是，文人仅能作单篇文章，不能“连结篇章”，写成专书，所以不及能写长文大著，自成一家之言的鸿儒。他认为鸿儒最为珍贵，如果说文人是知识分子中的超人奇士的话，那么鸿儒就是“超而又超”，“奇而又奇”的特级人物。汉代的谷永、唐林，能上书言奏，依经论事，属于“文人”；而董仲舒、司马迁、扬雄、刘向、刘歆、桓谭等人能鸿篇大论，著书立说，则是“鸿儒”。王充把他们与圣人同科，视为稀世之珍。王充对鸿儒如此看重，他的努力方向自然也就是成为一名为世所贵的鸿儒了。师事班彪，不守章句，博览百家，都是他通往鸿儒之路的有效措施。

历史上并未记载王充在京师游学历时多久，袁山松《后汉书》说王充赶上了汉明帝临辟雍的盛典。明帝在即位之年，恢复了许多久废的儒礼，以表示对礼治的提倡。皇帝戴上九寸高的通天冠，穿上绣着日月星辰的礼服，先祭光武皇帝于明堂，既而登灵台，望云物，吹奏迎春的乐曲，观察物候的变化，制定《时令》书，颁给列侯、诸王，重演了一番早为孔子所叹息的授时“告朔之礼”。这年冬天，明帝又亲临辟雍，举行尊老养贤之礼。事先推定年老博学的李躬为“三老”，曾授明帝《尚书》的桓荣为“五更”。这天，天子先行到达辟雍，举行典礼，然后派人用安车蒲轮（用蒲草裹轮以免颠簸）将“三老”“五

袁山松（?~公元401），梁武帝评书作袁崧，字不详，陈郡阳夏（今河南太康）人。祖上数代为官，尚书郎袁乔孙。博学有文章，为吴郡（今江苏苏州）太守。能书，梁武帝评云：“如深山道士，见人便欲退缩。”

▲ 王充塑像

更”接来，皇帝亲自到门屏之间迎接，以宾主（而非君臣）之礼迎上阼阶。这天，平时被人骂为穷酸腐儒的儒生算是扬眉吐气了一回。王充看到了这出从前只在礼书上记载、在儒生们口头传诵的敬老尊儒大典，甚感兴奋，于是欣然作《大儒论》以颂其事。

◇仕途落拓◇

同所有的读书人一样，王充学成之后，也曾抱着致君尧舜的梦想，走“学而优则仕”之路。王充在官场的境遇并不比他的老师们好多少。王充一生只当过地方官。东汉地方机构，实行州、郡、县三级制，王充历仕三级，但都位不离“掾”。掾，是汉代各级机构中的属官。在县里，他做官至掾功曹，主管一县人事和考功。在郡里，他曾先后在军事长官都尉府做过掾功曹，在行政长官太守府代理五官曹和功曹。在州里，他亦被州刺史征辟为从事属官。王充生平就没逃脱过为人下僚的命运。造成王充这种徘徊州县、淹滞不进的原因是多方面的，后来王充结合自己的切身体会，曾对仕路穷通做过全面的分析和论述。

“千里马常有，伯乐不常有。”贤才常有，但仕宦的机会不常有。生逢其时，仕遇其主，虽才浅德薄也因缘得进；反之，如果生不逢时，所遇非人，即使才高八斗，德比夷齐，也会落拓在野，沉沦下僚。在缺乏健全的竞争机制时更是如此。王充生当光武、明帝、章帝、和帝之世，正是东汉王朝的上升时期，连征辟举拔之制，还是比较正常的。

功曹

官名。汉代郡守有功曹史、县有主吏，功曹史简称功曹、主吏即为功曹。除掌人事外，得以参预一郡或县的政务。北齐后称功曹参军。唐时，在府的称为功曹参军，在州的称为司功。

■历史评价 |

王充对中国哲学发展有重要的影响。他以气一元论的理论，对古代哲学中天人关系、形神关系问题

做出了新的回答；在认识论、历史观方面的探索，为后起的哲学开拓了思路；对谶纬神学和天人感应论的尖锐批判，推动了中国古代唯物主义和无神论的发展。他把“天”“气”实物化，比做“玉石之类”“云烟之属”，具有朴素性和直观性；当他用元气直接说明社会现象时，更显露出局限性，他不了解造成人们等级差别的社会原因，认为“凡人遇偶及遭累害，皆由命也”，甚至还用骨相解释人的富贵贫贱；他一方面强调“汉高于周”，宣扬历史进化的观点，另一方面又认为历史是循环的。

王充对谶纬神学的批判，对儒家正统思想的挑战，使他的学说在封建社会屡遭排斥。他死后许多著作散失，直到东汉末年，著名学者蔡邕入吴得《论衡》，王充才开始受到社会重视。在东汉之后的封建社会中，他的思想时常遭到攻击。然而王充的思想一直受到进步思想家的推崇，中国近代著名思想家章炳麟对他给予了很高的评价。

■大事坐标

公元 27 年　出生。
约公元 44 年　到太学学习。
约公元 86 年　完成《论衡》。
约公元 97 年　病死家中。

■关系图谱

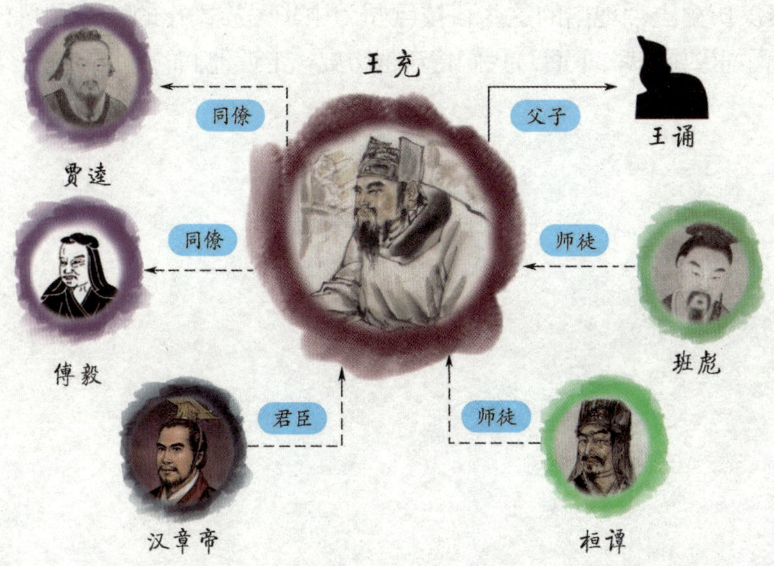

第四编

科技巨匠谱新篇

秦朝时，郑国和史禄修筑了历史上著名的战国渠和灵渠。郑国是战国时期韩国的水利专家。韩国为了削弱秦国国力，派郑国到秦国游说，说服秦王政修渠。秦国国君嬴政采纳了他的建议，命他主持修筑了郑国渠。郑国渠的作用不仅仅在于它的灌溉效益，而且还在于它首开了引泾灌溉之先河，对后世引泾灌溉发生着深远的影响。

汉朝文化的繁荣、经济的发展、教育的提高共同促进了科技的进步。西汉时期已经开始使用丝絮和麻造纸，是纸的远祖，而东汉时期的蔡伦改进了造纸术，形成了现代意义上的纸。造纸术成为中国的四大发明之一，促进了世界文明的传播与发展。农学家赵过推行代田法、发明耧车、推广牛耕，大大提高了粮食的产量，推动了农业的进步。张衡制成了世界上第一台能够监测地震的候风地动仪。张仲景因《伤寒杂病论》而被尊为中华“医圣”、中华之祖。华佗更是世界上最早采用全身麻醉的医生。汉朝也是中国最早发明瓷器烧造的时代。两汉时期，中国的冶炼技术也有长足的发展和进步，铸钱技术成熟，如三铢钱、五铢钱等。汉朝时，彩绘工艺独特，各种生活用品齐全，煮盐技术也不断提高，酿酒水平臻于完美。

秦汉历史上涌现出的这些科技巨匠为中华民族文化的繁荣和科技的进步做出了重要贡献。下面，我们将穿越历史，走近他们的身边。

精于修渠

郑国、史禄

▲ 郑国像

▲ 史禄像

■名片春秋 I

郑国（生卒年不详），战国时期韩国人，水利专家。韩国为了削弱秦国国力，派郑国到秦国游说，说服秦王政修渠。秦国国君嬴政采纳了他的建议，命他主持修筑了郑国渠。

史禄（生卒年不详），曾经做过秦朝的监御史，秦始皇发动统一百越的战争时负责转运军需，为了运输军需的方便，他主持开凿了灵渠。

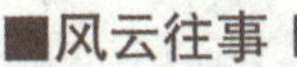

■风云往事 I

◇郑国与郑国渠◇

战国时期，一些强大的诸侯国都想以自己为中心，统一全国，兼并战争十分剧烈。关中是秦国的基地，秦国为了增强自己的经济力量，以便在兼并战争中立于不败之地，很需要发展关中的农田水利，以提高秦国的粮食产量。

韩国是秦国的东邻，又毗邻秦国东侧。战国末期，在秦、齐、楚、燕、赵、魏、韩七国中，当秦

▲ 郑国画像

国国力蒸蒸日上，虎视眈眈，想兼并东方六国时，首当其冲的韩国却孱弱到不堪一击的地步，随时都有可能被秦国吞并。公元前246年，韩桓惠王在走投无路的情况下，采取了一个非常拙劣的所谓“疲秦”策略。他以著名的水利工程专家郑国为间谍，游说秦国，让秦国在泾水和洛水（北洛水，渭水支流）间，穿凿一条大型灌溉渠道，表面上说是可以发展秦国农业，实则要耗竭秦国实力。秦王政刚即位，他原本也很想发展水利，以提高农业生产力，因此很快地采纳了这一诱人的建议，并立即征集大量的人力和物力，任命郑国主持兴建这一工程。在施工过程中，韩国“疲秦”的阴谋败露，秦王政大怒，要杀郑国。郑国说：“当初韩王是叫我来做间谍的，但是，水渠修成，不过为韩延数岁之命，为秦却能建万世之功。”秦王政是位很有远见卓识的政治家，认为郑国说得很有道理，同时，秦国的水利工程还比较落后，在技术上也需要郑国，所以对郑国一如既往，仍然加以重用。经过十多年的努力，全渠完工，人称郑国渠。

▲ 郑国渠

郑国渠西起仲山西麓谷口（今陕西泾阳西北），郑国在麓谷口作石堰坝，抬高水位，拦截泾水入渠。利用西北微高，东南略低的地形，渠的主干线沿北山南麓自西向东伸展，流经今泾阳、三原、富平、蒲城等县，最后在蒲城县晋城村南注入洛河。干渠总长近300里。

沿途拦腰截断沿山河流，将冶水、清水、浊水、石川水等收入渠中，以加大水量。在关中平原北部，泾、洛、渭之间构成密如蛛网的灌溉系统，使干旱缺雨的关中平原得到灌溉。

郑国渠的修成，为充实秦的经济力量，统一全国创造了雄厚的物质条件。

郑国渠的建设也体现了较高的河流水文学知识，郑国渠渠首工程布置在泾水凹岸稍偏下游的位置，这是十分科学的。在河流的弯道处，除通常的纵向水流外，还存在着横向环流，上层水流由凸岸流向凹岸，河流中最大流速接近凹岸稍偏下游的位置，正对渠口，所以渠道进水量就大得多。同时水里大量的细泥也进入渠中，进行淤灌。横向环流的下层水流却和上层相反，由凹岸流向凸岸，同时把比较重因而在河流底层移动的粗砂冲向凸岸，粗砂堵塞的问题就解决了。

▲ 史禄画像

郑国渠的作用不仅仅在于它的灌溉效益，还在于它首开了引泾灌溉之先河，它对后世产生了深远的影响。秦以后历代继续在这里完善其水利设施，著名的有汉代的白渠、唐代的三白渠、宋代的丰利渠、元代的王御史渠、明代的广惠渠和通济渠、清代的龙洞渠等。

郑国渠遗址在中国水利史上享有“天然博物馆”的盛誉，遗址内除保存有历代故渠外，还存有大量的碑刻文献，对研究中国古代水利成就具有重要意义。现已被列入国家级文物保护单位。

◇史禄与灵渠◇

公元前 219 年，秦始皇为了统一南方百越各部，命令屠睢率 50 万大军分五路向百越进军。当部队进入今湖南、广西交界的地段时，陆路坎坷崎岖，

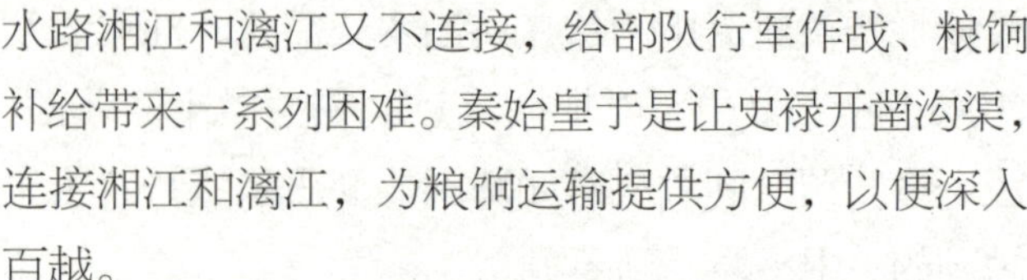

水路湘江和漓江又不连接，给部队行军作战、粮饷补给带来一系列困难。秦始皇于是让史禄开凿沟渠，连接湘江和漓江，为粮饷运输提供方便，以便深入百越。

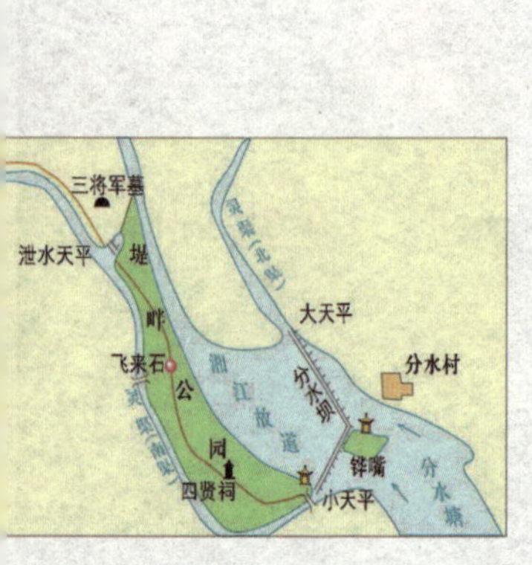

▲ 灵渠图示

可是，漓江水位高而湘江水位低，如何使北水翻坡，北舟南行逾越呢？在人类人工开凿运河史上还从未有过这样的先例。

湘江，发源于桂林东面的海洋山，向北流入湖南，注入长江，属长江水系。漓江，发源于兴安的猫儿山，向南注入漓江，属珠江水系。两者南辕北辙，互不相干。而且两条江落差32米，要引湘入漓，必须形成一个庞大的水利工程体系。

在当时，没有现在这么先进的技术，也没有那么专业的设备，只能用目测、步测的方法来决定地势的高低，只能用铁锥、铁钻来钻取石块，用锄铲来开凿渠道，只能一次一次地探索，一次一次地目测，一次一次地搬运。史禄及其同僚翻山越岭，察勘地形，反复对比，科学地运用地学和水力学知识，在湘江上游海阳河上构建一个分水塘。分水塘的拦河石呈“人”字形结构，它前端尖锐如犁，故称铧嘴。它把海阳河水分为南北两渠。南渠接漓江，北渠一侧长380米，叫“大天平”；南渠一侧长120米，叫“小天平”。枯水期，石堤可以拦截全部江水入渠；如遇山洪，水可越过堤顶，泄入湘江故道，在南北渠上设有陡门（相当于现代的船闸）。据记载，全渠共有陡门36道，其作用为拦渠蓄水、提高水位，以便于船只来往。进一道陡门，便关闭下一道陡门，等水积满后，船再前进一级，这样就可利用水力使船逐级向上坡航行。

▲ 广西桂林丹青水街灵渠纪念碑

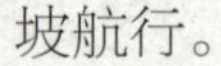

▲ 广西桂林兴安灵渠

灵渠将长江水系和珠江水系连接了起来，把中原和岭南连接了起来，解除了秦军行军、补充粮饷的种种困难，对秦始皇完成统一大业，促进各民族的交融起到了重要作用。

史禄还在渠道里修建堰坝，灌溉农田，恩泽百姓。

灵渠解决了秦军粮草补给问题之后，秦始皇于公元前 214 年重新部署统一岭南的战争。秦尉任嚣任主帅，率领赵佗等楼船之士即水军南攻百越。秦军人力和粮草充足，加上楼船之士（水军）的参战，战斗力大为加强，秦军很快完成了统一岭南的事业，岭南地区自此纳入秦朝中央集权制国家的版图。

史禄之后，历代相继修复灵渠，前后共达 24 次。

灵渠初名秦凿渠，因漓江上游为零水，故被称为零渠，唐代以后改名灵渠。

灵渠见证了中原甚至北方与岭南的交通，促进了北方与南方的经济发展。当时，北方的金银铜器皿、陶瓷、丝绸，都要经过灵渠进入岭南。岭南的南珠、象牙、犀角、玳瑁、翡翠、银铜矿产以及土特产，也要通过灵渠远销全国各地。

▲ 广西桂林兴安四贤祠

灵渠改变了岭南各族人民生产落后的状况。昔日的岭南百越，被称为“化外夷蛮炎方”，一些地方还是刀耕火种，猎事繁而农事少。灵渠的开通不仅使农民学到了中原先进的农业技术，而且大大加强了岭南各族人民与中原人民之间的交流。一些粮食、蔬菜水果的优良品种在交流中得以传播。

当地百姓为了纪念史禄和历代重修灵渠者的业绩，在灵渠旁为他们建立了灵济庙，后改称四贤祠，奉祀其中功绩最大的史禄、马援、李渤、鱼孟威。

■历史影响 |

郑国渠是一项规模宏大的灌溉工程。郑国渠工程之浩大、设计之合理、技术之先进、实效之显著，在我国古代水利史上是少有的，在世界水利史上也是少有的。郑国渠修成后，大大改变了关中的农业生产面貌，用含泥沙量较大的泾水进行灌溉，增加了土质肥力，改造了盐碱地 4 万余顷（约 26 万公顷）。一向落后的关中农业，迅速发达起来，雨量稀少、土地贫瘠的关中，也开始变得富庶甲天下。

灵渠连接了长江和珠江两大水系，构成了遍布华东、华南的水运网。自秦以来，对巩固国家的统一，加强南北政治、经济、文化的交流，密切各族人民的往来，都起到了积极作用。灵渠经历代修整，至今依然发挥着重要作用。

灵渠也是世界上最早的提水通航工程，史禄和他的同僚功不可没，利传千秋。

■大事坐标 |

公元前 246 年　秦王政派郑国修筑郑国渠。

公元前 219 年　史禄开凿灵渠。

■关系图谱 |

汉农学家

赵过

■名片春秋 |

赵过（公元前140～前87），汉武帝时人，农学家，为中国早期的农业生产做出了巨大贡献。汉武帝晚年，南征北战，大兴土木，疏于农业，以致国库空虚，朝野认为不妥，于是武帝决定停止征伐之事，注重发展农业，因而任命赵过为搜粟都尉，赵过推广代田法，发明耧车。因为他的农业改进使许多农民在一定程度上减轻了负担。作为一个人口、农业大国，赵过在中国农业史上的贡献是巨大的。

■风云往事 |

◇行代田法◇

为了增加农业生产，汉武帝任赵过为搜粟都尉。赵过将关中农民创造的代田法加以总结推广。所谓的代田法是低作与高作的结合，在春季播种时以及幼苗时是低作的，即播种在垄沟里，但是在夏季中耕除草、培土之后，就改成垄作。由于代田法在每个生产周期中，垄沟和垄台互相变换了位置，而它又总是在垄沟里播种，于是就产生了轮番利用土地

▲ 赵过画像

的效果。即原来种庄稼的地方（垄沟）与原来空闲的地方（垄台）交叉使用。这样，代田法就继承和发扬了战国时代的息者欲劳、劳者欲息的土壤耕作原则。代田法的可贵之处，就在于它是在同时同地的条件下，通过垄沟互换的办法，实现了土地的轮番利用与休闲的原则。

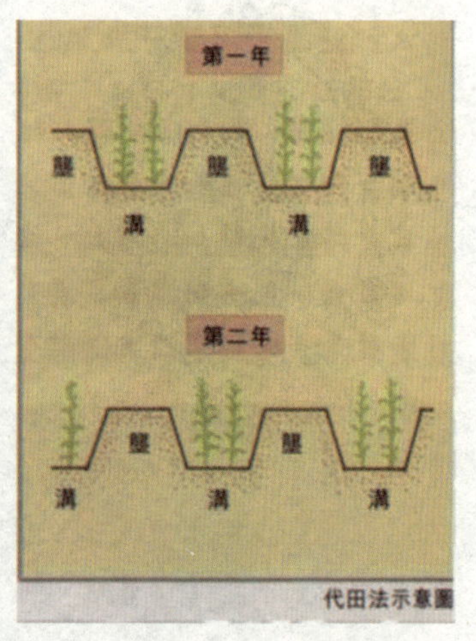

▲ 代田法示意图

赵过为了使代田法的推广有确实的把握，曾做了长期准备和细致安排，他有计划、有步骤地进行了试验、示范和全面推广等一系列工作。赵过首先在皇帝行宫、离宫的空闲地上做生产试验，证实代田法的确能比其他的田地每亩增产一斛，为推广确定了前提条件。其次是设计和制作了新型配套农具，为顺利推广代田法创造了良好的生产条件。再次是利用行政力量，命令县、乡长官，三老，力田（地方小农官），向有经验的老农学习新型农具和代田耕作的技艺，为推广代田法奠定了技术基础。第四是先做重点示范、再逐渐推广。有了这些充分的准备，代田法的推行收到了很好的效果。

代田法在春季实行低作，有利于防风抗旱，在夏季实行高作，有利于排水防涝，特别是它具有垄沟互换、轮番利用的优点，所以在当时被誉为用力少而得谷多的耕作方法。

东北地区至今仍采用以垄作轮耕、垄沟互换、轮番利用为特征的传统耕作方法。可见代田法的影响力之深。

▲ 耧车

◇耦犁耧车◇

在推广代田法的同时，牛耕也开始代替人力进入到农业生产过程中，赵过推广的牛耕为“耦犁”，即操作时，二牛挽一犁，二人牵牛，一人扶而耕。东汉时这种耕作法推广到了辽东地区。

赵过还发明了功效高的播种机——耧(lóu)车，为适应代田整地、中耕和播种的需要，耧也叫“耧

车”“耧犁”“耩子”，是一种畜力条播机。赵过总结劳动人民经验并吸收前代播种工具的长处，发明了三脚耧车。即耧车的下面有三个开沟器，播种时，用一头牛拉着耧车，耕脚在平整好的土地上开沟进行条播。由于耧车把开沟、下种、覆盖、填压等全部播种过程统于一机，一次完工，既灵巧合理，又省工省时，故其效率达到“日种一顷”。三脚耧车是从独脚耧、二脚耧发展而来。独脚耧大约起源于铁制农具比较普遍使用的战国时期。赵过在我国农业史上的贡献是无人可代替的。

■历史评价

汉武帝晚年时期，大兴战事，使国力受到严重损耗。在危机时刻，汉武帝幡然反省，开始罢兵，重新重视农业发展，这时的汉武帝任命赵过为搜粟都尉，发展农业生产，不得不说是明智之举。赵过上任之后，推行代田法，推广牛耕，发明耧车，大大提高了粮食的产量，对恢复汉武帝晚年的国势起到重要作用。赵过不愧为西汉时期著名农学家，为中国农业的发展做出了突出贡献。

■关系图谱

改进造纸

蔡伦

■名片春秋 |

蔡伦（约公元 61 ～ 121），字敬仲，东汉桂阳郡（今湖南郴州）人。“蔡侯纸”的发明者。汉章帝刘炟即位(公元 76 ～ 88 年)后，常到各郡县挑选幼童入宫。蔡伦被选入洛阳宫内为太监，当时他约 15 岁。作为一名宦官，他曾用昂贵的丝绸和竹板进行过书写，但是丝绸太贵，竹板又过于笨重，都不是理想的书写材料。蔡伦在平时注重观察，一次偶然的机会让他得到灵感，用树皮、渔网和竹子压制成纸，改进了造纸术。造纸术的改进彻底改写了之后中国乃至世界的历史，也使蔡伦被记载于古今中外杰出科技人物之列。

■风云往事 |

▲ 蔡伦塑像

◇入宫太监◇

蔡伦约 15 岁入宫做太临，公元 76 年任小黄门（宦官中职务较低者）。此后做黄门侍郎，掌管宫内外公事传达及引导诸王朝见、安排就座等事。

汉章帝的正宫窦皇后没有儿子，就指使蔡伦诬陷汉章帝的妃子宋贵人，逼她自杀。宋贵人生的太子刘庆也被贬为清河王。窦后又指使人投“飞书”（匿

名信）诬陷章帝另外一个妃子梁贵人，强夺梁贵人的儿子刘肇为养子并立其为太子。章帝于公元 88 年卒，10 岁的刘肇登基，为汉和帝，由窦太后听政。蔡伦因功被提拔为中常侍，随侍幼帝左右，参与国家机密大事，地位与九卿等同。

公元 97 年，窦太后卒，汉和帝亲政。102 年和帝立邓绥为皇后，蔡伦立即投靠邓皇后。蔡伦为得到邓绥赏识，投其所好，屈尊兼任尚方令，主管各种器物和手工作坊。105 年，汉和帝卒，邓后所生百日婴儿即位，不到二年又卒。邓后再立 13 岁皇侄刘祜嗣位，为汉安帝。刘祜是清河王刘庆的儿子，但由于他即位初期仍由邓太后把持朝政，蔡伦继续受到重用，114 年被封为“龙亭侯”（封地在今陕西洋县），从此进入贵族行列。

约 118 至 119 年，蔡伦又被提升为长乐太仆，相当于大千秋，成为邓太后的首席近侍官，受到满朝文武的奉承。正当他权位处于顶峰之际，121 年，邓太后卒，汉安帝亲政。蔡伦因为当初受窦后指使参与迫害安帝皇祖母宋贵人致死、剥夺皇父刘庆的皇位继承权而被审讯查办。蔡伦深知自己难免一死，于是选择服毒自杀，结束了他的一生。

汉代九卿

汉代的九卿是：太常、光禄勋、卫尉、太仆、廷尉、大鸿胪、宗正、大司农、少府。

◇“蔡侯纸”出◇

最迟在公元前 2 世纪时的西汉初年，纸已在中国问世。在造纸术发明的初期，造纸原料主要是树皮和破布。当时的破布主要是麻纤维，品种主要是苎麻和大麻。当时所用的树皮主要是檀木和构皮（即楮皮）。由于造纸术尚处于初期阶段，工艺简陋，所造出的纸张质地粗糙，夹带着较多未松散开的纤维束，表面不平滑，还不适宜于书写，一般只用于包装。

▲ 丝绸

蔡伦改进造纸术之前，人们多用丝绸和竹简书写。但这些材料都有其明显的不足之处。丝绸过于昂贵，不利于普及；竹简又过于笨重，也不利于大

▲ 竹简

量携带。中国的史书上讲，当汉武帝批阅奏章时，奏章必须由两名大力士抬至龙案。这需要抬的奏章，就是由竹简编成的“册”。成语“学富五车”说的是战国时宋国的“名家”代表人物惠施出门讲学访友，必带五牛车的书，后用“学富五车”称某人有学问。实际上，五辆牛车拉的竹简合起来充其量不过几本长篇小说的体量。现在一个兜就可以背走。此例足见无纸时代文化交流的不方便。

蔡伦十分聪颖细心，有一次休假出宫，他去海边渔村，看见渔民把破旧的渔网弃置河边，在风吹雨打和海水的侵蚀下，渔网腐烂成一堆败浆。他用手指沾了一下败浆，在两指间一捏，竟出现一层薄薄的黏膜，他忽然灵机一动，悟出一个道理，就花了一些银子，把腐烂的渔网都收买回去。他把那些败浆用水化开，加以捣匀，然后用细竹编的篾箩片，在浆水中淘滤出一层薄膜，慢慢干燥，完成了一张原始的人造纸。但这纸太脆，一碰就破。于是他又试着掺和树皮、麻头和破布，用稻草稚竹，在石灰中浸渍、加蒸、捣碎，合成纸浆；再用木炭明矾水加以漂白，用胶水和木槿汁加以混合；然后再织细竹为帘，使二人举帘在浆水中摇动，然后将带有浆水的帘，覆在石面上，把水去掉，共经过 72 道程序，纸张就做成了。105 年他将造纸过程、方法写成奏章，连同造出来的植物纤维纸，呈报汉和帝，和帝大加赞赏，蔡伦造纸术很快传开。人们把这种纸称为“蔡侯纸”。

▲ 汉代造纸工艺流程图

◇远传欧洲◇

造纸术首先传入与我国毗邻的朝鲜和越南，随后传到了日本。在蔡伦改进造纸术后不久，朝鲜和越南就出现了纸张。纸浆主要由大麻、藤条、竹子、麦秆中的纤维提取。大约公元 4 世纪末，百济在中国人的帮助下学会了造纸，不久高句丽、新罗也掌握了

造纸技术。此后高句丽造纸的技术不断提高，到了唐宋时，高句丽的皮纸反向中国出口。越南人于西晋时也掌握了造纸技术。610年，朝鲜和尚昙征渡海到日本，把造纸术献给日本摄政王圣德太子，圣德太子下令将其推广全国，后来日本人民称他为纸神。

造纸术广为流传，传到了中亚的一些国家，并通过贸易传播到了印度。

造纸术传入阿拉伯地区是在751年。那一年的唐安西节度使高仙芝率部与大食（阿拉伯帝国）将军沙利会战于中亚重镇怛逻斯（今哈萨克斯坦的江布尔），激战中，由于唐军中的西域军队发生叛乱，唐军大败，被俘唐军士兵中有从军的造纸工人。当时的阿拉伯人没有屠俘的习惯，因此被俘的唐军造纸工匠可以为阿拉伯人造纸，沙利将这些工匠带到中亚重镇撒马尔罕，让他们传授造纸技术，并建立了阿拉伯帝国第一个生产麻纸的造纸厂。从此，撒马尔罕成为阿拉伯人的造纸中心。阿拉伯最早的造纸工厂，是由中国人帮助建造起来的，造纸技术也是由中国工人亲自传授的。10世纪造纸技术传到了叙利亚的大马士革、埃及的开罗和摩洛哥。阿拉伯人对造纸术的传播做出了不可磨灭的贡献。欧洲人也是通过阿拉伯人了解造纸技术的。最早接触纸和造纸技术的欧洲国家是一度为阿拉伯人、摩尔人统治的西班牙。1150年，阿拉伯人在西班牙的萨狄瓦，建立了欧洲第一个造纸厂。

▲ 蔡伦造纸图

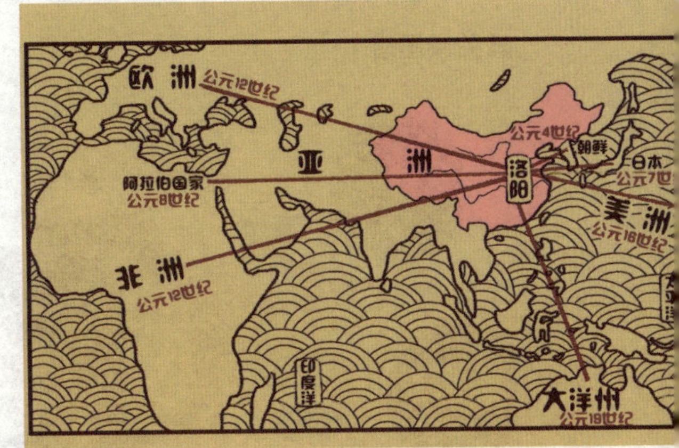

▲ 造纸术外传路线示意图

■历史评价 |

东汉蔡伦改进的造纸术，是书写材料的一次革命。它便于携带，取材广泛，推动了中国、阿拉伯、欧洲乃至整个世界的文化发展。 在文字出现之后，最不可或缺的就是拥有一个表现文字的载体。古埃及人利用尼罗河的纸草来记述历史；在古代的欧洲，人们还长时间地利用动物的皮，比如羊皮来书写文字；而中国，在造纸术发明以前，甲骨、竹简和绢帛是用来供书写、记载的材料。但是甲骨、竹简都比较笨重，已经不能满足发展的需求，在这种社会条件下，纸便被发明出来了。造纸是一项重要的化学工艺，纸的发明是中国在人类文化的传播和发展上，所做出的一项十分宝贵的贡献，是中国历史上的一项重大的成就，对中国科技历史也产生了重要的影响。造纸术的改进者蔡伦，也被誉为“影响人类历史进程的 100 位名人之一”“人类有史以来最佳发明家”之一，永远被人们所怀念。

■大事坐标 |

约公元年 61　出生。
约公元 76 年　被选入洛阳宫内为太监后，任小黄门一职。
105 年　发明“蔡侯纸”，在民间推广。
114 年　被封为龙亭侯。
121 年　去世。

■关系图谱 |

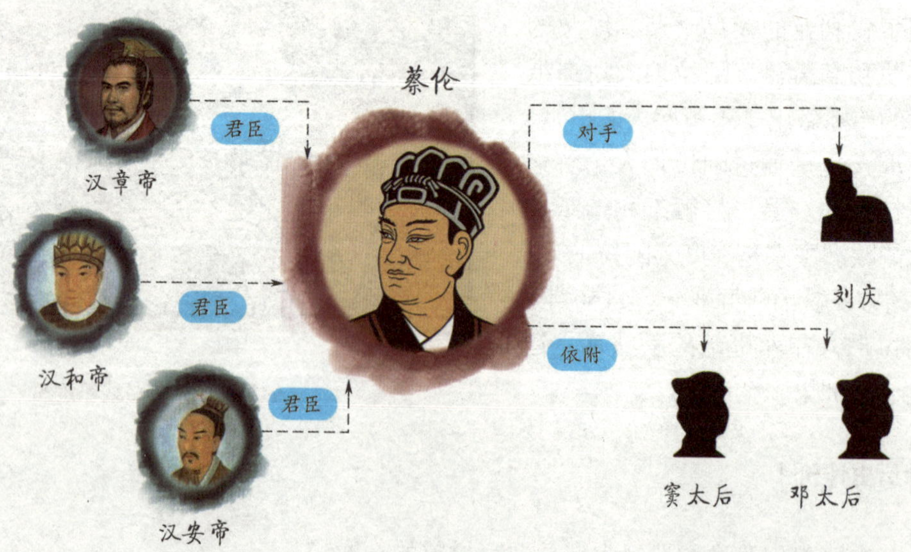

古典科圣

张衡

■名片春秋 |

张衡（公元 78 ～ 139），字平子，南阳西鄂（今河南南阳石桥镇）人。祖父张堪是地方官吏，曾任蜀郡太守和渔阳太守。张衡是东汉时期伟大的天文学家、数学家、发明家、地理学家、制图学家、文学家和学者。官至尚书，为天文学、机械技术、地震学的发展做出了不可磨灭的贡献。由于他的贡献突出，联合国天文组织曾将太阳系中的 1802 号小行星命名为“张衡星”。后世称张衡为“科圣”。

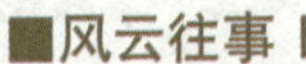

■风云往事 |

◇候风地动◇

132 年，张衡发明了最早的地震仪，称为候风地动仪，这是他在太史令任上的最后一件大工程。地震仪有 8 个方位，每个方位上均有一条口含铜珠的龙，在每条龙的下方都有一只蟾蜍与其对应。任何一方如有地震发生，该方向龙口所含铜珠即落入蟾蜍口中，由此便可监测发生地震的方向。当时利用这架仪器成功地测报了西部地区发生的一次地震，引起全国的重视。这比西方国家用仪器记录地震的

▲ 张衡塑像

▲ 地动仪

历史早 1 000 多年。

张衡当初所发明的地动仪已失传，现如今在中国能见到的是后人根据模型复原的。张衡发明的地动仪早就毁于战火中了。自 19 世纪以来即有人力图运用现代科技知识，根据《后汉书》的记载来复原张衡这项伟大的发明。关于地动仪的结构，目前流行的有两个版本：王振铎模型，即“都柱”是一个类似倒置酒瓶状的圆柱体，控制龙口的机关在“都柱”周围。这一种模型最近已被基本否定。地震局冯锐提出了另一种模型，即“都柱”是悬垂摆，摆下方有一个小球，球位于“米”字形滑道交汇处，地震时，“都柱”拨动小球，小球击发控制龙口的机关，使龙口张开。另外，冯锐模型还把蟾蜍由面向樽体改为背向樽体并充当仪器的脚。该模型经模拟测试，结果与历史记载相吻合。

张衡这台仪器性能良好。据当时记载，甚至可以测到发生在数千里外的地震，曾成功测到过洛阳的一次地震。这台仪器令当时人乃至今天的科学家都赞叹不已。世界上地震频繁，但国外真正能用仪器来监测地震已是 19 世纪以后的事。候风地动仪乃是世界上的地震仪之祖。虽然它的功能尚只限于测知震中的大概方位，但它却超越了世界科技的发展约 1 800 年之久！

◇天文学家◇

张衡在天文学方面有两项最重要的工作——著《灵宪》和发明浑天仪。此外，在历法方面也有所研究。

▲ 浑天仪是浑仪和浑象的总称。浑仪是测量天体球面坐标的一种仪器，而浑象是古代用来演示天象的仪表

张衡是东汉中期浑天说的代表人物之一。他指出月球之所以有光，是源于日光的反射。他还正确地解释了月食的成因，并且认识到宇宙的无限性和行星运动的快慢与距离地球远近的关系。

张衡观测记录了 2 500 颗恒星，创制了世界上第一架能比较准确地表演天象的漏水转浑天仪，还

制造出了指南车、自动记里鼓车、飞行数里的木鸟等。

▲ 指南车复原模型

《灵宪》是张衡有关天文学的一篇代表作，全面体现了张衡在天文学上的成就和发展，是张衡积多年的实践与理论研究写成的一部天文学巨著，也是世界天文史上的不朽名作。该书全面阐述了天地的生成、宇宙的演化、天地的结构、日月星辰的本质及其运动等诸多重大课题，将我国古代的天文学水平提升到了一个前所未有的新阶段，使我国当时的天文学研究居世界领先水平，并对后世产生了深远的影响。

为了纪念张衡的功绩，人们将月球背面的一个环形山命名为“张衡环形山”，并将小行星 1802 号命名为“张衡星”。

指南车，又称司南车，是中国古代用来指示方向的一种机械装置。它利用差速齿轮原理，与指南针利用地磁效应不同，是利用齿轮传动系统，根据车轮的转动，由车上木人指示方向。不论车子转向何方，木人的手始终指向南方。

◇文史成就◇

张衡是汉赋发展史上承前启后、具有划时代巨大贡献的重要作家。在他的文学生涯中，他虚心学习，较全面地继承了前代赋家如司马相如、东方朔等人的表现手法，创作了《二京赋》《思玄赋》《七辩》《应间》。此外，他还受扬雄《蜀都赋》的启发作《南都赋》；效傅毅《舞赋》而再作《舞赋》等。以上所举，虽皆属模拟，成就又有高下之分，但也都确实不同程度地显现出其文学上的创意。他的《二京赋》曾花了 10 年的创作功夫，可见其创作态度极其严肃。这篇赋不但文辞优美，脍炙人口，而且批评了统治集团的奢侈生活，具有较高的思想性。他的《思玄赋》中有大段文字描述自己升上了天空，遨游于众星之间，可说是一篇优雅的科学幻想诗。他在河间相任期时创作的《四愁诗》受到文学史家郑振铎的高度评价，称之为“不易得见的杰作”。

▲ 张衡生平成就展展馆图

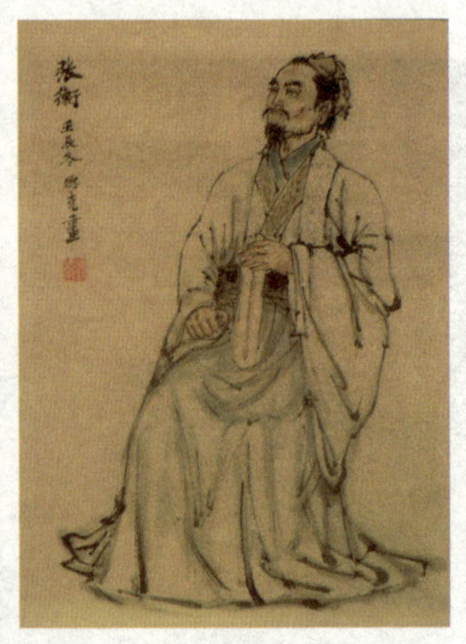

▲ 张衡画像

▲ 张衡墓

他还研究文字训诂的学问，著有《周官训诂》一书。当时崔瑗评价说："广大学者都对它提不出异议来。"

张衡当过太史令，因而对史学也有颇多研究。他曾对《史记》《汉书》提出过批评，并上书朝廷，请求修订。他又对东汉皇朝的历史档案作过研究，曾上表请求专门从事档案整理工作，补缀汉皇朝的史书。

◇生不逢时◇

张衡所处的时代政治日渐腐败，宦官在与外戚的斗争中权力越来越大，地方豪强猖獗，人民受压榨严重。对这些腐败黑暗现象，张衡都有过抗争。他曾向汉顺帝上书，讽示近世宦官为祸，要求皇帝"恩从上下，事依礼制"。对选拔人才的方法他也提出改革的建议。在河间相任期时，他还积极进行了抑制豪强的斗争。当时朝廷腐败，像张衡这样个人的斗争已无济于事。就在他上书要皇帝警惕宦官为祸不久，汉顺帝却又下诏特许受封为列侯的宦官可以收养义子，继承爵位，使宦官获得了和贵族世家同样的世袭特权。张衡明白，他的反宦官斗争已无意义。由此可见，他的思想充满了矛盾，非常痛苦。他晚年的诗赋里大量反映了这种情绪。后人把他的《四愁诗》和伟大诗人屈原的《离骚》相比，并不是没有理由的。

由于黑暗势力的强大，张衡晚年产生消极避世的思想，因而有《归田赋》之作。这是封建制度下的时代悲剧，但不足以减损张衡这位伟大科学家为人民所建立的丰功伟绩。他在诗中开始指摘"天道之微昧"，表露出对统治者的失望；他仍然讽刺热衷利禄的人。这些都说明，张衡具有十分清晰的是非观念。

■历史评价 |

张衡是我国古代历史上著名的天文学家、数学家、发明家、地理学家、制图学家、文学家、学者。世界上最早的地震仪——候风地动仪便是他发明的，超越世界科技发展约 1 800 年之久。张衡在有生之年能有如此之多的成就，令人佩服。20 世纪中国文学家、历史学家郭沫若评价张衡说："如此全面发展之人物，在世界史中亦所罕见，万祀千龄，令人景仰。"此外，张衡有济世之志，为报效君主为黎民百姓敢于进谏，这种正直勇敢的品性为后人敬仰。

■大事坐标 |

公元 78 年　出生。

100 年　应南阳太守鲍德之请做主簿，掌管文书工作。

111 年　被征召进京，拜为郎中。

114 年　迁尚书郎。

115 年　迁太史令。

133 年　升为侍中。

136 年　因受宦官排挤中伤，被调到京外，任河间王刘政相。

139 年　去世。

■关系图谱 |

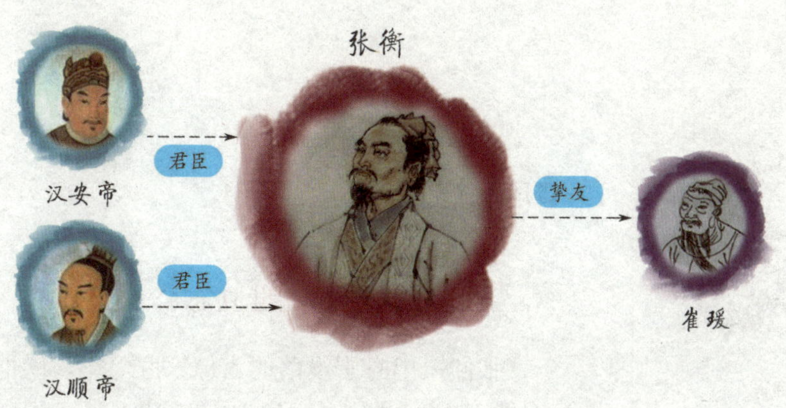

中华医圣

张仲景

■名片春秋 |

张仲景（约150至154 ～ 约215至219），名机，字仲景，南阳人。东汉末年著名医学家，被称为医圣。他出身于没落的官僚家庭，其父张宗汉曾在朝为官。由于家庭条件特殊，他从小就接触了许多典籍。他从史书上看到了扁鹊望诊齐桓公的故事后，对扁鹊产生了敬佩之情，也为他后来成为一代名医奠定了基础。汉灵帝时曾举孝廉，官至长沙太守，有张长沙之称。他一生勤求古训，博采众方，集前人之大成，揽四代之精华，写出了不朽的医学名著《伤寒杂病论》。这部医书熔理、法、方、药于一炉，开“辨证论治”之先河，形成了独特的中国医学思想体系，对于推动后世医学的发展起了巨大的作用。

▲ 张仲景画像

■风云往事 |

◇乱世立志◇

张仲景出身于没落的官僚家庭。小时候他就笃实好学，博览群书，并且酷爱医学。161年，他拜同郡医生张伯祖为师，开始学习医术。

张伯祖是当时一位有名的医家，经他治疗过的病人，十有八九都能痊愈，深得百姓尊重。张仲景学医时非常用心，无论是外出诊病、抄方抓药，还是上山采药、回家炮制，从不叫苦叫累。张伯祖非常喜欢这个学生，把自己毕生行医积累的丰富经验，毫无保留地传给他。张仲景博览医书，广泛吸收各医家的经验用于临床诊断，进步很大，很快他便超越自己的老师成为当地有名的医生。

▲ 国画张仲景行医

◇撰写医书◇

尽管张仲景从小就厌恶官场，轻视仕途，但由于他父亲曾在朝廷做过官，要求张仲景也要入仕为官。尽管张仲景很不情愿，但也不愿违背父命，落一个不孝之子的名声。因此在汉灵帝时(168 ~ 188年)，举孝廉，进入官场。汉献帝建安年间(196 ~ 219年)，张仲景被朝廷派到长沙做太守。他在为官之余仍用自己的医术，为百姓解除病痛。在封建社会，做官的不能随便进入民宅，接近百姓。可是不接触百姓，就不能为他们治疗，自己的医术也就不能长进。于是张仲景择定每月初一和十五两天，大开衙门，不问政事，让有病的百姓前来，自己端坐于大堂之上，挨个仔细地为群众诊治。每逢农历初一和十五的日子，他的衙门前便聚集了来自各方求医看病的群众，甚至有些人带着行李远道而来。后来人们就把坐在药铺里给人看病的医生，通称为“坐堂医生”，这也表达了人们对张仲景的敬仰。

▲ 张仲景救人图

俗话说，“大兵之后，必有灾年”。东汉末年，战乱频繁，不断的战争导致瘟疫流行。建安年间，瘟疫广肆流行，前后达五次之多，使很多人丧生，一些市镇变成了空城，其中尤以死于伤寒病的人最多。一些庸医便趁火打劫，只知道赚昧心钱。更多的人虽师承名医，却不思进取，不精心研究医方、医术，以解救百姓的病痛，而是竞相追逐权势荣耀，忘记了自己的本分。张仲景非常气愤，对这些人痛加斥责，决心要控制瘟疫的流行，根治伤寒病。从此，他刻苦研读《素问》《灵枢》《八十一难》《阴阳大论》《胎胪药录》等古代医书，继承《内经》等古典医籍的基本理论，广泛借鉴其他医家的治疗方法，结合个人临床诊断经验，研究治疗伤寒杂病的方法，并于205年开始着手撰写《伤寒杂病论》。

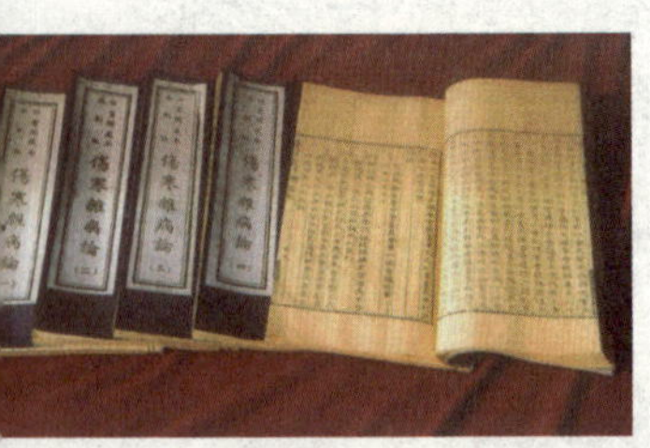
▲《伤寒杂病论》

这时候，东汉王朝四分五裂，张仲景官做不成，有家也难回。于是他就到岭南隐居，专心研究医学，撰写医书。到210年，终于写成了划时代的临床医学名著《伤寒杂病论》，共16卷。经后人整理成为《伤寒论》《金匮玉函经》和《金匮要略》3本书。《伤寒杂病论》系统地概括了“辨证施治”的理论，为我国中医病因学说和方剂学说的发展做出了重要贡献。后来该书被奉为“方书之祖”，张仲景也被誉为“经方大师”。

张仲景写成该书后仍专心研究医学，直到与世长辞。因劳累，他于不久之后去世。但直到晋武帝司马炎统一天下后的公元285年，张仲景的遗体才被后人运回故乡安葬，并在南阳修建了医圣祠和仲景墓。

▲河南南阳医圣故里

◇冬至饺子◇

张仲景在长沙做官，在告老还乡时候，正赶上那年冬天，雪花纷飞，寒风刺骨。在白河边上，张仲景看到很多无家可归的人衣不遮体，面黄肌瘦，酷寒的天气使得百姓的耳朵都冻烂了，心里十分难

受。

回到家后，张仲景依然挂念那些冻烂耳朵的人。经过研究，他研制了一个可以御寒的食疗方子，叫“祛寒娇耳汤”。

他叫徒弟在南阳东关的一个空地搭了个棚子，支上大锅，为穷人舍药治病，开张的那天正是冬至，舍的药就是“祛寒娇耳汤”。

祛寒娇耳汤当初其实就是把羊肉、辣椒和一些祛寒的药物放在锅里煮，熟了以后捞出来切碎，用面皮包成耳朵的样子，再下锅，用原汤再将包好馅料的面皮煮熟。

面皮包好后，样子非常像耳朵，又因为功效是为了防止耳朵冻烂，所以张仲景为其取名叫“娇耳”。

张仲景让徒弟给每个穷人一碗汤，两个“娇耳”。人们吃了“娇耳”，喝了汤，浑身发暖，两耳生热，再也没人把耳朵冻伤了。

有一年，张仲景病了，他自己也知道，生命就要到尽头了。在那一年的冬天，张仲景驾鹤西去。去世的那天恰逢是冬至日。

当送葬的队伍走到当年张仲景为大家舍“祛寒娇耳汤”的地方的时候，棺绳忽然断了。大家按照张仲景的嘱托，就地打墓、下棺、填坟。当地的百

▲ 河南南阳医圣祠

▲ 中国古代医学人物

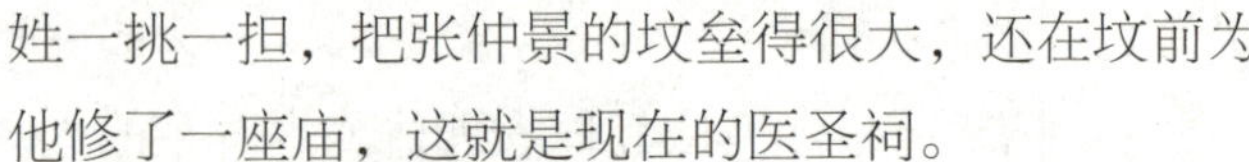

姓一挑一担，把张仲景的坟垒得很大，还在坟前为他修了一座庙，这就是现在的医圣祠。

▲ 饺子，纪念张仲景冬至舍药

张仲景是在冬至这天去世的，又是在冬至这天为大家舍“祛寒娇耳汤”的，为了纪念他，从此大家在冬至这天都要包一顿饺子吃，并且都说，冬至这天吃了饺子，冬天耳朵就不会冻了。

“祛寒娇耳汤”现在很少有人吃了，但经过岁月的洗礼，大家在冬至这天吃饺子的习俗流传了下来，并且饺子的种类和形状也有了很大改进。现在有中国人的地方就有饺子，饺子也成了阖家团圆的代表食品，却很少有人知道饺子与张仲景有关。

■历史评价 |

张仲景是东汉末年著名医学家，是中医界的一位奇才。他写的《伤寒杂病论》，是后世从医者必修的经典著作，历代医家对之推崇备至，赞誉有加，至今仍是我国中医院校开设的主要基础课程之一，仍是中医学习的源泉。它的影响也远远超越国界，对亚洲各国，如日本、朝鲜、越南、蒙古等国的影响很大。特别是日本，历史上曾有专宗张仲景的古方派，时至今日，日本中医界还经常使用张仲景方。张仲景立志为医，医德高尚，为人谦虚谨慎，提倡终身坚持学习，为后人树立了淳朴无华、勤恳踏实的学风。后人研究他的医理，敬仰他的医术和医德，称他为“医圣”。在河南省南阳，人们还为他修建了医圣祠，并修建了张仲景纪念馆，以纪念这位奠定了中国中医治疗学基础的大医学家。

▲ 张仲景塑像

■大事坐标

161 年 拜同郡医生张伯祖为师，学习医术。
205 年 开始着手撰写《伤寒杂病论》。
210 年 写成《伤寒杂病论》。
285 年 在故乡安葬，并在南阳修建了医圣祠和仲景墓。

■关系图谱

一代神医

华佗

■名片春秋 |

华佗（约 145 ～ 208），字元化，又名旉，沛国谯（今安徽亳州）人，东汉末年著名医学家。华佗与董奉、张仲景（张机）并称为“建安三神医”。华佗少时曾在外游学，钻研医术而不求仕途。他医术全面，精通内、妇、儿、针灸各科，尤其擅长外科，精于手术，被后人称为“外科圣手”“外科鼻祖 ”“神医”。其行医足迹遍及安徽、山东、河南、江苏等地。他曾用“麻沸散”使病人麻醉后施行剖腹手术，是世界医学史上应用全身麻醉进行手术治疗的最早记载。又仿虎、鹿、熊、猿、鸟等禽兽的动态创作名为“五禽之戏”的体操，教导人们强身健体。后因不服曹操征召被杀，所著医书《青囊书》已佚。今安徽亳州有华佗庵等遗迹。

▲ 安徽亳州华佗庵

■风云往事 |

◇对症下药　医术高明◇

华佗行医，并无师传，主要是精研前代医学典籍，并在实践中不断钻研、进取。当时我国医学已取得了一定成就，《黄帝内经》《黄帝八十一难经》《神农本草经》等医学典籍相继问世，望、闻、问、切四

诊原则和导引、针灸、药物等诊治手段已基本确立和广泛运用。在研究前人的医学典籍的基础上，华佗在实践中不断积累经验。

在华佗多年的医疗实践中，他非常善于区分不同病情和脏腑病位，对症施治。一天，有两个军官都身热头痛，症状相同，但华佗的处方，却不大一样。一个用发汗药，一个则用泻下药。两个人感到奇怪，但服药后全都被治愈。原来华伦诊视后，已知一为表证，用发汗法可解；一为里热证，不用泻下药难以治愈。这就是所谓的“对症下药”。

华佗不但擅长把脉，而且在心理治疗上也颇有成就。一次，一位太守请他看病，华佗认为经过一次大怒之后，他的病就会好。于是他接受了许多财物，却不给他好好看病，不久又弃他而去，并留下了一封书信骂他。太守大怒，让人去追，他的儿子知道事情的真相，便悄悄拦住了去追赶他的人。太守在极度愤恨之下，吐出了几升的黑血，病也因此痊愈了。

华佗在针术和灸法上的造诣也十分令人钦佩。他每次在使用灸法的时候，不过取一两个穴位，灸上七八针，病就好了。用针刺治疗时，也只针一两个穴位，告诉病人针感会达到什么地方，然后针感到了他说过的地方后，病人就说“已到”，针拔出来，病人身体也就好了，这足以看出华佗的医术之高。

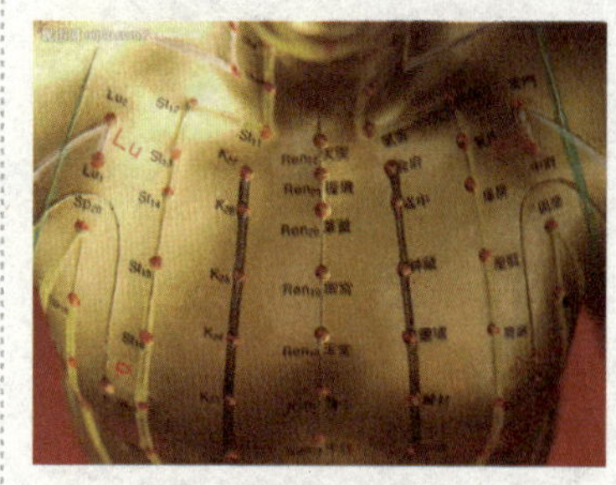

▲ 针灸铜人

中国古代供针灸教学用的青铜浇铸而成的人体经络腧穴模型。始于北宋天圣年间，明清及现代均有制作，是经络腧穴教学不可缺少的教具。

◇善用“麻沸散” 发明“五禽戏”◇

在华佗之前就有人利用某些具有麻醉性能的药品作为麻醉剂。但是，他们或者用于战争，或者用于暗杀，或者用于执弄，却没有将其真正用于手术治病。华佗总结了这方面的经验，又观察了人醉酒时的沉睡状态，发明了酒服麻沸散的麻醉术，将其正式用于医学，从而大大提高了外科手术的技术和疗效，也扩大了手术治疗的范围。麻醉剂使得华佗

▲ 华佗行医图

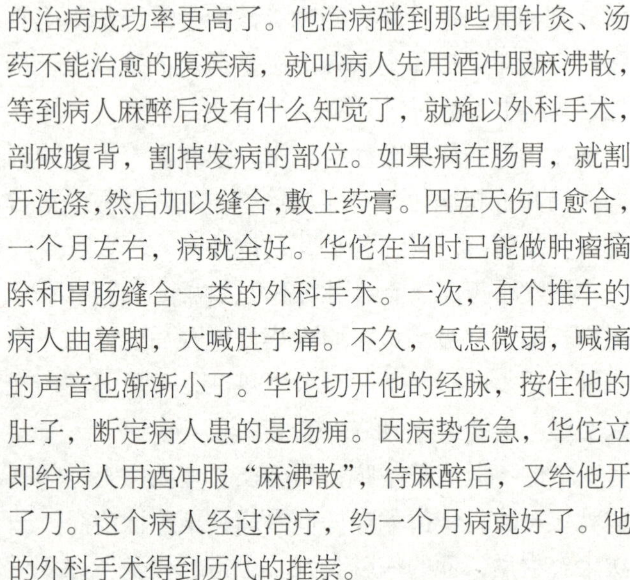

的治病成功率更高了。他治病碰到那些用针灸、汤药不能治愈的腹疾病，就叫病人先用酒冲服麻沸散，等到病人麻醉后没有什么知觉了，就施以外科手术，剖破腹背，割掉发病的部位。如果病在肠胃，就割开洗涤，然后加以缝合，敷上药膏。四五天伤口愈合，一个月左右，病就全好。华佗在当时已能做肿瘤摘除和胃肠缝合一类的外科手术。一次，有个推车的病人曲着脚，大喊肚子痛。不久，气息微弱，喊痛的声音也渐渐小了。华佗切开他的经脉，按住他的肚子，断定病人患的是肠痈。因病势危急，华佗立即给病人用酒冲服“麻沸散”，待麻醉后，又给他开了刀。这个病人经过治疗，约一个月病就好了。他的外科手术得到历代的推崇。

▲ 五禽戏图

华佗十分提倡养生，创编了“五禽戏”，即通过模仿五种动物的形态、动作和神态来舒展筋骨，畅通经脉。五禽，分别为虎、鹿、熊、猿、鸟。五禽戏的动作是模仿虎的扑动前肢、鹿的伸转头颈、熊的伏倒站起、猿的脚尖纵跳、鸟的展翅飞翔等。常做“五禽戏”可以使手足灵活，血脉通畅，还能防病祛病。华佗的学生吴普用华佗所教的“五禽戏”来强身健体且活到 90 岁依然耳聪目明，牙齿坚固。“五禽戏”是一套使全身肌肉和关节都能得到舒展的医疗体操。

▲ 五禽戏的各种动作

◇刮骨疗伤◇

千百年来，人们传说的华佗给关公“刮骨疗毒”的故事，更是脍炙人口。

三国初期的时候，有一次，关羽在樊城攻打曹操时，右臂被射中，因是毒箭导致伤口肿大，疼痛之极，动弹不得。经有名医生多方诊治，始终无效。一天，关羽和他的部将正在发愁。忽然，部下前来

报告，说医生华佗要进见。关羽说："请进帐来！"

华佗进来后，关羽说："您如果能把我的右臂治好，我是感谢不尽的。"

华佗说："我正是为治您的病才来的。办法倒是有，只是担心您忍受不了疼痛。"关羽听后笑了笑说："我是一个久经沙场、出生入死的军人，千军万马尚且不怕，疼痛有什么了不起！"

华佗说："那就好了。您中的箭是乌头毒箭，现在毒已入骨。我准备在房梁上钉上一个铁环，把您的右臂伸进铁环中去，再把您的眼睛蒙上，然后给您动手术。"关羽说："不用什么铁环，你就直接给我治吧！"。

▲ 刮骨疗毒图

翌日，关羽设宴犒劳华佗。饮宴完毕，关羽一边和谋士对弈，一边袒胸伸出右臂。华佗抽出消过毒的尖刀，割开关羽的胳膊，骨头已变成青色。他用刀将骨头上的箭毒刮净，而后缝合复原，敷上药，包扎好。手术时，关羽还疼痛难忍；手术之后，关羽竟可以起身，他对华佗说："现在我的右臂不疼了，您真是妙手回春啊！"

华佗为关羽刮骨疗伤的故事在民间广为流传。关羽虽然有刮骨疗伤，但是华佗早已在几年前死去。华佗刮骨之事本欲赞扬关羽的顽强毅力，但也衬托了华佗本人医术高明，妙手回春。

◇华佗之死◇

▲ 华佗雕像

208 年，曹操操纵朝政，遂要华佗尽弃旁务，长留府中，专做他的侍医。这对以医济世作为终身抱负的华佗来说，要他隔绝百姓，专门侍奉权贵，自然是不愿意的。何况，曹操早年为父报仇，曾讨伐徐州的陶谦，为此坑杀数万徐州百姓，而徐州正是华佗后期行医和居住之地，他一直与百姓休戚与共，因此他内心十分愤慨，决心离开曹操，便托故暂回家乡，一去不归。曹操恼羞成怒，派出专使，将华佗押解许昌，严刑拷问。面对曹操的严刑拷问，面对曹操的淫威，华佗坚贞不屈，矢志不移。曹操益怒，欲杀华佗。虽有谋士一再进谏，说明华佗医术高超，世间少有，天下人命所系重，望能予以宽容，但曹操一意孤行，竟下令在狱中处决。华佗临死,仍不忘济世救民,将已写好的《青囊经》取出，交狱吏说："此书传世，可活苍生。"但狱吏畏罪，不敢受书。华佗悲愤之余，只得将医书投入火中，一焚了之。后来，曹操的爱子曹冲患病，诸医无术救治而死，这时曹操才悔恨地说："吾悔杀华佗，才使此儿活活病死。"

■历史评价 |

华佗生活的时代正值东汉末年、三国初期。那时各方割据势力混战，水旱成灾，疫病流行，人民处于水深火热之中。华佗不求名利，不慕富贵，专心研究医学典籍，并游历许多地方，四处采集草药，积极向群众学习医药知识，用自己的医学知识减轻人民痛苦。他使用的"麻沸散"，开创了全身麻醉手术的先例，编制的"五禽戏"，至今为人民用来强身健体。华佗也因其精湛的医术和高尚的医德，被后世尊称为"神医"，永远为人民所怀念。华佗墓坐落在今河南许昌北 10 千米处的苏桥乡小清河畔。1752 年立有石碑一通，楷书撰写碑名"汉神医华公墓"。该墓地呈六角形，青砖花墙环绕，翠柏青松掩映。1985 年，中华全国中医学会河南分会在许昌召开华佗学术研讨会，并镌立"东汉杰出医学家华佗之墓"石碑一通，用以怀念一代神医华佗。

■关系图谱 |